競争優位の仕組みを
見抜く&構築する

ビジネスモデルの教科書

今枝昌宏 imaeda masahiro

上級編

東洋経済新報社

実際に使えるビジネスモデル書を目指す

　本書は、ビジネスモデルに取り組まれるすべての方々に基本書として参照していただきたいものと考えて執筆しました。市場の停滞や競合との膠着に直面された多くの現場のリーダーの方々に、あるいはベンチャー企業を立ち上げて既存業界秩序を打ち破ろうとされている起業家の方々に、ぜひとも活用していただきたいと思っています。また、企業の参謀として計画を立案される経営企画の担当者の方々には頭の整理のためにもぜひお読みいただきたいと思います。

　なお、読者の思考の整理のために体系的な構造を採っていますが、決して学問のための書物ではありません。現場で実際のビジネスで活用していただくためのものです。

ビジネスモデルをザックリと説明すると?

　ところで「ビジネスモデルという言葉が何を意味するのか、実はよくわかっていない」という人もいらっしゃるでしょう。詳しくは本文で述べますが、ここで簡単に説明しておきましょう。

　ビジネスモデルは、従来の戦略論と対比することで、その性質がよく理解できます。自社の選択した市場の中で、競合とどう戦っていくのか?　この問題に、従来の戦略論は明確な答えを持っていませんでした。伝統的な戦略論では、まず市場を選択し、市場の内部での戦い方としてポジショニングを

選択するのですが、ポジショニングは市場の一部の切り取りであり、同じポジショニングを採る敵とどう戦うのか、という更なる問題を生み、その問題に明確な答えを持っていないのです。

既に特定の市場やポジショニングを所属する会社から与えられ、そこで勝つことを使命とする中間層のリーダーたちにとって、市場を選ぶ理論はもはや関心事ではないはずです。しかしながら、彼ら、彼女たちは、市場選択の理論だけを教育され、日々の戦いに臨んでいるのが現状です。

そこで求められるのが、ビジネスモデルなのです。ビジネスモデルは、業界の内部において競争優位を確立するための道具です。それは、一度成熟してしまった市場を再定義し、ベンチャー企業のヴィークルとなり、業界支配確立の道具にもなるパワフルなものです。しかしながら、ビジネスモデルについては、米国発の権威ある戦略論の陰に隠れて十分な研究がなされているとは言えません。本書は、ビジネスモデルを体系的に整理し、読者にビジネスモデルを考える上での思考の枠組みを持っていただくとともに、考えられる範囲で実在するビジネスモデルを例示し、読者に具体的なビジネスモデルの引出しをできるだけ持っていただくように工夫しています。

『ビジネスモデルの教科書』との関係と本書の構成

2014年に刊行した前著『ビジネスモデルの教科書』は、多くの方々に読んでいただきました。前著がビジネスモデルに対する入門編であったとすると、本書は読者をビジネスモデルのプロフェッショナルへと引き上げるためのものです。

前著との関係を含め、ここで本書の構成をご紹介します。

まず第Ⅰ部では、ビジネスモデルそのものの定義やビジネスモデルが重要である背景などを詳しく解説します。前著は「カタログのように数多くのビジネスモデルを解説する」ことに主眼を置きましたが、本作では「ビジネスモデルそのものについて理解していただく」ことにも力点を置きました。この第Ⅰ部では、ビジネスモデルについて総論的に考察しています。

次に第Ⅱ部〜第Ⅳ部では、図解と実在する会社名を交え、ビジネスモデルの紹介をします。ここでは、前著で好評を博したカタログのような解説を引き続き採用し、読者を飽きさせることなくビジネスモデルの世界へとお連れするスタイルを採っています。このパートは、本書のメインコンテンツでもあり、また読者にとって一番楽しみながら読めるパートなので、最初にここから読み進めていただいても構いません。ただし、より深くビジネスモデルを理解するためには、やはり第Ⅰ部の後に読むことをお勧めします。

　また本書では、読者がよりプロフェッショナルな思考を持っていただくため、前著と比較していくつかの追加的なアプローチを採用しています。

　第Ⅱ部〜第Ⅳ部では、合計10のジャンルに分けて、20の代表的なビジネスモデルについて解説をしますが、各ジャンルについて特に重要なポイントの解説と、付随して知っておくべき他のビジネスモデルも紹介しています。そこには、前著で紹介したビジネスモデルも掲載しています。本書は、前著をお読みいただかなくても、本書自体で完結するように作られていますが、より幅広くビジネスモデルについて理解を深めていただくためには、ぜひ前著もお読みいただくことをお勧めいたします。

　そして第Ⅴ部では、自らビジネスモデルを分析し、構築できるようになるためのアドバイスをまとめてあります。前著よりも、より「実践」に重きを置いた本書の特徴的パートであると言えるでしょう。

ICTの進歩によりますます重要性を増すビジネスモデル

　今、ビジネスモデルは大きな変革の時期を迎えています。ビジネスモデルは仕組みですのでICTとの親和性が極めて高いのですが、そのICTの技術や環境が大幅に変化しているからです。ICTのみならず、金融やその一部としての決済手段、運輸など、様々な技術やサービスが変化していく中で、新たなビジネスモデルが続々と出現しています。これらは変革の機会を業界の挑戦者たちに提供し業界リーダー企業の脅威となるとともに、業界リーダー企業の側にも新たな業界支配の手段を提供しています。更に、戦いのスコープが拡大し、エコシステムなど複数企業のアライアンスとしての戦いが重要

性を増す一方、資本の蓄積が進むに従ってコーポレートという空間における事業間連動の仕組みが重要性を増しています。

　このようにビジネスモデル変化の速度が上昇し、スコープが拡大する環境下において、ビジネスモデルへのセンスを上げておくことは、リーダーにとって不可欠の資質となると考えます。本書を使ってビジネスモデルの考え方の基礎を学んでいただき、今後の環境変化を大いに利用していただきたいと思います。

第Ⅲ部
ビジネスモデル各論②
事業全体を貫く仕組み、流れ編

第 IV 部
ビジネスモデル各論③
事業間の仕組み編

第 10 章　コーポレート

第Ⅴ部
有効なビジネスモデルの構築方法

第Ⅰ部

ビジネスモデル総論

　第Ⅰ部では、ビジネスモデルの意味とともに、なぜ今ビジネスモデルが重要なのか、更にビジネスモデルに関係する仕組みがどこに存在するのかを見ていきます。第Ⅱ部におけるビジネスモデルにおける仕組みの各論に入っていく前に、まずビジネスモデルそのものを明確に理解し、思考の枠組みを構築してください。

ビジネスモデルとは何か？ ①

ビジネスモデルの定義

特定の業界内部における戦い方

　ビジネスモデルという言葉は、普段何気なく使っている言葉なのですが、ビジネス用語の中でもこれほど多様な意味を持ち、定義されないまま使われている言葉も珍しいでしょう。特に戦略論との関係や業務モデルとの関係などについて、曖昧さを感じておられる読者は多いと思います。

　私は、ビジネスモデルは、「ある業界を前提とした競争優位獲得を目的とした仕組み」であると理解しています。順にご説明したいと思います。

　まず、ビジネスモデルは、ある業界を前提としています。ここで言う“業界”とは、何らかの製品・サービス市場全体、と考えればよいと思います。業界は、「誰に」「何を」売るかという厳密な市場定義よりも広い概念であり、実質的な競争空間として捉えています。例えば、コンピュータをそのままモノとして販売するのと、あるソリューションに包み込んで売るのでは、「何を」売るかが異なりますから、厳密な意味での市場定義は異なります。しかし、どちらかの方法でコンピュータを売ってしまうと、もう同じ顧客にコンピュータを売れなくなるという意味で、これらの売り方の間に競合関係が成立します。また、業界は、企業の移動障壁としても機能し、ある業界での競合は、他の業界での競合とは全く異なっているのが普通です。このように、ビジネスモデルは実質的な企業の競争空間内部でどう戦うかの問題なのです。

　このことの裏を返せば、ビジネスモデルの議論では、かつて GE が行ったようにそれまでメーカーであったが企業が金融業に参入するというような、

全く異なった業界への参入を考えているわけではない、ということです。それは後述するように、伝統的な戦略論の問題であり、ビジネスモデルにおいて提供価値や顧客セグメントを再定義すると言っても、それは業界内部での競争を有利に進めるための仕組みのアウトプットの再定義にすぎないのです。自動車レースで言えば、レースに勝つためのコース取りは考えるが違うレースに出ようとは考えない、軍事で言えば戦場内の位置取りは調整するが戦場自体を変更しようとはしない、ということです。

　ただし、本書では、複数の業界の間で経営資源を共通したり、同一の好循環の中に入ったり、あるいは何らかのライフサイクルを共有したりすることにより、各業界における戦いを有利に進められるのであれば、複数の業界にまたがるものであってもビジネスモデルの問題として扱っています。それぞれの業界において勝利をもたらす戦い方であればそれも業界内における戦い方の1つとして、業界を超えるものであっても扱いたいという趣旨です。

　このようにビジネスモデルは業界の選択の問題とは別個の問題ですので、ビジネスモデルを業界を超えて転用することが可能です。つまり、市場の選択そのものである従来の戦略論とは異なり、違う業界においても同じビジネスモデルを採用する、ということが可能であり、他の業界での戦い方を自社が身を置く業界に応用することができるのです。

競争優位の獲得が目的

　ビジネスモデルの次なる重要な性質として、ビジネスモデルは、競争優位の獲得を目的に設計・構築するものだということを挙げたいと思います。会社には様々な仕組みが存在していますが、ビジネスモデルの考察では、競争優位を生み出す仕組みに注目しています。更に、その優位が持続可能なもの、つまり模倣を困難にするものであるか、模倣された場合でも優位を持続できるものでなければ意味がありません。

　ビジネスモデルは、競合に対して優位を生み出すものですから、有効なビジネスモデルは、常に主要競合や業界標準との関係で論ずべきものだということが言えます。それは、まず主要競合や業界標準のビジネスモデルと比較してどう優位性を構築できるかを考察するということです。例えば、本書で

詳しく解説しているビジネスモデルである**製造小売**（128ページ参照）のモデルを採用するにしても、あるいは**定額制**（226ページ参照）のモデルを採用するにしても、業界標準や主要競合のサプライチェーンやレベニューモデルと比較して論ずることになります。更に、競合が同一モデルを採用した場合にどのように優位を維持できるかということも考察します。これは競争優位の持続可能性の問題です。

　競争優位の獲得を目的とするということは、ビジネスモデルが儲けの仕組みである、ということとほぼ同義であるということができます。競合に勝つことにより売上を増加させ、競争圧力から逃れて利益率を大きくしていくことが利益を生み出すことに他ならないからです。

　ビジネスモデルは競争優位の獲得を目的に考えるものですので、ビジネス機能や業務自体がよりうまくいくことを目的に行うBPRや、規制などに基づき会社機能を維持するための財務会計などの仕組みは、それ自体としてはビジネスモデルではないと考えています。

ビジネスモデルの正体は"仕組み"

　最後に、ビジネスモデルは、仕組みなのです。仕組みとは何なのかは、後に詳しく述べますが、なぜビジネスモデルは仕組みでなければならないのかをここで述べておきます。それは、仕組みではないもの、つまり規則性・再現性のないものを分析や議論の対象としても無意味だからです。規則性・再現性がない限りコントロールできないからです。もちろん、個人が持つ何らかの勘などの判断力に依存し、毎回違うプロセスを経て勝利に至ることも考えられ、その場合、勝利に至るメカニズム自体は仕組み化できません。しかしその場合であっても、そのような能力ある個人を選ぶところに規則性ないし再現性が存在するはずです。もし規則性・再現性が全く存在しないのであれば、勝利を再現できないことになり、ここで議論する意味がないのです。

　ビジネスモデルの定義について、ひととおり理解していただいたところで、ビジネスモデルと混同されやすい周辺の概念との違いを見ていくことにより、ビジネスモデルというものを更に深く理解していきたいと思います。

ビジネスモデルとは何か？②

ビジネスモデルと
従来の戦略論との関係

「市場の選択」を内容とした従来の戦略論

　ビジネスモデルは戦略の一部なのか。これは、実は難しい問題です。ビジネスモデルという語の定義の中で最も曖昧にされてきたことが、この戦略との関係ではないでしょうか。私の答えは「従来の戦略論の一部ではないが、持続可能な競争優位を得る手段という意味において戦略の一部である」という少し長いものです。ビジネスモデルと戦略との関係を理解するために、戦略とは何か、従来の戦略論の内容は何だったのかを見ていきたいと思います。

　まず、戦略とは何かですが、戦略とは本来軍事用語であり、戦争に勝つための総合的、長期的な計画、方策のことです。つまり、戦略とは勝利のための手段なのです。また、戦略と言えるためには、その手段の候補が複数存在し、その中から主体的に選択した1つの手段である必要があるでしょう。そうでなければ、単純にそこに追い込まれているにすぎないからです。これは、およそ「戦略」というものが一般的に持っている特徴です。

　では、従来の事業戦略論において事業を成功に導くために選択する手段の内容は何だったのでしょうか。マイケル・ポーターらが論じた伝統的な戦略において、それは市場と市場のどこで戦うかという戦う位置取り、つまりポジショニングの選択でした。その考え方はポーターが考案した道具である「5つの力モデル」「戦略の3類型」などから見て取れます。市場間には競合の数や質、代替品の有無などの違いから大きな意味での競合圧力が低く、仕

入れ先や顧客などからの要求が小さいために収益性が高い市場があります。企業はそのような市場に参入すべきであり、かつその市場の中での位置の取り方として「低コスト」、何らかの要素での「差別化」、「ニッチへの集中」という3つの基本的な位置取りが存在して、そのいずれかにおいて戦うことが有利とされています。伝統的な戦略論においては、業界のような広い市場からポジショニングのように狭い市場までが考慮されていますが、市場の内部における戦い方は全く問題にされていません。ポーターの戦略論でも、市場内での位置取りをバリューチェーンのように自社の機能的特徴と結びつけることは一応考慮されていますが、その観察の重点は明らかに市場側にあり、戦略の内容とは、この場合市場の選択であるということができます。この伝統的な戦略論の論者をポジショニング学派と呼んでいます。

　これに対して、自社の資産や能力のほうがむしろ重要であり、事業を成功に導くためには真似のできない自社の資産や能力こそが重要であると説く学説があります。ジェイ・バーニー、ゲイリー・ハメル、C・K・プラハラードなどがその代表的な論者であり、その思想はバーニーが提示したVRIOというツールに典型的に見ることができます。VRIOは重要な資産や能力を判定する道具であり、価値があり（Valuable）、希少であり（Rare）、模倣困難で（Inimitable）、組織化されている（Organized）資産や能力こそが戦略にとって重要だと考えるのです。そして、この理論をもってホンダが競争の激しい四輪車に参入して成功したり、キヤノンが支配的な競合がいる複写機に参入して成功していることを裏付けるのです。この理論では、市場内で勝利することが成功の鍵であることが語られてはいますが、その資産や能力の形成は考慮の外側にあり、資産や能力は所与として議論が進められます。そして、ここでも戦略の内容である選択の対象となるのは、やはり市場だということがわかります。ただ、その理由づけは市場側にあるのではなく、自社側の持つ資産や能力の側にあることがポーターらの戦略論と大きく異なるのです。この自社の特徴を重視する立場を、ケイパビリティ学派と呼んでいます。

「市場内部での勝ち方」について考えるビジネスモデル

　このように従来の戦略論は、いずれも戦う市場を選んでいます。市場に収

益性がなければ利益を上げられず、市場と自社の能力に整合性がなければ負け戦になるという主張は理にかなったことです。しかし、これだけでは競争に勝てません。軍事においても戦場を選択した後に戦場内で勝つための計略が必要なように、ビジネスでも市場を選択した後に市場内部で勝つための方策が必要です。しかし従来の戦略論は、市場内部において勝つための方策について、自社の資産や能力との整合性以上のことには言及していないのです。

これら従来の戦略論と比較すると、ビジネスモデルの内容は大きく異なっています。ビジネスモデルは業界内の戦い方を問題とし、広い意味での市場、つまり業界は既に選択されているという前提に立ちます。その中での位置取りはビジネスモデルの問題でもありますが、ビジネスモデルは基本的にそれを支える仕組みであり、軍事で言えば戦場内部の戦い方の問題なのです。

ところで、先に私が提示したビジネスモデルの定義によると、ビジネスモデルは業界内部における持続的な競争優位を作り出すためにありますから、事業の成功にとってビジネスモデルは不可欠な問題であり、従来の戦略論が提示していなかった戦い方の問題を提示しているということができます。それゆえ、ビジネスモデルも事業戦略の一部であると言うことができるのです。

市場やポジショニングに関する情報が様々な情報サービスによって透明化し、企業の能力がコンサルタントなどによって企業間で伝播し、更にグローバル競争によって同じ市場やその部分であるポジショニング内部に競合が多く存在する状態になると、市場自体をどう選択するかという問題よりも、市場の中でどう戦うかという問題に重点が移ります。従来の戦略論からは、ビジネスモデルというのは戦略自体の内容ではなく戦略の実行の問題であると捉えられてきました。しかし、この実行の問題こそが、現代的な文脈の中で事業の成否を決する重要な問題として浮上しているのです。従来、戦略は市場の選択という意味で、市場の2つの要素である顧客と売り物で定義され、「誰に」「何を」売るか、という問題であるとされてきました。しかし、今やそれでは足りず、戦略は「誰に」「何を」「どうやって」売るかという問題となったということができるのです。そして、この「どうやって」に応えるのがビジネスモデルです。軍事では、戦場の選択よりも、むしろ戦場内部での計略こそが戦略と呼ばれていると思います。その意味で、ビジネスモデルは従来の戦略論の対象ではないが、戦略の一部だと言えるのです。

ビジネスモデルとは何か？ ③

ビジネスモデルと
ストーリー論の関係

戦略論に一石を投じたストーリーとしての戦略論

　従来の戦略に対しては、一橋大学大学院の楠木建教授も『ストーリーとしての競争戦略』(東洋経済新報社) という著書で、一石を投じています。このストーリーという概念は、動きや流れを戦略の中心に据えるもので、その意味でビジネスモデルが問題にしている仕組みと同様の基礎に立つものです。ストーリーが市場の選択というよりも、どちらかというと市場内部の戦い方を内容としている点も、従来の戦略論とは一線を画しており、従来の戦略論よりもビジネスモデルに近いと言えます。楠木教授が「競争戦略」と言われているのは、筆者の解釈ではありますがストーリーの持つ市場内部で競合と対峙するための戦略としての性質を強調されるためかと思われます。ストーリーとビジネスモデルとが違うものなのか、同じものなのかを考えていくと、その境界は実はあまり明確ではありません。

　事業の内部モジュールや、チャネルやアライアンス先との取引関係が作り出すプロセス的な仕組みのみをビジネスモデルと称するのであれば、好循環や様々なライフサイクルなどの因果や流れはストーリーの一部でありビジネスモデルではないものと分類して、ビジネスモデルとストーリーとの違いを作り出すものと言えるかもしれません。しかし、本書ではこれらも定型化できるものとして、ビジネスモデルの仕組みに含めて考えています。そう考えると、ビジネスモデルとストーリーとの境界は更に曖昧です。

従来の戦略論は、主に市場の選択をその内容としていました。
ストーリー論は、それに一石を投じています。

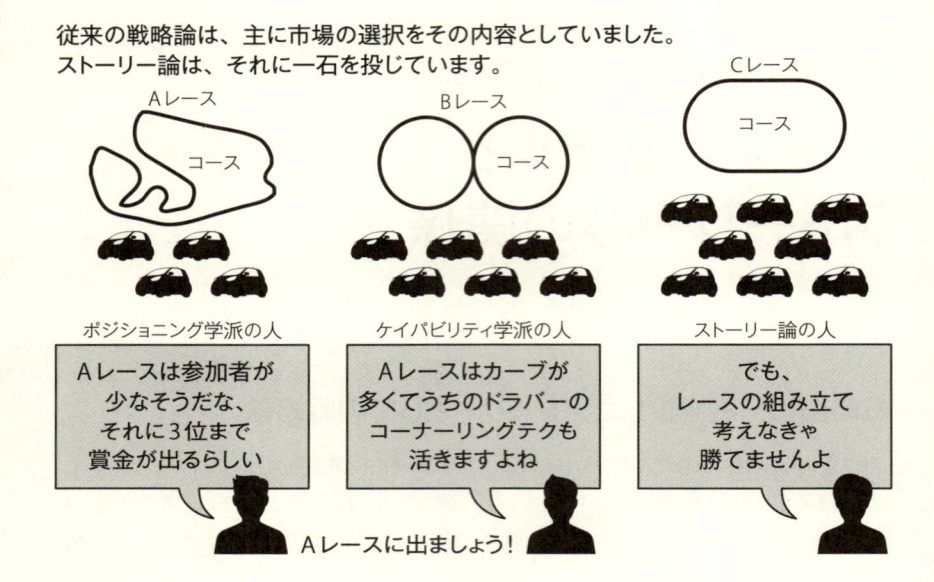

　私見ではありますが、ストーリーとビジネスモデルとの違いがあるとすれ
ば、ビジネスモデルが仕組み、つまり反復的に利用可能であり、定型化でき
る動きをその観察対象とするのに対して、ストーリーは仕組みではない、業
界依存的な、戦局の変化のコントロールのような最上位の、一回的・一方的
な流れを含んでいるということです。そのような流れは、反復して機能する
仕組みとは呼びにくいもので、ストーリーではあってもビジネスモデルでは
ないものと言えるのではないでしょうか。
　少しわかりにくいので、例で説明しましょう。
　ビジネス以外の勝負事を考えてみると、例えば武術では、いわゆる「試合
運び」と言われるものと、「技」と言われるものが区別されています。「技」
というのはパッケージ化された体位やダイナミズムの集合体であり、これが
ビジネスではビジネスモデルにあたると考えると、武術で言う「試合運び」
に相当するものは、基本的にビジネスモデルではないが、ストーリーには含

図表2 ● ビジネスモデル

ビジネスモデルは主に業界内部の競争のための事業の仕組みの問題です。

競合A

ブレーキングシステム	パワートレーン	電装システム	ステアリングシステム
懸架システム			
燃料消費パターン		出力特性	

競合B

ブレーキングシステム	パワートレーン	電装システム	ステアリングシステム
懸架システム			
燃料消費パターン		出力特性	

競合C

ブレーキングシステム	パワートレーン	電装システム	ステアリングシステム
懸架システム			
燃料消費パターン		出力特性	

自社

で、うちはどういう車なら勝てるのよ？

コース取りを前提に考えるべきだが……

まれるものなのだと考えてよいと思います。「技」には汎用性があり、異なった試合でも何度も繰り出すことができるのですが、「試合運び」というのはその試合ごとに異なり、その多くは試合相手の性格や力量、試合が行われる背景などに依存して、再現性に乏しいものです。「試合運び」は武術における勝敗にとって決定的に重要ですが、主に練習の対象として実効性があるのは再現性のある「技」です。

軍事におけるストーリーとビジネスモデルの違い

　軍事の例を見てみると、やはり戦場に依存した一回的な再現性のない最上位の流れと、パッケージ化された仕組みとしての戦い方があることが観察できます。図表3にあるのは、連合艦隊によるロシアバルチック艦隊との日本海海戦における戦略で、連合艦隊参謀秋山中佐によるものです。左側に示さ

れた七段戦法という最上位の流れは一回的なものであり、これは対馬からウラジオストクにかけての戦場や、バルチック艦隊という敵を強く意識したものになっています。しかし、この中に丁字戦法というものがあり、これがパッケージ化された動きなのです。丁字戦法とは、敵艦隊の前面に敵の艦隊列と垂直に展開し、自軍全艦から敵先頭艦を一斉射撃して撃沈し、順次後続艦を撃沈していくことで、敵艦隊全体を撃滅する戦法のことです。1隻ずつ先頭艦から順番に討ち果たすことによって、敵艦隊が自軍より大きな編成であっても撃滅できるのです。丁字戦法は、武術で言う「技」であり、ビジネスではビジネスモデルであって、その使用は、戦場に依存しません。事実、丁

図表3 ● バルチック艦隊撃滅の戦法（ストーリーとビジネスモデルの関係）

バルチック艦隊撃滅のための七段構えの戦法（戦場依存性があり、最も上位にある一回的な流れ）＝"ストーリー"にのみ存在

丁字戦法：パッケージ化された構造とダイナミズム（戦場依存性がなく反復使用可能な仕組み）＝"ビジネスモデル"に相当

第一段
主力決戦前夜、駆逐艦・水雷艇隊の全力で、敵主力部隊を奇襲雷撃

第二段
艦隊の全力をあげて、敵主力部隊を砲雷撃により決戦

丁字戦法

第三・四段
昼間決戦のあった夜、再び駆逐隊・水雷艇隊の全力で、敵艦隊を奇襲雷撃 高速近距離射法

第五・六段
夜明け後、艦隊の主力を中心とする兵力で、徹底的に追撃し、砲雷撃により撃滅

第七段
第六段までに残った敵艦を、事前に敷設したウラジオストク港の機雷原に追い込んで撃滅

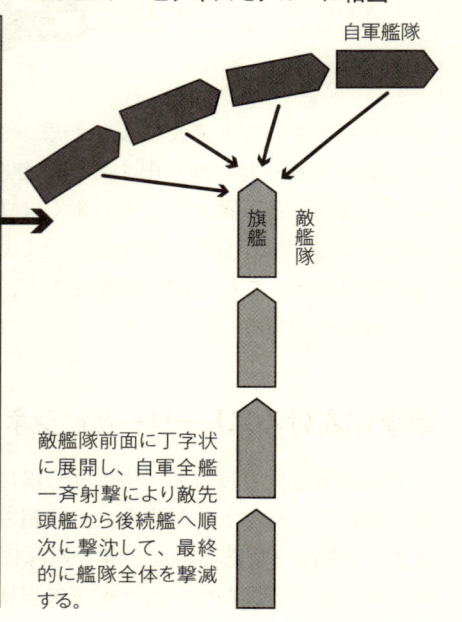

自軍艦隊

旗艦　敵艦隊

敵艦隊前面に丁字状に展開し、自軍全艦一斉射撃により敵先頭艦から後続艦へ順次に撃沈して、最終的に艦隊全体を撃滅する。

字戦法は既にロシア旅順艦隊に対して黄海海戦において使用済みであり、この段階での丁字戦法はその改良版となっています。

　このように、ビジネスモデルが仕組みであり再現性があるのに対して、ストーリーは市場依存的で再現性のない一回的な動きを含んでいるという点が違うのです。業界依存的な最上位の流れは重要ではありますが、パターン化が難しいため、なかなか学習の対象として実効を上げられません。

　ただ、限界的なものではありますが、一回的な最上位の流れであっても、市場を超えてパターン化し、再現性が認められるものはビジネスモデルに含めて考えたいというのが私の意見です。これは呼び方だけの問題とも言えますが、再現性があれば、それを学習の対象にできるからであり、本書では最上位の一回的な流れであってもパターン化できる動きであれば戦局の変化を扱う筋であってもビジネスモデルとして扱いました。実際に第Ⅱ部のビジネスモデルの中で"❷ ハイエンド、ローエンドからの参入"（60ページ参照）というのは、パターン化された最上位の動きと言うことができます。

ビジネスモデルとは何か？ ④

ビジネスモデルと機能戦略・業務プロセスとの違い

競合との比較に意味がある

　ビジネスモデルが仕組みであるとすると、機能戦略、つまりビジネス機能における重要な選択肢の選択の問題や、その実現のための業務プロセスこそがビジネスモデルそのものではないかという疑問を生じます。例えば、生産戦略には、受注生産か見込み生産か、内製か外製か、などの基本的な生産のあり方についていくつかの選択肢が存在しており、その選択は機能達成のための仕組みの大きな選択肢の中からの選択であって、ビジネスモデルの問題そのものなのではないかとの疑問を生じるのです。

　しかし、機能戦略における機能の方向性の選択や業務プロセスのパターンがあくまで機能の成就、つまりビジネス機能をうまく働かせることを第一義の目的としているのに対し、ビジネスモデルではその仕組みを採用することによりいかに競合に対して有利に戦いを進められるのかを問題にするところが異なっています。ビジネスモデルでは、常に競争を意識しているのです。

　そのため、ビジネスモデルでは、主要競合他社や業界標準とは異なったモデルをいかに構築できるかということが問題になります。モデルが競合他社に対してどのように優位性を持ち、それがどのように持続できるのかを常に問いかけてみる必要があるのです。競争はあくまで相対的なものだからです。その意味で、業務コンサルティングでよく用いられている業界他社のベンチマーキングや、業界他社が標準的に用いているパッケージソフトウエアの導

入や、そのソフトウエアが持つプロセスの導入などは、ビジネスモデルの思考とは対極にあるものと言うことができます。

　また、本書で後述する各種のビジネスモデルのフレームワークを使う際にも、競合や業界標準との関係でどのような競争優位をもたらすことができるかという視点で使用するのが正しく、自社だけモデルを描いて検討するのは、正しい使い方ではないと言えます。ビジネスモデルのフレームワークに習熟すれば、業界標準との差分のみを記述するという使い方ができるのですが、初学者のうちは業界標準とは何かをまず理解し、その後に自社のビジネスモデルを考えるようにすべきでしょう。

　そして、優位性とともに私が重視しているのは、なぜ競合によってビジネスモデルを模倣できないのか、あるいは模倣されても勝てるのかという問題、つまりビジネスモデルが生み出す競争優位の持続可能性です。ビジネスモデルは、従来の戦略の対象であるポジショニング、つまり市場の選択ほどには競合に対してつまびらかではありませんが、それでも、モデルが優れたものであればあるほど模倣されてしまう可能性が高いと考えるべきでしょう。そこには真似ができない何か、あるいは真似されても大丈夫な何かが存在していなければならないのです。ビジネスモデルを検討する際には、モデルそのものの仕組みとともに、競争優位を生み出す理由とそれが持続可能である理由を常に検討すべきです。

ビジネスモデルは戦略と業務プロセスを橋渡しする

　従来、事業戦略と、機能戦略や業務プロセス、更にはそれを支えるICTや運輸などのシステムとの関係をどう整合させたらよいのかという問題が多くの場面で議論され、明確な答えが提示されていませんでした。

　実際、多くのコンサルティングファームでも戦略のコンサルタントと機能戦略や業務プロセスのコンサルタントの間で全く案件の共有がなされないということが問題視されていました。私は、その理由は、従来の市場の選択としての戦略論と業務プロセスの間にビジネスモデルの考察が欠落しているためだと考えています。市場の選択としての戦略を立案した後に、市場内部での戦い方を決めるためにビジネスモデルの検討を行い、その上で業務プロセ

スやそれを支える ICT の仕組みの構築を行っていくのが正しい検討の方法です。

　既に述べているとおり、市場内部での競争は企業にとって極めて重要ですから、今後、戦略論にとっても機能戦略や業務プロセスにとってもビジネスモデルの思考は必須のものになる思いますし、ビジネスモデルこそがこれら戦略と機能、更に業務プロセスや、それを支える媒介役となるものだと考えます。

ビジネスモデルとは何か？⑤

仕組みの正体

「構造」＋「筋立て」＝「仕組み」

　ビジネスモデルは、「仕組み」であると定義しました。では、「仕組み」とはどのようなものなのでしょうか？　従来、ビジネスモデルを「仕組み」と定義しても、その「仕組み」の内容が曖昧であるために、様々なものがビジネスモデルであると説明されていたように思います。ここで、この気持ち悪さを解消しておきたいと思います。

　「仕組み」を大辞林（三省堂）で引くと、以下のようにあります。

　①機械などの組み立てた物の構造。「機械の――」
　②物事の組み立て。仕掛け。「巧妙な――」「世の中の――」
　③戯曲・小説などの筋の立て方。趣向。構成。「行文（こうぶん）は花なく、
　　其（その）――は浅劣なれども／当世書生気質　逍遥」

　つまり、「仕組み」とは「構造」と「筋立て」という2つの要素を持っていると解釈することができます。

「構造」だけでは機能しない

　まず、構造ですが、ビジネスモデルを記述する図として、次のような図をよく見ると思います。これは、構造を図示したものの典型で、この構造自体

は仕組みの中の変化しない部分です。図は取引にかかわる事業体とその間の関係を示しています。この他にも、チャネルがどのように構成されているのか、サプライチェーンがどのような処理や輸送段階を経るのか、価格がどのような要素を足したり掛けたりして決まるのか、コストがどのような要素の積み上げになっているのか、などが構造でしょう。読者には、ビジネスモデルというとまずこのビジネスの構造をイメージされる方も多いのではないでしょうか。

　しかし、それだけでは足らず、私は仕組みが仕組みとして機能するためには何らかの予定ないし予測された筋立て、つまりダイナミズムを持っていなければならないと考えています。なぜなら、構造を構築しただけでは仕組みの目的である機能を果たすことができず、何らかの動きがあって初めてその機能を全うすることができるからです。仕組みとして機能するためには、現在の状態から望ましい状態への転換がなされなければならないのであり、そのためには必然的に何らかの動きを伴わなければならないのです。引用した

図表4 ● よくあるビジネスモデルの記述

A社のビジネスモデル

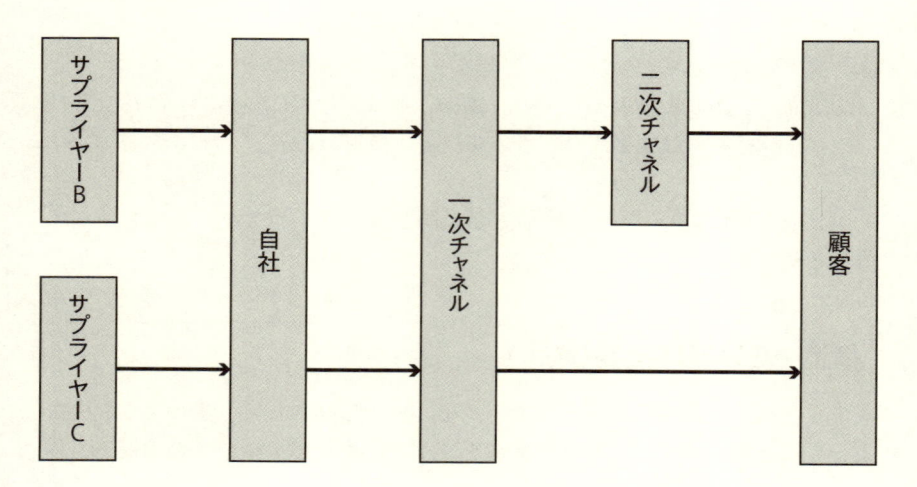

図においても取引主体間に矢印が書き込まれていますが、これがダイナミズムです。

　ビジネスモデル以外の種類の仕組みにおいても、構造とダイナミズムという2つの要素が組み合わされているということをみることができます。石油や化学などの大規模なプラント建設では、配置図とともにフロー図というものを作成します。機器がどのように配置されるかということだけではなく、その間をどのように処理する石油や化学品が動くのか、電気が流れるのかということを示さないと設計図として意味をなさないのです。ITシステムの設計においても、システムアーキテクチャという構造とともに、それが使用されるデータフローなどが設計されます。ビジネスモデルも仕組みである限り、この2つの要素を常に念頭に置く必要があるのです。

　ところで、これら仕組みの2つの要素のうち、構造と比べて、時間の概念を持つダイナミズムを把握し、図示することは難しいと言えます。ダイナミズム、即ち動きは、それ自体見えないからであり、また時間に沿った推移を図示することが構造と比べて工夫を要するからです。そのため、ダイナミズムはビジネスモデルを記述する際に頻繁に省略されてしまう傾向があります。第II部「事業の内部モジュール編」で後ほどご紹介するビジネスモデルでは、動きや流れはプロセスとして図示することが可能ですが、例えば第III部「事業全体を貫く仕組み、流れ編」第6章の「好循環」において紹介するビジネスモデルにおいては、ダイナミズムである因果を図示するのは難しいと言えるでしょう。

ビジネスモデルの鍵を握るダイナミズム

　私は、仕組みを構成する2つの要素、つまり構造とダイナミズムのうち、ダイナミズムを、おそらく他のビジネスモデル研究家よりも重視しています。その理由は、一方でダイナミズムの持つ力や可能性が大きいからであり、他方でダイナミズムが持つ制御しにくい性質のゆえです。

　私が、ダイナミズムを重視しているのは、それが競争優位やその持続可能性の源泉となるからです。例えば、模擬試験のビジネスにおいて、戦後長ら

く支配的であった旺文社模試を、当時経営資源の限られた地方の中小企業であった福武書店の進研模試が席巻することができたのは、進研模試が超トップ校を対象として業界に参入し、下位の進学校を少しずつ巻き込みながら市場を下降していった結果です。静的に観察すれば、大きな事業者が業界支配を続けることになりそうな市場で逆転を可能にしたのは、超トップ校から次第に市場を下降していくというダイナミズムがあればこそです。

　ダイナミズムの持つ力は、他の勝負事に例えるとわかりやすいと思います。武術の代表格である柔道では、「柔能く剛を制す」という言葉が柔道の本質を表すものと言われています。そもそも「柔」というのは動き、つまりダイナミズムを表す言葉で、「柔能く剛を制す」とは、動きを利用することにより体格に勝る相手をも倒すことができるという意味なのです。つまり、動きはリソース（資源）の規模を上回る問題であると言っているのです。軍事でも、先に挙げた丁字戦法が味方よりも大きな敵に勝利できる理由は、敵の前面に丁字型に展開するというポジショニングとともに、敵の先頭艦から順番に打ち取っていくというダイナミズムが存在するからです。事実、バルチック艦隊は戦艦の数では連合艦隊の2倍以上を擁する大艦隊でした。

　このようなダイナミズムの持つパワフルな性質のゆえに、私はダイナミズムを他のビジネスモデル研究家の方々よりも広く捉えています。第Ⅱ部以降において、他のビジネスモデル研究家の方々が通常ビジネスモデルに含めない「好循環」や「ライフサイクル」をビジネスモデルにおける考慮対象としているのはそのためです。

　しかし、ダイナミズムはパワフルである反面、取り扱いが難しい側面を含んでいます。ダイナミズムは、構造よりも構築することが難しく、顧客やチャネルなどダイナミズムに関与する当事者の影響を受けたり、因果の蓋然性が完全ではない結果として、必ずしも意図したとおりには機能しないのです。戦局の進展や、好循環のような因果は、特にこのような性格が強く、ここに"読み"の要素が入り込むのです。このため、この"読み"がビジネスモデルに論理ではなくアートとしての性質をもたらしています。第Ⅴ部で述べるように、ビジネスモデルを構築するにあたって、プロトタイピングをお勧めしているのは、ビジネスモデルのこのような性質によります。

ダイナミズムはプロセスよりも広い概念

　ところで、なぜ私がダイナミズムという言葉を使い、プロセスという言葉を使わないかというと、ビジネスにおける仕組みには通常プロセスとは呼ばない因果や流れとしての動きをも包含して考えたほうがよいと考えているからです。

　ビジネスにおいてプロセスとは、通常、物事を進めるための意図された手順であり、実行する主体や責任者が存在するものに使われています。しかし、私がビジネスモデルというとき、好循環などの主体の存在しない因果として存在するものや、ライフサイクルのように意図しなくても時間の経過とともに進行する流れを利用するものも含んでいます。これらの流れ、ないし動きは、意図的に発生を促すことはできたとしても、それが手順となっていると言えるほどのコントロール性があるわけではありませんが、強大な競争優位の源泉となりうる以上、これを無視できないのです。

なぜ今ビジネスモデルなのか？ ①

従来の思考体系における
欠落領域

市場内部での戦い方のフレームワークがなかった

　ビジネスモデルとは何かがわかったところで、なぜ今ビジネスモデルが重要なのかを見ていきたいと思います。

　まず申し上げたいのは、ビジネスモデルという考え方が従来のビジネスの思考体系からすっぽりと抜け落ちていたということです。

　既に述べたとおり、従来の戦略論は、ポジショニング、つまり基本的に市場やその部分の選択を問題にしており、その内部での戦い方に答えを提示していません。ケイパビリティ論は、市場での勝ち負けを問題にしますが、能力を所与として勝てる市場を選ぶのみであり、市場内部での戦い方には議論が及んでいないのです。ストーリー論は市場内部における戦い方を問題にし、動きの概念を導入した功績は大きいのですが、現在までのところ具体的にどのように戦ったらよいのかを提示していなかったと思います。一方で、機能戦略や業務プロセスは、ビジネス機能の成就を目的とし、競争という思考が欠落していました。これら既存の理論体系のどこにも市場内部における戦い方の議論は存在しないのです。

　市場内部における競争方法に関する議論の欠落は、ビジネスの現場に様々な弊害をもたらしています。

　市場の選択を所与のものとして敵と対峙することを会社から求められている現場のリーダーたちにとって、現実にどうやって戦ったらよいのかという

競争の指針が何もないことが、そもそも大きな問題です。多くの中間層のリーダーたち、即ち事業部長、部長、課長たちにとって市場は選ぶことができず、その率いる部署名にまで市場やそのセグメントの名前が入れられていることが多くあります。この中間層のリーダーたちが実際に戦いの拠り所にする指針は、従来の戦略論や機能戦略・業務プロセスの理論からは提供されていません。その一方で彼らは、「リーダーたるもの戦略を持て」と言われているのです。最上位のマネジメント層は戦略コンサルタントを使いながら市場の選択としての経営計画を提示し、「なぜ当社の中間層は戦略を持てないのか?」と嘆きます。しかし、最上位のマネジメントにとっての戦略と中間層にとっての戦略とでは、その内容が違うのです。誰もが大本営に席を持ち、戦場を選べる立場にいるわけではありません。戦場に赴くことを命じられた司令官には、与えられた戦場の中で敵を撃破するための指針が必要なのです。

「新規事業」でしか論じられなかったビジネス教育

　市場内における競争に関する思考の欠落は、ビジネス教育の現場においても混乱を招いてきました。ビジネス教育の現場においては、今までビジネスモデル教育が行われてきていません。その結果として戦略論の教え方も不健全なものとなっています。ビジネス教育の現場では、中間管理層に対して、新規事業提案のアクションラーニングが多く行われています。中間管理層から選抜した受講生に対して、会社として取り組むべき新規事業の開発を数か月の実践的な教育のアウトプットとして取り組ませ、社長や役員に対して提案させ、その提案の構築を講師が支援していく中で戦略論を学習させるのです。ここで、なぜ教材が新規事業なのかの理由を考えると、1つは講師側の事情であり、受講生の本業内部の競争を論ずるほど講師が業界について情報を持っていないため、講師も受講者も知識がない新規事業を提案の対象として指定する、という事情があります。

　しかし、より本質的な理由は、市場の選択を内容とする従来の戦略論の性質によるものと考えられます。新規事業提案では、必ず新たな市場への参入の提案となるため、「5つの力」モデルやSWOTなど、講師が用意した市場選択としての戦略論やツールにピッタリとあてはまるのです。しかし言うま

でもなく、企業にとって本業は新規事業よりもはるかに大切なものなのです。中間層のリーダーたちは、本業でどう戦うのかということについての教育を受けないまま、市場選択の理論だけを携えて現場に帰っていくのです。

コンサルティング業界における不都合

　最後に、私自身のビジネスであるビジネスコンサルティングにおいても、戦略コンサルティングと機能・業務コンサルティングとの間に深い溝がありました。戦略コンサルタントが戦略を描いても、機能や業務のコンサルタントとしてはインプットとならず、結局戦略を無視して戦略と接合性のない業務をデザインしてしまうということが多くの現場で起こっていました。そのため、戦略コンサルティングと機能・業務コンサルティングは厳然と区別された業界であると考えられていたのです。

　私は、この両者が接合しない原因はビジネスモデルという思考を経ないからだと考えています。従来メジャーであった2つの思考の間に市場内の戦い方としてビジネスモデル論がどうしても必要なのです。

なぜ今ビジネスモデルなのか？②

グローバル競争と
日本人特有の思考の限界

日本的な思考がビジネスモデルを遠ざけてきた

　従来の競争においてビジネスモデルの思考が欠落していることを述べましたが、日本人特有の思考がビジネスモデルの思考を阻害しているように思います。だからこそビジネスモデルを強調する必要があると私は考えます。

　「良いものを作れば勝てる」

　日本人は、製品やサービスの改良に血道を上げてきました。結果として、日本製品の評判は世界津々浦々まで行き渡っています。しかし、それで世界市場で勝てているでしょうか？　現実は、規模やそれを背景としたデファクト化、コスト面での好循環など様々な仕組みによって海外企業に先行され、せっかくの製品力を活かせていないと言えるのではないでしょうか。

　グローバル競争は、我々とは異なった思考を持つ競合との闘いです。しかも日本国内で戦うのとは比較にならないぐらい多くの競合と戦わなければなりません。「業界の内部に強敵がひしめく中でどう勝つのか？」という問いに答えていかなければなりません。グローバル競争においてはトヨタなどの少数の企業を除けば、日本企業は優位に立てていないのが現実です。勝てないどころか、欧米先進国企業のみならず、サムスンや華為など新興国の企業にも劣勢を強いられるようになっているのです。製品力においてはまだ日本

企業のリードが存在することが多いので、これらの企業に対して劣勢に立つのは製品力が理由ではないはずです。我々も新興国で生産できるのですから、生産地が新興国にあることによる生産コスト差は言い訳になりません。この現実を受け入れ、どう勝つのかを真剣に考えなければなりません。

多くの業界が成熟期を迎え、模倣が横行し、デジタル化やモジュール化などが進行して製品の性能に差がつかなくなってきています。日本企業が得意とする製品力による勝負ができなくなっていく中で、我々は世界の企業と戦っていかなければならないのです。必然的に、製品力以外の武器を身につけなければ勝てなくなると言えるでしょう。そして、製品力ではなく、売り方、戦い方を問題にするのがビジネスモデルなのです。マイクロプロセッサ、フラッシュメモリ、液晶テレビなど、多くの製品が我が国で着想され、開発され、結果的にそれらの製品で日本企業は敗北しています。私はコンサルタントとして、歴史を自慢する企業ほど今は落ちぶれていることを知っています。そうならないために、何をしなければならないかを今真剣に考える必要があり、その答えの一部は確実にビジネスモデルの中にあると考えています。

「自前の技術で勝つ」

自慢の製品力にも、実は最近陰りがみられます。日本企業が自社技術にこだわる中、欧米の企業は社外で開発された技術を確実に自社に取り込む仕組みづくりを行っています。あたりまえのことなのですが、イノベーションは会社の内側よりも圧倒的に会社の外側で多く起こっています。イノベーションの発生はなかなかコントロールできませんが、発生したイノベーションを確実に早く、排他的に自社に取り込む仕組みは作ることができ、その仕組みを持つ企業が競争をリードするのです。今やICTの世界をリードしているのは、富士通やNECなどの日本企業や日本企業と比較的近い思考を持ったIBMなどの伝統企業ではなく、技術やアイディアを外部から調達する仕組みを持つグーグルやシスコシステムズ、クアルコム、アップルなどの企業であり、それらの企業が持つダイナミズムに旧来型の企業は太刀打ちできません。「あれは、彼らが開発した技術ではない。他社から買ってきて使うなら誰でもできる」という声も聞きます……が、本当にそうでしょうか？　そう

であれば、なぜ日本企業はそうしないのでしょうか？

「努力と根性」

　日本人には、個人の技量や頑張り、精神性に依存して戦いに勝とうとする思考パターンがあるように思います。頑張っていないと後ろめたい反面、頑張っていれば負けても「頑張ったのだから、しょうがない」で済まされるのです。個人ではなく複数人が連携プレーをする場合にも、阿吽の呼吸によって場当たり的に連携して勝とうとする傾向があるように思います。

　これに対し欧米人、特にアメリカ人は誰にでも運用可能な仕組みを作り上げて勝とうとします。軍事の例えになりますが、ゼロ戦は運動性能もパイロットの技量もグラマンF6Fや米軍のパイロットに勝るのに、米軍はグラマンF6Fを2機組み合わせて運用し、先行機をゼロ戦に追撃させ、先行機を左右に旋回させることでゼロ戦を後続機の弾幕の中に突っ込ませて確実に打ち取るというパターン化された仕組みを構築・運用していたことは有名です。

　アメリカ人は全てこのようにものごとを仕組み化し、その仕組みをブラッシュアップするというマネジメントを行っています。仕組みは個人の技量に依存しません。また多数の人を全体として同じ目的のために連動させるため、個人戦の集合よりも戦いのスコープが大きく、本質的に強いと言えます。それだけではなく、仕組みは改善の対象となり運用の中で進化させることができるとともに、コピーが可能で再現性もあるため速やかに展開できるのです。

　アメリカ人による仕組みを使った戦いは、多民族という阿吽のコミュニケーションが効かない環境の中で操業し、株主と経営者との役割分担、経営者からラインマネジメントへの授権など明確なミッション体系の中で確実に結果を出していかなければならないアメリカのビジネス社会が持つ特性や厳しさに由来しているということもできます。しかし、我が国企業が世界に進出するにあたり、もう日本国内と同じような環境は望めず、日本人特有のメンタリティやコミュニケーション方法に依存できなくなる、という現実に向き合わなければならないのです。頑張りや阿吽に依存することなく、仕組みによって勝つということを、我々も学んでいかなければ、グローバル市場では勝てないのです。

なぜ今ビジネスモデルなのか？ ③

ビジネスモデルの持つ
パワフルな効用

....

ユニクロやネスレの躍進の影にビジネスモデルあり

　ビジネスモデルが重要なのは、競争上大きなパワーを持っているからです。

　ビジネスモデルは、競合に対して強力な優位性をもたらします。本書でも取り上げている "❽ 製造小売" (128ページ参照) というビジネスモデルによるファーストリテイリング (ユニクロ) の成功例は、ビジネスモデルの持つパワーをよく示しています。ファーストリテイリングは、製造から小売までを一貫して手掛け、その間に在庫と生産計画のコントロールや店舗からの顧客嗜好のフィードバックを徹底させるという、レナウンやオンワード、ワールドなど伝統的な衣料ビジネスの企業とは全く異なるビジネスモデルを作り出し、その結果としてこれらの企業から顧客を奪い、今や売上高においてダントツ日本一のアパレル企業に成長しています。

　ビジネスモデルは、成熟した市場における競争をリセットする力を持っています。例えば、ネスレジャパンによるネスカフェアンバサダーは、コーヒーマシンを職場に無償貸与し、カートリッジとしてコーヒーを販売するビジネスモデルですが、ビジネスシーンにおけるコーヒーの売り方を根本的に変え、長く停滞していたネスレのコーヒービジネスに成長をもたらしました。2014年8月時点で14万件の顧客を抱え、日経BPの推計でスターバックス84店舗分の売上が競合である店舗販売などからネスレに移動していると考えられます。ネスカフェアンバサダーはダイレクトモデルでもありますので、日

増しに強まる小売への流通マージンや販促費増大のプレッシャーからネスレが逃れることも可能にしているのです。コーヒーマシンは、職場に存在し続け、これが顧客のネスレとの継続的な取引を保証し、かつ競合排除の仕組みとして働き続けます。ネスカフェアンバサダーは、第6回日本マーケティング大賞を受賞していますが、これはチャネルや製品開発、価格などのマーケティングの範囲を超え、サプライチェーン改革などを含むビジネスモデルの根本的な見直しであり、新たなビジネスモデルの構築と呼べるものです。

ベンチャー企業にも成熟企業にもビジネスモデルは不可欠

ビジネスモデルは、新規参入者のヴィークルでもあります。"ほけんの窓口"は、複数の保険会社と代理店契約し、店舗で顧客の代理人として保険を選択し、契約するというビジネスモデルで大成功しました。"ほけんの窓口"は、特段新規技術を開発したわけでもなく、ビジネスのやり方の仕組みを従来の保険代理店とは違うものとした、つまりビジネスモデルを構築しただけです。ベンチャー企業というと、新技術を市場に適用して参入してくるイメージが強いのですが、このように新規のビジネスモデルだけでも成功できるのです。もちろん技術系のベンチャー企業も、最適のビジネスモデルを備えることにより、更に強くなる可能性があります。

ビジネスモデルは、成熟した企業が、その業界支配力を固めるための道具でもあります。第II部でも述べていますが、GEは、航空機エンジンなどの事業において、自社製品からもたらされる運転・制御情報を収集・解析し、保守・運転方法や制御ロジックにフィードバックすることによって、自社の業界支配を盤石なものにしようとしていますし、航空機エンジン技術を発電用タービンに応用して、そのユニークな事業構成を固定的な優位に転換しようとしています。

このように、業界他社とは違う仕組みを構築して、競争をリセットし、競合他社に対して圧倒的な優位に立った事例は枚挙にいとまがないのです。ビジネスモデルの持つパワーを取り入れた競争と、製品力や価格のみに依存した競争では、競争の質や次元が異なると言えます。読者にも、このビジネスモデルの持つパワーをぜひ取り入れていただきたいと思います。

なぜ今ビジネスモデルなのか？④

テクノロジーの進化が
ビジネスに与えるインパクト

ICTとともに変化が加速するビジネスモデル

　ビジネスモデルが重要である理由として最後に確認したいのは、ICT、物流、ロボティクス、金融などの技術の進展やサービスのアベイラビリティの変化がビジネスモデルのあり方に大きな影響を与えているのであり、これらがビジネスモデルの変革を加速しているということです。これらの技術やサービスの変化により従来のビジネスモデルが時代遅れのものとなり、新たな競争力あるビジネスモデルにとってかわられる可能性が増しているのです。

　ビジネスモデルは前述の如くパワフルであり、競争をリセットする力を持っていますから、このビジネスモデル更新の可能性の増大は、業界リーダーにとっては大きな脅威、下位の企業や参入者にとっては大きなチャンスとなっていることを意味します。

　ビジネスモデルは、既に述べたように仕組みですので、同じ仕組みであるICTとの親和性が非常に高いと言えます。一方ICTは、ポジショニングとの親和性は高いとは言えませんでした。従来の戦略をICTで支えると言っても、具体的にどのように支えたらよいのかよくわからないという声をシステムエンジニアの方々から多く聞きました。しかし、ビジネスモデルは仕組みであり、それは構造とダイナミズムです。ダイナミズムとICTとの親和性は非常に高いのです。

そして今、ICTが大いに変化しています。コンピュータやデータストレージの処理速度の向上や容量の増加、コストの低下などはもちろんですが、インターネットの普及と高速化、無線通信の高速化と低価格化、センシング技術の向上、データマイニング技術の向上など、ICTが大きく変化しています。それとともに、従来最適と考えられたビジネスモデルも最適ではなくなり、新たなビジネスモデルが生み出される可能性が増大しているのです。かつて事業所がISDNなどのデジタル回線で結ばれると、業務プロセスをBPRする可能性が増大したように、社内のシステムがインターネットを介して顧客や社外のシステムと結ばれ、ワイヤレス技術により全ての空間があまねく接続されると、顧客や案件、経営資源の流入経路など、社外に存在しているプロセスや因果も自社のICTでコントロールできるようになります。これを利用するのとしないのとではビジネスに大きな差が生ずるのです。

IoTやビッグデータ、ロボティクスとの関係

　近年特にビジネスモデルに影響を与えているのは、デジタルマーケティングとIoT、ビッグデータなどです。

　デジタルマーケティングは、ワイヤレスも含めたネット空間、あるいはネットとリアルの境界をまたぐ形で顧客流入プロセスを確立し、また顧客とのコミュニケーション手段の確立を通じて顧客維持を行うものです。デジタルマーケティングは、第2章「顧客・案件の獲得」や第3章「顧客の維持」にICTを応用したものと考えられます。その意味で、ICTの利用を強調したビジネスモデル群として捉えることができます。

　デジタルマーケティングと比較して、IoTとビッグデータは、いわゆるバズワードではあるものの、それ自体がモデルになっていません。これらは、そのものでは意味がなく、ビジネスモデルを強化するために用いられて有用性を発揮するものです。

　IoTとは、モノのインターネット、つまり機械が人の手を介さずに通信を行うことを指しますが、ビジネスモデルへは現在のところ大きく2つの利用の仕方が考えられます。1つ目は、本書でも取り上げている製品への通信機能の組み込みによる "⓯ 自社製品からの情報フィードバック"（206ページ参照）

であり、製品の保守・運転サービスや消耗品の販売、製品設計の洗練などに活かすことができます。もう1つは、製品個品に関する需給経路情報の正確な取得であり、サプライチェーンのあり方に大きく影響を与え、生産設備などの“❾ 資源の動的アロケーション”（135ページ参照）を可能にします。

　ビッグデータとその取得・解析技術の進展は、新たな好循環を確立し、競争優位の源泉とする可能性を提示しています。データ解析による予測は、データ量が大きくなるほど精度を向上させることができますから、その解析結果を利用して更に顧客を集めることができるという好循環に持ち込むことができます。この好循環をうまく利用して、競争優位を獲得する方法を確立すべきです。

　更に、ビジネスモデル変革の可能性を上げているのはICTだけではなく、ロボティクスなどの技術や物流サービスなど外部から提供される仕組みも大きく変化しています。そのため、サプライチェーンの変革機会や顧客接点の最適なあり方が急速に変化しています。また、金融技術もビジネスモデルを変革していきます。カードなどの決済手段が多様化することにより、従来の支払プロセスが変化していますし、最近は金融技術と通信とが結びつくフィンテックも注目されています。

　企業のビジネスモデルは、これらの変化に対応していかなければなりません。それは、別の角度から見れば、今までの業界での競争をリセットするチャンスが増大しているということでもあります。プラスがアスクルのビジネスにおいて宅配やインターネットを利用して受注やサプライチェーンのあり方を変え、コクヨとの競争をリセットしたように、ビジネスモデルを変化させることによって競合との競争をリセットするチャンスがあるのです。ビジネスモデルへのセンシティビティを上げておくことは、これらの外部環境の変化をいち早く自社の競争優位に活かしていくことにつながります。

本書で紹介する「仕組み」の種類

モジュールに分解すれば仕組みが見えてくる

　ビジネスモデルは、仕組みであり、事業の競争優位を実現するものだと述べました。では、競争優位をもたらす具体的な仕組みは事業のどこに存在し、どのように機能しているのでしょうか。仕組みにいくつかの種類が存在するのであれば、その種類と機能を特定することが、仕組みを観察する第一歩だと思います。仕組みが存在する場所を特定できれば、その仕組みについて詳しく観察することができますし、実際にその仕組みを収集分類して、別の事業に適用していくことも可能になるからです。

　まず、事業自体を動かしている仕組みについて、いくつかのモジュール、つまり部分的な仕組みに分けて理解すべきだと考えます。その理由は、第1に、仕組みを資源やプロセスのような仕組みと言えない構成要素に分解してしまうと、仕組みが機能する様子を理解しにくくなるからであり、第2に構造上モジュール内部の結合が密である反面、外部との結合が比較的粗であるためモジュールごとの仕組みの着脱が容易だからです。そして第3に、各モジュールは、それぞれ目的を持ってつくられており、それは事業の成功や競争での勝利を分解した現実的な目的となっています。競争での勝利というような漠然とした目的よりも、より現実的な手の届く目的とともに仕組みを分析、構築したほうが問題がハンディになり、扱いやすいからです。分解した目的は、この目的レベルでは時間的な普遍性を持っていますので、ICTなどの発達によって仕組みが進化しても、常に分解した目的との関係で仕組みの

仕組み以外の要素に分解するのではなく、モジュールとして分解したほうが理解が深まります。

仕組み以外の要素ではなく……

ライン ナップ	駆動方式	向いて いる道	対象 ドライバー
	素材		
特筆すべき技術			
燃費		馬力	

モジュール（仕組み）で理解したい

ブレーキング システム	パワー トレーン	電装 システム	ステアリング システム
懸架システム			
燃料消費パターン		出力特性	

良し悪しを論じることが可能です。

　これは、自動車の改造のために、自動車の仕組みをモジュールとして理解することと似ています。自動車は、駆動のためのパワートレーン、制動のためのブレーキングシステムなど、いくつかのモジュールから構成されていて、そのモジュール内では緊密で分かちがたい仕組みが存在するとともに、モジュールごとにある程度交換可能な仕組みになっています。もちろん、モジュール間の整合性は取れていることが必要で、全体としてバランスの取れたパッケージングが必要なのですが、自動車を改造しようとする人は、このモジュール構造を理解することが不可欠なのです。

事業の内部モジュール

　ビジネスの要素をモジュールに分解すると大雑把に「事業の内部モジュール」「事業全体を貫く仕組み、流れ」「事業間の仕組み」に分類していくこと

ができます。本書の第Ⅱ部から第Ⅳ部では、それぞれこの分類に基づき、代表的なビジネスモデルについて解説していくことにします。詳細は第Ⅱ部以降に譲りますが、全体像だけここで把握しておきましょう。

　事業内部のモジュールは、事業が取り組む対象である「市場」の定義と、その市場の2つの要素、すなわち顧客と提供価値との関係で、市場における集客や市場への価値の提供を実現するための仕組みとしての「顧客獲得・維持の仕組み」と「価値提供のための仕組み」に分けて考えるとわかりやすいと思います（以下、〇内の数字は第Ⅱ部〜第Ⅳ部の章立てと対応します）。

　まず、事業が取り組む対象としての「市場」の定義である①対象市場定義です。市場とは、「誰に」「何を」売るか、すなわち①-1顧客と、①-2提供価値、という2つの要素から成り立っています。これらの定義の仕方によって、それらを実現のための仕組みである「顧客獲得・維持の仕組み」と「価値提供の仕組み」も異なったものになりますから、ビジネスモデル全体の出

図表6 ● 仕組みの種類

事業の内部モジュール

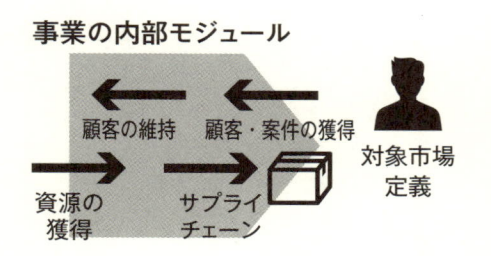

事業全体を貫く仕組み、流れ

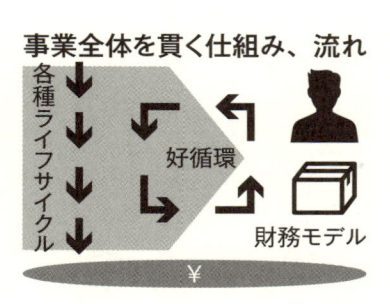

事業間の仕組み

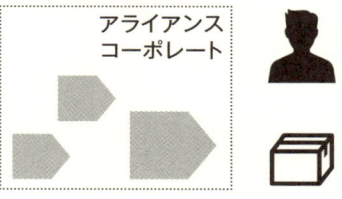

発点として対象市場定義は必ず押さえておく必要があります。

「顧客獲得・維持の仕組み」は、対象市場における集客と顧客からのビジネスの獲得を実現する仕組みであり、本書では、②顧客・案件の獲得の仕組みと、③顧客の維持の仕組みに分類して解説します。対象市場として顧客を定義しても、現実に顧客と出会わなければ取引が始まらないのであり、その意味で事業には顧客・案件の流入が必要であるとともに、一度取引をした顧客を自社に留め、競合を排除しながら売上と利益を上げ続けることが事業の成功につながるからです。

「価値提供の仕組み」は、対象市場への価値提供を実現するための仕組みであり、本書では価値提供のための仕組みそのものである④サプライチェーンと、サプライチェーンへのインプットとしての外部からの資源の調達である⑤資源の獲得の仕組みに分類して考察しています。提供価値をアウトプットするための仕組みであるサプライチェーンが優れていれば競合よりも優れた価値を生み出せるのに加えて、サプライチェーンに投入される素材である

図表7 ● 第Ⅱ部～第Ⅳ部の構成

事業の内部モジュール	市場	第1章 対象市場定義 ・アズ・ア・サービス ・ハイエンド、ローエンドからの参入
	顧客獲得・維持の仕組み	第2章 顧客・案件の獲得 ・事業間顧客流入 ・外部リストの利用 ・マルチレベルマーケティング
		第3章 顧客の維持 ・顧客のコミュニティ化 ・金融による顧客囲い込み
	価値提供の仕組み	第4章 サプライチェーン ・製造小売 ・資源の動的アロケーション
		第5章 資源の獲得 ・プロフェッショナルサービスファーム ・コーポレートベンチャーキャピタル

事業全体を貫く仕組み、流れ	第6章 好循環 ・アグリゲーター ・専門家 ・レイヤーマスター
	第7章 ライフサイクル ・自社製品からの情報フィードバック ・マルチウインドウ
	第8章 財務モデル ・定額制
事業間の仕組み	第9章 アライアンス ・フランチャイズ ・エコシステム
	第10章 コーポレート ・生産と販売を切り離した買収統合

資源が優れていれば、サプライチェーン自体が同じであっても優れた提供価値をアウトプットできるからです。

市場が顧客と提供価値の2つで構成され、顧客との関係で顧客・案件の流入と顧客の維持、提供価値との関係でサプライチェーンと資源の獲得があるという構造は、後に述べるアライアンスやコーポレートにおける複数事業による優位の強化メカニズムを理解する上でも重要ですから、必ずここで理解しておいてください。

事業全体を貫く仕組み、流れ

事業内部のモジュールとは別に、これらのモジュールを連動させている仕組みないし流れが3つあります。これらは、それぞれ全く異なった性質を持つものですが、事業を構成する各モジュール間を貫く流れであることは共通しています。

まず⑥好循環であり、事業の外部と内部において様々な要素の間に好循環が働くことにより、顧客が雪だるま式に増大し他社が模倣できなくなります。

次に、⑦ライフサイクルであり、様々なライフサイクルを利用し、モデル要素をこれに連動させることによって事業を効率的、効果的に進めることができるようになります。これら2つは、競争優位を維持するための仕組みと言ってもいいでしょう。多くのビジネスモデル研究者は、好循環やライフサイクルを独立の観察対象として挙げていません。しかし、筆者は、これらは競争優位とその持続可能性を作り出す重要なダイナミズムであり、ビジネスモデルを競争の手段として考える上で避けて通れないものだと考えます。

最後に、⑧財務モデルであり、その中にも収入についての⑧-1 レベニューモデル、上記の②〜⑤の仕組みが生み出すコストのあり方である⑧-2 コストモデル、それらを統合する利益創出の仕組みである⑧-3 全体財務モデルに分類できます。財務モデルにより優位が生み出せるのは、競合よりも自社のほうが価格が低いものとなるか、あるいは顧客のより納得する価格となるからです。なお、財務モデルは競争優位を生み出す手段であるとともに、自社の利益の手段でもあります。

事業間の仕組み

　最後に、事業間に存在している仕組みがあります。複数の事業を一体的に運用して顧客や競合と対峙することにより、単独の事業では作り出せない競争優位を作り出すことが可能となります。事業間の合意により形成される仕組みである⑨アライアンスと、事業を所有することにより強制力を持って作り出す仕組みである⑩コーポレートの仕組みがあります。アライアンスやコーポレートの仕組みで優位が得られるのは、競合よりも戦いのスコープを広げ、競合とは異なる構造に依拠して顧客に奉仕し、競合を攻撃できるからであり、競合より強い仲間を先取りして戦うことができるからでもあります。

第Ⅱ部から第Ⅳ部の読み方

　第Ⅱ部から第Ⅳ部では、まず典型的なビジネスモデルを数個比較的詳細に解説し、その後にその種類のビジネスモデルの一般的な解説を加え、最後にその種類に属する典型的なビジネスモデルを列挙し、簡単な解説を加えます。

　ここに挙げたビジネスモデルの種類は、つまり章のレベルでは時を経ても比較的不変だと考えられる一方で、典型的なビジネスモデルはICTや物流、金融の変化によって新たに出現します。

　読者が自社のビジネスモデルを構築される際には、代表的なビジネスモデルだけでなく、解説ページで紹介するオプションとして典型的なビジネスモデルの例示も参照してください。

第Ⅱ部

ビジネスモデル各論①
事業の内部モジュール編

　事業の内部モジュールは、事業自体が持つ仕組みです。

　業界の内部競争においてまず考えなければならないのが、業界という実質的な競争空間の中での顧客や提供価値といった第1章「対象市場定義」です。この定義は、従来の戦略論でいうセグメント（全体を分割した部分）だけではなく、モノとして売るかソリューションとして売るかといった代替的な性質のもの（ある定義での販売と、他の定義での販売を代替するもの）を含んでいます。つまり"売り方の定義"という表現に近いものを含んでいるのです。業界内部での競争は、対象市場の間でまず生じ、次に対象市場内部で生じるという性質を持っています。顧客は、まずは売り方の優れた取引相手を考慮し、それらの相手方から更に取引相手を絞り込むのです。

　対象市場内部での競争では、事業を生体に見立てた場合、生体の運動能力が高い個体が勝利します。ビジネスにおいて重要な運動能力は、対象市場の2つの構成要素、つまり顧客と提供価値との関係において、次の2つの基本的な能力であるということができます。あたかも、生体の組織が運動機能を支えるために存在するように、事業の仕組みもこれらの能力を支えるために存在しています。

　1つ目は、顧客にアクセスし、顧客を見つけ顧客から取引を引き出す能力であり、本書では、更に第2章「顧客・案件の獲得」と第3章「顧客の維持」という2つに分けています。マーケティングで獲得（acquisition）と維持（retention）を区別するように、これらは活動としては別物であり、仕組みも区別できることから、両方を考慮することを保証するためにも別々に観察することにします。

　2つ目は、提供価値を作り出す能力であり、提供価値創造のための第4章「サプライチェーン」と、そのサプライチェーンに外部から資源を調達する能力である第5章「資源の獲得」に分けて解説しています。

第 1 章

対象市場定義

アズ・ア・サービス

◉キヤノン、ダスキン、ロールス・ロイス、ブリヂストン、他

モデルの概要と例

　アズ・ア・サービスは、主に製造業が製品の販売からその製品機能のサービスとしての提供へと提供する価値を変更し、顧客のコストダウンを図るとともに製品販売に関する競合との価格競争から離脱し、収益性の向上を目指すビジネスモデルです。アズ・ア・サービスは、「サービスとして」という意味であり、従来の製品機能をサービスとして提供することを言います。

　富士ゼロックス、リコー、キヤノンなど複写機業界は、おそらく最もアズ・ア・サービスのモデルが進んだ業界であり、コピー機を販売するのではなく、コピー機の所有権をメーカーやその代理店に留保した上でコピー枚数に応じて課金することで、コピーの機能を提供するという契約形態を採っています。この契約形態では、顧客は保守をメーカーに任せてしまい、保守から解放されます。ダスキンも、アズ・ア・サービスの典型と見ることができます。ダスキンは、モップなどの掃除器具を販売するのではなく、モップを貸し出し、汚れたモップを回収し、洗浄して再提供しています。これにより、モップの寿命が延びるとともに、顧客は常に適切に洗浄された清潔なモップを使い続けることができます。これらは、アズ・ア・サービスの古典的な例と見ることができるでしょう。

　アズ・ア・サービスは、最近、様々な業界へ広がりを見せています。近年アズ・ア・サービスのモデルが広がりを見せているのはICTの業界であり、

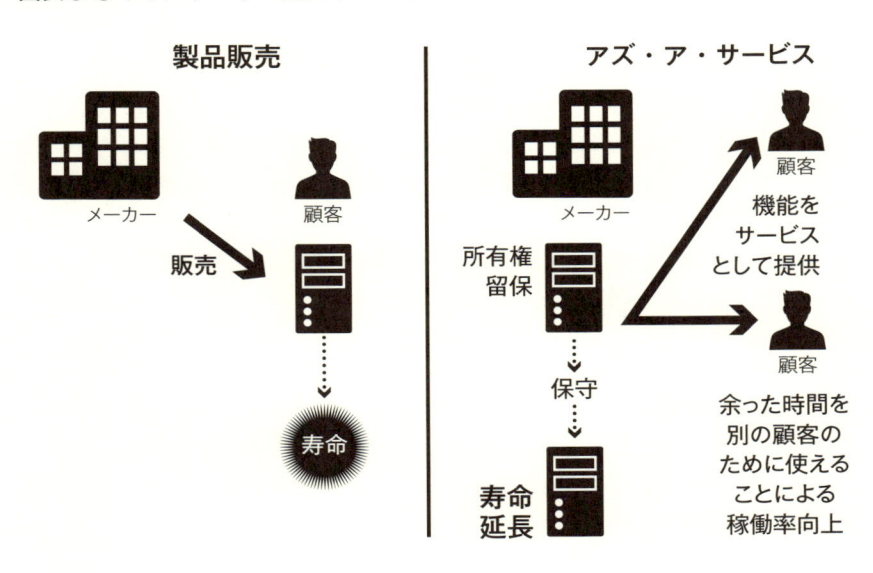

図表8 ◉ アズ・ア・サービス（イメージ）

製品販売

メーカー　顧客

販売

寿命

アズ・ア・サービス

メーカー

所有権留保

顧客

機能をサービスとして提供

顧客

保守

寿命延長

余った時間を別の顧客のために使えることによる稼働率向上

従来ハードウエアやソフトウエアの販売として行われていた取引が機能提供という形でサービス化しています。サーバやストレージなどのハードウエア機能をネットワークを通じて提供するサービスをIaaS（Infrastructure as a Service）、更にOSやデータベースなどの基本ソフトウエアも一緒に提供するものをPaaS（Platform as a Service）、アプリケーションまで全て提供するものをSaaS（Software as a Service：サーズと発音）と称し、これらを総称してクラウドサービス（物理的な仕掛けがどこにあるかわからないという意味で雲を意味するクラウドという語を用いた表現）と呼んでいます。IaaSやPaaSの事業者としては、アマゾンやセールスフォース・ドットコム、グーグル、マイクロソフトなどがありますし、様々なソフトウエアメーカーがSaaSに参入しています。IaaSやPaaSにおいては、顧客はサーバ能力を柔軟に変更できたり、データベースを記憶容量あたりの課金で使用できたりします。SaaSではユーザー数や使用時間、データ量など様々な基準で従量課金されます。

　ICT以外におけるアズ・ア・サービスの最近の成功例として、ブリヂスト

ンのリトレッド事業が有名です。ブリヂストンのエコバリューパックという
サービスは、タイヤ所有権をブリヂストンに留保し、顧客である法人事業所
での運行パターンを分析して、最適頻度でタイヤのリトレッド（接地面ゴムの張
り替え、再生）を行い、タイヤ寿命を延ばし、顧客のコストダウンに貢献する
一方、競合との価格競争から離脱し、顧客囲い込みに成功しています。

　航空機エンジンメーカーであるロールス・ロイスは、吸収合併したブリス
トル・シドレー社のサービスである"Power by the Hour"というサービスを
引き継ぎました。このサービスでは、顧客は完璧に整備された同社のエンジ
ンを稼働時間あたり課金で使うことができ、必要であれば出力の違う他のエ
ンジンに交換することも可能です。今では、競合であるGEやプラットアン
ドホイットニーも同様なサービスを行っています。

　なお、"⓱ 定額制"（226ページ参照）で紹介しているメニコンのメルプラスも、
月額定額料金で破損した場合の交換や度数の違うレンズへの交換を行ってく
れるものであり、モノではなくコンタクトレンズ機能のサービスとしての提
供と見ることができると思います。

価値創造過程

　アズ・ア・サービスのモデルでは、製品ではなく、製品が提供する機能を
サービスとして提供することに提供価値を変更します。製品自体ではなく製
品の機能を提供すればよいのですから、適切に保守した中古品を用いること
も可能になり、更に複数の顧客間で提供のための設備や製品を共通させるこ
とができる場合もあります。そのため、製品の非稼働時間を極小化し、顧客
の時間による使用変動を吸収して設備や製品の稼働率が上昇します。設計に
精通し、純正部品を使ってメーカー自身が製品の保守にあたりますので製品
寿命が延びます。これらの全部あるいは一部の理由によって、顧客が支払う
期間あたりの費用が減少し、それによって顧客の受容性が上がります。売り
切りの場合とは異なる提供価値と価格体系を取るため製品販売を行う競合と
の価格競争から離脱でき、また原価構造も顧客からは見えにくいため、バリ
ューベーストプライシング（239ページ参照）を採りやすく収益性を引き上げる
ことが可能となります。

アズ・ア・サービスは、製品の売り切りではなく、継続的なサービスとして提供されるものであるため、売主は顧客との継続的な関係を保つことができます。顧客は購買品とアズ・ア・サービスとの混在を嫌う傾向がありますから、一度サービスとして販売することに成功すれば顧客需要を総取りできる可能性が大きくなります。また、製品寿命による更新時に起こるスイッチングリスクから逃れることもできます。

　顧客が契約期間を自由に定めることができたり、契約量を柔軟に変更できることも多く、購入してもどのぐらい使用するわからない顧客にとっては契約後の変更可能性が大きなメリットとなる一方、事業者側から見ればそれは保険的な大数の法則により顧客の変更による変動を吸収できる上、初期ユーザー顧客を特に取り込みやすいものとなり、顧客ライフサイクルマネジメントの入り口のハードルを下げるという意味でも有効です。

　顧客から見ると、サービス化された価格は、固定資産ではなく当期費用として会計処理されるため、資産を増やさず、変動費として考えることができ、資産効率が向上します。また、顧客にとっては、必要な量以上の製品（能力）や付帯製品を売りつけられるわずらわしさから解放されるというメリットもあると言われています。

　これらを自社から見ると、製品価格とともに、製品の保守や製品にかけられる保険に相当するビジネスをサービスとしてパッケージ化して提供することになりますから、製品販売だけではなく保守や保険（保証）に相当する収入を確実に取り込むことが可能となります。

モデルが有効に機能する条件

　このモデルは、製品販売からサービスへの変更という意味で、主に製造業や商品の流通業者のモデルということができます。しかし、製造業や流通業ではなくても、現在の業界での売り方の主流が製品や商品の販売でありそれをサービスに変更するという意味では、例えばセールスフォースやグーグルがITのクラウドサービスを提供しているように、参入者が最初からアズ・ア・サービス専業の事業者として行うことも考えられます。

なぜ優位性を維持できるのか？

　製品ではなくサービスでの提供は、上に述べたように顧客には様々な利点がありますが、それに加えて製品販売ではなくサービスとして提供すると、顧客は製品を保守するための要員や機能、関係性を失ってしまい、それを再構築するのは容易なことではないため、製品の購入には戻れなくなってしまいます。

　サービス化した後は、サービス提供のための顧客知識（例えばブリヂストンの場合は顧客の運行パターンなど）の取得がスイッチの障壁となりますし、例えばICTのクラウドサービスでは、顧客のデータを預かるため、その移行の費用や手間がスイッチの障壁として機能します。このように、サービスでは顧客への関与が高まるため、製品販売と比べてスイッチが起こりにくいと言うことができます。

落とし穴

　製品販売からサービスによる機能提供へと価値を変更すると、製品価格として顧客から徴収していた対価を、サービスとして長期間にわたって分割徴収することになり、製品を販売する場合と比べて自社側の目先の売上は減少します。

　そのため、売上で評価されている営業担当者は、サービスとしてではなく製品として売りたがる傾向にあります。製品市場において大メーカーであるIBMやHPがアズ・ア・サービスで必ずしも支配的地位に立てないのは、この評価システムが大きな原因の1つだと考えられます。提供価値のサービス化にあたっては、売上ではなく契約額で評価するなど評価システムを工夫する必要があるでしょう。

　サービスは、製品と比べて手離れの悪いビジネスです。顧客を継続的にマネージするため、顧客別管理会計などの顧客管理のための内部制度を構築する必要があり、企業文化も製品軸から顧客軸へとその価値感を移す必要があります。

　最後に、製品の販売に既存チャネルが存在する場合には、チャネルと競合

することになりかねないことにも注意が必要でしょう。

類似のビジネスモデル

　アズ・ア・サービスと類似するビジネスモデルとして、**レンタル化** (73ページ参照) があります。レンタルはリースと異なり契約期間が自由であり、使用者が保守を行わないものですし、稼働率が介在するため原価を想像しにくいものですので、アズ・ア・サービスと極めて似ています。

　本書の解説の多くがレンタルにもあてはまります。工事用安全機器を扱う仙台銘板は、従来販売されていた道路工事用のコーンや看板を工事期間中レンタルすることにより大きく業績を伸ばし、同業界で他社を大きく引き離す最大手に成長しました。

ビジネスモデルの学習に向けて

　アズ・ア・サービスは、提供価値、つまり売り物の変更であり、市場の再定義であって、その意味で従来の意味での戦略の変更のように見えます。その解釈では、従来の製品販売は「代替品」として位置づけられます。しかし、実質的に見れば自社が生産した製品をいかに売るかという売り方の問題として捉えることが可能であり、その意味でビジネスモデル、つまり「仕組み」の一部として捉えられてよいと思います。

　このモデルは、製品の価値そのものをサービスとしてしまうモデルですが、そのほかにも、製品を使ったソリューション化、製品の運転・保守サービスへの進出、製品を使ったアウトソーシングなどをサービスとして販売する可能性があり、その全体を捉えてサービタイゼーションと呼ばれています (71ページ参照)。

　提供価値のサービス化は、対象市場定義の問題ではありますが、顧客との関係を一回的な取引から継続的な関係へと再定義しますので、それ自体が顧客の維持に寄与するものであることも、このモデルを通じて見ていただきたいと思います。

アズ・ア・サービス　まとめ

モデル概要

- モノの販売から、モノが提供する機能のサービスとしての提供へと提供価値を変更。
- メーカー自身での保守によるモノの経済寿命の延長、顧客内需要変動の吸収によるモノの稼働率向上などにより、顧客のモノの機能に対する長期の支払額が減少。
- 顧客は変動費化が可能でありリスクが減少、部品在庫からも解放され、余分なものを売りつけられるわずらわしさや無駄からも解放される。

効果

- （多くの場合）顧客内需要を総取り。
- モノの販売における価格競争からの離脱。
- モノの販売だけではなく、保守需要の確実な獲得。
- 顧客の使用状況を把握でき、更新時におけるスイッチングリスクがなくなる。
- 原価が見えなくなることによる値付け自由度向上、それによる収益性の向上。

その他留意点等

- モノの販売と比較して売上と利益は会計上一旦減少するため、営業のモチベーションやIR上の工夫が必要。

- モノの販売に既存チャネルが存在する場合は競合することも。
- 顧客マネジメントなど顧客関係維持のマネジメントが必要。

●学習のポイント
- 提供価値の変更であり、従来の戦略論の問題のようだが、製品自体には全く変更がなく、アズ・ア・サービスとして売ると製品は売れなくなるという代替関係にあるため、売り方の問題（＝ビジネスモデルの問題）として捉えることができる。
- 顧客と継続的な関係を築くことができるようになる反面、手離れは悪く、新たに顧客管理などのマネジメントが必要になる。

BUSINESS MODEL ❷

ハイエンド、ローエンドからの参入

◉ベネッセコーポレーション、Colt、カーブス、他

モデルの概要と例

　市場に新たに参入する場合、市場のどこに参入するのが最も参入しやすいのでしょうか。市場には参入しやすいポイントが2つあると考えます。それは市場のハイエンドつまり最も高級品と、ローエンドつまり最も低級品です。どのような市場にも高級品と低級品（普及品）とが存在し、その間に連続的なグラデーションを形成しているのが普通ですが、その市場の最上部あるいは最下部からの参入を図るのです。

　市場のハイエンド、即ち高級品市場から市場に参入し、その後少しずつローエンドに向かって市場を下降していくという参入と拡大のパターンを観察することができます。例えば、ベネッセコーポレーションの前身である福武書店による進研模試は、1950年代当時の大学入試模試の支配者であった旺文社模試に挑戦するにあたり、超トップ校30校にターゲットを絞り、ここでトップ校間の模試を成り立たせると、それに参加したい進学校を募っていき、徐々に市場を下方に降りていくことによって市場全体をひっくり返しました。後に旺文社は十分な受験生が得られないとして模試自体を中止してしまっています。Coltは、通信業界で支配的地位にあるNTTに対し金融業界を最初のターゲットとし、高品質なネットワークを提供することによって高級市場を成り立たせ、その後次第にターゲットを一般企業にも広げています。

　次に、ハイエンドとは全く反対に、市場の最下部、即ち最も価格が低い普

図表9 ● ハイエンド、ローエンドからの参入 (イメージ)

ローエンドからの参入
↓
市場上昇

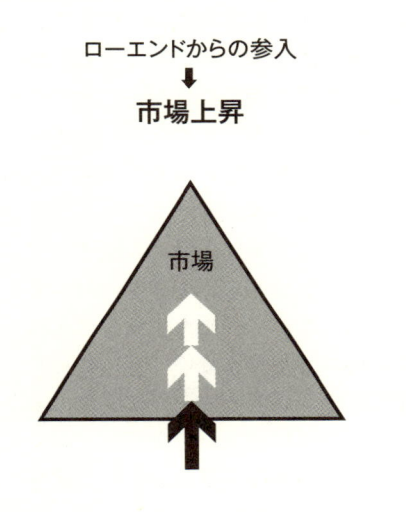

ハイエンドからの参入
↓
市場下降

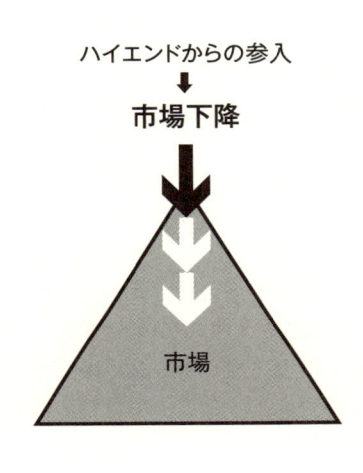

及品、つまり市場のローエンドへ参入し、次第に中級品、高級品へとターゲティングを移動していくこともパターンとして観察されます。市場のローエンドへの参入は、市場に存在する既存の製品・サービスに対抗するため、多くの場合、既存市場の最下部よりも更に低価格の製品・サービスを提供し、既存市場の下側に更に市場を作り出して参入します。かつて、日本企業は、アメリカ市場のローエンドに参入して、次第に高級品市場へと移行していきました。同様に、これは新興国企業が先進国市場に参入するパターンでもあり、自国におけるローコストの生産力を武器として先進国市場のローエンドに参入し、次第にミドル層へと移動していきます。新興国企業以外の最近の例としては、例えばfreeeが、競合ひしめくERP製品・サービスの中で、最もローエンドである個人事業主やスタートアップ企業を顧客として参入しています。

価値創造過程

なぜ、市場のハイエンドが参入者にとって入りやすいかというと、市場の

ハイエンドでは規模の経済が効かないからであり、既存競合がその優位性を存分に発揮できないからです。その理由は、第1に市場自体の規模が小さいためです。市場は下方に向かうに従って加速度的に大きくなっているのが普通で、ハイエンド市場というのはそれほどの規模を持ち得ません。従って、大企業にとっても生産規模が上がらず、規模の経済が効きません。ハイエンドの製品は、大量生産的手法では生産できないことが多いので、規模の経済が効きにくくなります。そのため、規模を持たない参入者であっても、十分互角に戦うことができるのです。第2に、ハイエンドは市場の多様性が大きいことが挙げられます。ただでさえ小さなハイエンド市場ですが、ハイエンドの顧客、つまり富裕層顧客というのは価格のために我慢をすることを嫌いますので、その小さな市場が更に多様な市場に分割されていて、それぞれのセグメントは非常に小さな市場として存在しますし、その全てに既存の事業者が存在するとは言えないのです。第3に、市場が小さいがゆえに、いくら大きな粗利益率を生み出す市場であっても、その利益規模は小さく、業界のメインストリームのプレーヤーからすれば大きな収益源とならないことが多いのです。そのため、そこへの参入があっても、既存企業は目くじらをたてて追い出すほど力を入れないことが多いのです。

　ハイエンドからの参入が更に有利なのは、ハイエンドとしてのブランドを確立できることです。このブランドイメージは、市場を下降していく上で大きな武器となります。ただ、一方で市場を下降していくにあたって、ブランド価値を毀損してしまうことがあるのには注意は必要です。また、当然のことながら、ハイエンドでプレーするための品質をどのように獲得するかというのは、規模とは異なる問題となります。それは雇用や既に存在する事業からのスピンアウトなど、大掛かりな資本に頼らずに獲得できる可能性は大きいとは言えますが、やはり注意を必要とするでしょう。

　一方、参入企業にとってローエンドからの参入が有利なのは、第1に、ローエンドであれば顧客が価格のために製品の品質や機能についてある程度目をつむる傾向にあるからです。製品の品質やブランドなどを評価せず、価格になびく顧客は常に存在するものなのです。従って、既存競合に匹敵するだけの製品技術、生産技術を持たない企業でもローエンドであれば参入可能です。第2に、市場は通常下側に向かって大きくなっていますので、ローエン

ドへの参入によって大きな規模を比較的簡単に獲得することが可能だということです。規模を獲得すれば、製品の生産やサービスの提供について多くの経験を積むことが可能となり、更なるコスト優位や技術習得が可能となります。第3に、市場のローエンドは価格感応度が大きい一方で、大企業である既存競合は高コスト体質となっていることが多く、是が非でも防衛しようという意思が薄いことが多いのです。

参入者が一旦ローエンドへの参入に成功すると、規模の経済によって更なる生産コスト優位が生じ、製品・サービス提供の経験を積むことによって次第に品質も向上しますので、更に市場の上側を狙うことが可能になってきます。そして、そこを既存事業者から奪えば、既存事業者の規模の経済は次第に縮小し、また既存業者が次第に数量を作らないことによる経験不足に陥って更に市場を明け渡すという、参入者側にとっては好循環、既存事業者側にとっては悪循環に陥っていくのです。

既存企業よりも更に安価な対価で製品を提供できる理由は様々です。新興国企業のように安価な労働力に依存する場合や、航空産業におけるLCCや理容業界におけるQBハウスのように顧客にとって重要ではない機能を省き設備利用率を上げることによってローコストを達成していることもあります。

落とし穴

特にローエンドからの参入の場合、そこで収益性を確立できると判明すると、既存の競合は模倣して反撃すると考えられます。既存競合にとっては、参入者の低価格が新技術によるなどの特別な理由がない限り、ローエンド企業の模倣は簡単にできるのです。現在のブランドを毀損しないようにするため、別ブランドでローエンドに参入することもできます。そのため、ローエンドから参入する場合は、既存プレーヤーに反撃される前にローエンドを占領するような急速な展開が望ましいでしょう。カーブスは、サービスを**アンバンドリング**（74ページ参照）して絞り込み、スポーツジム業界にローエンドから参入していますが、日本市場で5年間で1000店舗を展開するという急速な展開を行っています。

視点を変えて、ローエンドからの参入が1つのパターンだとすると、既存

企業は反撃しなければならないのでしょうか？　反撃しなくてもすみ分けれ
ば問題ないように見えますが、多くの場合反撃すべきです。その理由は、ロ
ーエンドからの参入を放置することは、そこで参入者に規模の経済を確立さ
れる可能性が高く、既存事業者にとって危険だからです。ここでの防御のた
めの施策は、**製品ピラミッドの形成** (75ページ参照)、つまり製品を階層化し下
部市場にも適切に製品投入しておくことでしょう。儲からない市場であって
も、ローエンドにも適切に製品・サービスを投入しておくべきです。そして、
その背後では、やはり技術や部品、サプライチェーンなどをピラミッドを構
成する製品間で共通して規模の経済を発揮できるようにしておくべきことは、
言うまでもないと思います。

ビジネスモデルの学習に向けて

　市場のハイエンドやローエンドというのは、市場の中のポジショニングで
あり、これは従来の戦略論の問題ではあります。しかも、このような戦局の
移動は1つの事業が何度も繰り返し経験するものではなく、一回的なもので
すので、その意味でビジネスモデルないし仕組みと呼べるのか疑問が残りま
す。しかし、その移動をパターンとして捉えることが、ビジネスの動きをパ
ターンとして見るビジネスモデルの思考と一致しますし、業界を問わないパ
ターンであることもビジネスモデルの思考と合致します。
　事業はそのスタート時期、人間で言うと嬰児の時期の生存率が最も低く、
その時期さえ乗り越え、体力がついてくれば戦略的な自由度は大きく広がり
ます。スタート時期をいかに生き抜くかについてもパターン思考は有効であ
り、本書ではこれも1つのビジネスモデルとして扱いたいと思います。

ハイエンド、ローエンドからの参入　まとめ

モデル概要

- 市場のハイエンド、あるいはローエンドは参入しやすいため、それらから参入し、徐々に市場を下方ないし上方へと移動していく。
- ハイエンドは、規模の経済が必要なく、多様性が大きな市場であるため、容易に参入可能。
- ローエンドは、低い技術水準でも価格を訴求することにより参入可能。

効果

- 生存率の低いベンチャーの時期を比較的容易に乗り切ることができる。
- ハイエンドへの参入では高いブランドイメージが得られるため、それを武器に市場を下降していくことが可能。
- ローエンドへの参入では規模の経済が得られるため、経験を重ねて市場を上昇していくことが可能。競合は、負のスパイラルに陥り自滅していく。

その他留意点等

- ニッチも参入が容易なポイントだが、市場の他の部分と連続性を持たないため規模を拡大しにくい。専門家としてのブランドイメージがついてしまうことも。

- 既存の市場リーダー企業は、参入を防止するため、製品ピラミッドを作っておく必要がある。

◉学習のポイント
- 何度も繰り返される動きではなく、市場の攻略を進める上でのポジショニングの移動だが、本書では、市場を超えてパターン化できるものであるため、ビジネスモデルに含めて考察する。
- 信長や秀吉の日本統一のプロセスのように、どのように市場支配に至るかというプロセスを描く必要があり、この部分をストーリー戦略論と共有する（ビジネスモデル論では、あくまでパターン化できるもののみを扱う）。

対象市場定義

定義する対象と、それにより得られる効果

　対象市場定義とは、事業が業界内のどの市場でビジネスをするかを決めることです。市場は、顧客と提供価値（売り物）の2つの要素で構成されていますので、対象市場を再定義する場合、顧客の再定義と提供価値の再定義の2種類が存在します。これらは概念上は別々のものですが、顧客が提供価値の内容を評価して取引に至るのであり、一方を見直すともう一方を見直すことになりますので、両者は分かちがたく結びついています。

　対象市場を業界標準や主要競合のそれと異なるものとして再定義すると、既存の競争関係から離脱することができます。顧客が再定義されれば、従来の顧客とは全く違う人に対して販売することになりますので従来の競合関係から離脱できるのは当然ですが、提供価値の定義が変わる場合、顧客は従来の定義とは違うものを買うのだと認識し、従来の競合と直接比較されなくなります。その意味で、対象市場を再定義することにより、既存の競争をリセットできるのです。プラスのアスクル事業は顧客を中小事業所に絞り提供価値を文具配達によるスピードと利便性と定義してコクヨとの競争をリセットしましたし、グリコによるオフィスグリコ事業は、オフィスワーカーに顧客を絞った上で、即座に入手できるリフレッシュメントとして菓子を売ることにより、オフィス空間での競争について他の菓子メーカーとの競争を再定義しています。

　対象市場定義を変更すると、集客の仕組みや価値提供の仕組みをそれに呼

応して変更することになります。そしてその新たなビジネスモデルにおいて先行的に優位を確立することが可能となります。例えば、対象市場定義を製品の販売から製品を使ったソリューションの提供へと変更することにより、ソリューション提供のための要員を先行的に集めたり、知見を先行的に収集することにより、経営資源の先取りや"❸ 専門家"（179ページ参照）としての好循環を先行的に回していくことが可能になり、その後の競争を従前の競争と切り離して有利に進めることができるようになるのです。

対象市場の再定義は、既存の市場が成熟し、市場内部での順位の変更が難しくなった場合に、市場内順位が下位の事業者や新規参入者が仕掛けると効果的です。既存の市場リーダーにとっても、新規参入者や下位事業者による新たな市場定義に先制するという意味で、既存の定義（モデル）に加えて新たな市場定義を試みるべきだと言えます。

なお、対象市場定義は、厳密にはさらにいくつかの種類が存在し、それぞれ性質が異なっていることに注意が必要です。

まずは、市場のセグメントであり、顧客にも提供価値にもセグメントが存在します。セグメントは選択的なものであり、AセグメントからBセグメントに定義を移しても、Bセグメントでの取引がAセグメントの市場を奪うことはありません。従来の戦略論におけるポジショニングは、このセグメントのことを指しています。セグメントは、ビジネスモデルが従来の戦略論とその対象を共通する部分であり、従来の戦略論とビジネスモデルの接合点といえます。

次に、代替的な販売方法への定義の変更であり、例えば製品の販売から製品のレンタルへと提供価値を変更する場合がこれにあたります。顧客にも提供価値にも代替的な定義は存在しますが、主に提供価値側の変更である場合が多いと言えます。この場合、レンタルでの提供は製品の販売の代替手段であって、製品販売市場から顧客を奪うことになります。これは、同じ製品の売り方の問題であり、最もビジネスモデルらしい対象市場定義の変更といえます。

最後に、ライフサイクル下流市場などへの拡張的な対象市場定義の拡大であり、従来製品販売を行っていた事業者が、製品保守サービスや製品運用サービスに進出する場合がこれです。この場合、市場セグメントを拡張したの

でも、代替的な販売手段を採用したのでもなく、異なる市場への進出となりますが、依然として従来の市場の自然な拡張として存在するため、業界を変更したとは考えられません。

ビジネスモデルの例示（「顧客の定義」）

● 取引周辺の関係者への顧客再定義

　顧客の定義は難しく、製品やサービスの恩恵を受けるのが顧客なのか、製品やサービスの対価を払う人や企業が顧客なのか、あるいは購買意思決定をするのが顧客なのかは定義の問題です。しかし、これらの対象を別々の人や企業としたり、これらの一部を既存顧客周辺の別の人や企業に移動することにより、今までとは異なった競争関係に移行し、直接の競争関係から離脱できます。例えば、"食べログ"と"ぐるなび"は同じようなサービスに見えますが顧客定義が異なり、その定義の違いが提供価値の違いにも反映されています。食べログは検索者にお店探しの支援を提供し、収入を広告から得ているのに対して、ぐるなびは飲食店にマーケティングを提供しています。この違いが顧客による評価表示などの提供物構成の違いや、レベニューモデルの違いを生み出し、両社の共存を可能にしています。学習塾や介護施設が、直接サービスを受ける生徒や老人を顧客と見るのか、保護者を顧客と見るのか、ITシステムインテグレーターが顧客企業のIT部門を顧客と見るのか、ユーザー部門を顧客と見るのか、あるいは経営者を顧客と見るのかなどの顧客内部における接点の定義の違いが、市場定義の違いを生み出し、直接の競争関係を回避させます。

● 個人／法人市場への進出

　今まで法人顧客に提供していたものを個人顧客に、個人顧客に提供していたものを法人顧客に提供し、その結果として、競争圧力から逃れられることがあります。

　法人から個人、個人から法人のどちらもあり得ますが、どちらかと言えば法人用に提供していたものの簡易版を開発して個人でも買えるように発売す

図表10 ● 製品販売周辺の提供価値定義推移パターン

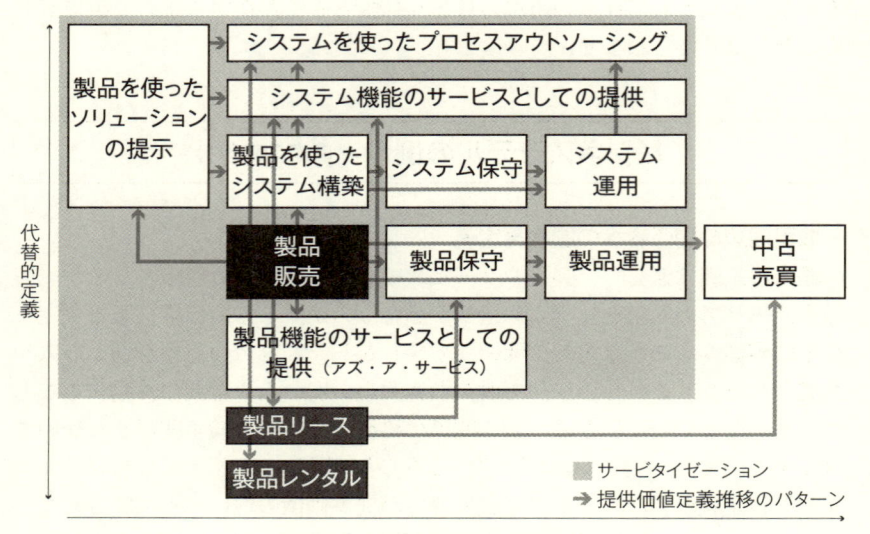

製品・案件のライフサイクル（拡張的定義）

ることが多いでしょう。例えば、理想科学工業は、法人向けの孔版印刷機を製造販売していましたが、個人向けにプリントゴッコを開発して販売し、大成功を収めました。ダイキンは商業用パッケージエアコンから個人向けルームエアコンに進出しました。法人向け製品と個人向け製品とは一種の製品ピラミッドを形成しますので、それらの間で設計や部品を共通し、規模の経済を働かせることが可能です。

・クリームスキミング

　市場の中で最も需要密度が大きい部分に集中し、効率的にビジネスを進められる結果としてコストダウンが進み、それを価格に反映して、競合に対して優位性を得るビジネスモデルです。LCCは、需要密度の高い路線にのみ参入し、飛行機の座席の稼働率を上げ、それを価格に反映して低価格で売る結果、集客が進みます（『ビジネスモデルの教科書』参照）。

・地域ドミナント

　地域を選んで集中的に展開 (出店) するビジネスモデルです。その結果として競合が入ってくる隙間をなくす一方、展開地域でのプレゼンスが向上してシェアが上がるとともに、効率的な配送、要員の共有などが可能になります。チェーン展開する業種で多く用いられるモデルです (『ビジネスモデルの教科書』参照)。

・グローバル化

　顧客を海外に広げることにより、現在の展開地域での需要停滞を打開し、規模の経済を獲得するビジネスモデルです。生産や研究などの機能のグローバル最適化も行うことができるようになります (『ビジネスモデルの教科書』参照)。

ビジネスモデルの例示 (「提供価値の定義」)

・サービス化

　製品や商品の販売は一回的に終了する取引関係ですが、これをサービスに転換したり、サービスを付加して販売することにより、顧客と継続的な関係に入り、顧客の維持ができるようになります。サービス化は、製品・商品の販売と比較して、サービス要員という経営資源とともに、顧客志向文化や、クライアントマネジメントなど、製品・商品の販売とは異なる事業要素が必要となることに注意が必要です。

　サービスには様々な種類があります。製品販売からサービス提供への提供価値の変更、追加について、図表10を参考にしてください。様々な種類のサービス化を総称してサービタイゼーションと呼んでいます。

・製品機能のサービスとしての提供

　本章 (“❶ アズ・ア・サービス”) を参照してください。

・製品を使ったソリューション提示

　提供価値を製品というモノから製品を使った顧客課題の解決へと移します。

通常、製品は顧客課題を解決する道具として、課題解決に含んで販売することになりますし、製品以外のモノやサービスを同時に販売できることになり、提供価値の範囲が広がり、結果として価格も増大します。課題解決を行うためには、顧客の置かれた状況に関する情報が必要であり、課題解決を受注すると顧客理解が深まり、顧客理解が深まると更なる課題解決を受注できるという好循環が生じます。課題解決自体を提供価値とすることにより、原価がわかりにくくなり、課題解決による価値を訴求してバリューベーストプライシングに持ち込むことが可能です。ソリューションには深さがあり、その深さの変更によっても対象市場の再定義が可能です（『ビジネスモデルの教科書』参照）。

・製品を使ったシステム構築サービス

　従来提供していた製品を他の製品と組み上げることをサービスとして提供します。プラント業界のEPCや、ICT業界のシステムインテグレーション（SI）がこれにあたります。

・製品の保守・運転サービスへの進出

　本章で紹介した"❶ アズ・ア・サービス"は、製品が提供する機能を製品販売ではなくサービスとして提供することへの変更でしたが、製品を販売して顧客に所有権を移転した上で、その運転や保守をサービスとして提供することも広く行われています。製品の製造メーカーは詳細な設計情報や生産工程の情報を持ち、純正部品を持っていますので、質の高い保守を行うことができますし、運転や保守を請負えばそのベストプラクティスを複数の顧客間で展開し、また保守性やユーザビリティに関する情報を製品設計にフィードバックできるようになります。運転や保守は、長期の契約になりますので、製品の販売と比較して長期間安定した事業となります。自動車ディーラーなどでは、製品販売に車検や点検などの保守をバンドルして保守サービスの確実な販売に努めています。

・製品を使ったプロセスアウトソーシングの提供

　製品を使ってビジネス機能を実現する過程を受託します。上記の運転の請負に似ていますが、プロセスそのものを請負うので、その対価は多くの場合

プロセスのアウトプットの成果報酬となります。製品だけではなく、その使用ノウハウも含めて提供することができます。要員コストまでを対価として請求することになりますので、自社の売上は増大しますが、製品を売り切らず長期にわたってサービスの対価の中で製品の対価を回収していくので目先の期間売上は減少する可能性があります。

・リース化／レンタル化

　従来販売していた製品や商品を、リースやレンタルとして提供します。顧客の投資額を減らす効果があり、顧客の税務上有利である場合があるとともに、貸し手側としては、①取引対象物の所有権を留保するため低与信先との取引が可能になる、②取引対象物の経済寿命が尽きる更新時期を察知し更新に関する取引に関与できる、③保守ビジネスを取り込みやすい、④中古品売買に確実に関与できる、などの利点があります。

　レンタルにおいては、更に、⑤原価が不明となりバリューベーストプライシングとなりやすい、⑥少額のレンタル品の場合はその取得コストを費用として初年度に一括して費用化できる、⑦保守を含めた価格設定ができる、などの追加的なメリットがあります。

・製品に関連した金融サービスへの進出

　製品・商品の販売に対して、追加的に関連した金融サービスを追加します。

　販売代金のローン：製品・商品の販売代金のためのローンを提供し、顧客の資金調達を支援します。ローンビジネスの機会を確実に発見し、ローン自体が利益を上げる可能性に加え、製品・商品を担保とし、顧客の債務不履行にあたって製品を確保し、中古品として補修して処分できる能力があるため、顧客の債務不履行のリスクを実質的に下げることができます。

　製品・商品への保険：売り手にとって、製品・商品の保証と保険とは実質的に変わらないため、低い原価で保証のためのプレミアムを得ることができます。製品の耐久性などの利点を収益につなげることができます。

製品・商品の再販代金などの決済：カードなどを発行して、直接の顧客である代理店などが再販する製品・商品の代金の回収サービスを行います。代理店に対して、製品・商品の反対債権を持つことにつながり、代金回収リスクを減殺します。

・製品を使用する環境の販売への再定義

　提供価値を製品ではなく製品を使った環境の販売へと再定義することにより、提供価値の範囲が拡大します。これは、ソリューションと似ていますが、個別の解決策ではありませんので別のモデルとして分類しました。例えば、ドトールコーヒーは"うまいコーヒー200円"という価値定義をしていることから売っているものはコーヒーだと定義していると思われますが、スターバックスは、"The Third Place"（家庭でも職場でもない第三の居場所）、つまり空間ないし場所を売っていると定義しています。このような提供価値の定義の変更は、外見上従来と同じようなビジネスに見えても、資源やプロセスの相対的重要性を変化させ、また顧客に対しても競合とは異なった訴求力を持つため、有効だと考えられます。なお、この場合、提供価値の定義と、対価の受け取り方（レベニューモデル）は別々に考えるべきです。

・アンバンドリング／バンドリング

　アンバンドリングは、現在提供している価値を分解して顧客が必要な価値を選択的に購入できるようにするビジネスモデルであり、主に新規参入者や下位の事業者が採るモデルです。高いシェアを有する競合は、売上の減少を恐れてアンバンドリングには躊躇しますので、顧客が必要なもののみを購入できる自社に優位が生まれます。LCCが食事や機内エンターテインメントを航空運賃とは別に販売しているのはその例です（『ビジネスモデルの教科書』参照）。

　バンドリングは、その反対に従来別々に販売されていたものをまとめて販売することであり、個々に販売されているものと比較してディスカウントを提供すれば、利益率は下がるものの、売上と粗利額は増大します。同時に必要なものを一括提供することにより、顧客が別々に購入する手間を省き、顧客受容性が向上することもあります。

• 製品ピラミッドの形成

　市場のハイエンドからローエンドまでをカバーするように全ての価格帯に重層的に製品を配置します。全ての製品でサプライチェーンを共有することによって規模の経済が得られる一方、本章で解説したようなハイエンドやローエンドからの参入を防止することができます。

　GAPがハイエンドからローエンドへBanana Republic、GAP、Old Navyというブランドを揃えているのがその典型ですが、航空会社がファースト、ビジネス、エコノミーというクラスを揃えているのも規模を確保して路線の数を増やすためです。

• システム化販売

　従来提供していた製品を他の製品と組み上げて出荷することにより、顧客の組み立ての手間を省き、組み上げたものが一体的に機能するようにします。例えば、シマノは、自転車用変速機をギアやケーブルなどを組み上げた上、チューニングして出荷し、確実かつ簡単に変則できるという価値を訴求することにより、大きなシェアを得ました。

　価値の次元を引き上げてそれを訴求することにより、価値自体にフォーカスしたプライシング（Value Based Pricing：バリューベーストプライシング）にすることができ、コストベースのプライシングから逃れることが可能になります。

　なお、前述の**製品を使ったシステム構築サービス**は個別のシステムを顧客の要求に従って作り上げるものであり、システム化販売は、製品としてくみ上げたものという違いがあります。

• 顧客の購買代理

　卸や小売のような中間業者のモデルであり、提供価値を顧客に販売する商品の提供から顧客の購買代理の受託へと再定義します。これによって、顧客に常に選択されることになりますし、購買履歴を知れば知るほど顧客から選択されるという好循環が起こります。金型部品商社のミスミや京都のお茶屋などがこのモデルの典型例です（『ビジネスモデルの教科書』参照）。

・ブルーオーシャン

　従来の市場定義の周辺において、今までにない価値の組合せを提供価値として未開拓の顧客に提供します。新たな市場に進出することになりますので、競合との競争圧力から逃れることが可能です。異なった資産やノウハウを必要としないような単なるアイディア商品は、簡単に**同質化**（本書77ページ、『ビジネスモデルの教科書』参照）の対象とされてしまいますので、ある程度今までの市場と異なるサプライチェーンが必要な市場を選択して進出する必要があります（『ビジネスモデルの教科書』参照）。

・同一技術による他業界への参入

　自社製品の中で使われる技術を、他の業界の製品に応用して他業界に参入します。ニコンやキヤノンのカメラ技術を応用した半導体製造装置参入、日本写真印刷の印刷技術を応用したタッチパネル製造、大日本スクリーンの印刷機製造技術の半導体製造装置への応用、などがその例です。業界が異なることにより、技術開発が異なる背景や経路をたどっていますので、独特の強みを持つことがあります。技術というリソース流入のパターンとして見ることも可能ですし、リソースライフサイクルの確立として見ることも可能です。技術ニーズは、業界ごとに大きく異なっていることが普通ですから、他業界をユニークな資源獲得先として使うことができます。

　伝統工芸技術を現代製品の中に応用することが京都などの老舗企業で多く行われています。番傘製造の日吉屋によるランプシェード生産、金箔を製造していた福田金属箔粉工業によるプリント基板用電解銅箔の生産などがその例です。

・中古市場への進出

　製造業あるいは小売業が、従来の製品や商品の中古品の市場に進出します。製造業は、その生産した製品の詳細な設計情報や純正部品を持っていますので、補修した中古品は顧客にとって信頼できるものとなります。中古品は、外部からはわからない欠陥が存在する可能性があり、その分ディスカウントしなければ売れないものですが、製造業者自身が補修した中古品はこのディスカウント分を高く売ることができ、その分中古品の引き取り価格も引き上

げることが可能です。自社が販売した製品を中古品として引き取ることにより、新品の販売につなげることもできますし、確実な中古市場の存在が新品の価値を引き上げることにつながります。大手メーカー系列の自動車ディーラーは、自社販売品の中古品の取扱いをしているのが普通です。

　なお、メーカーは新品の需要減に直結する中古品の取扱いには消極的なことが多くあります。その隙をついて、流通業として中古品に進出する例が比較的多いと言えます。

● 機能外販

　自社の従来の市場に加えて、自社機能を他社にサービスとして提供する市場に進出します。これにより、サプライチェーンの規模が増大しますので、機能外販市場において新たな収入源を確保するとともに、従来市場においても競争優位につなげることができます（『ビジネスモデルの教科書』参照）。

● 副産物・廃棄物の市場化

　製品製造の過程で副次的に生産されるモノや熱、あるいは従来経済的寿命を終了したと考えていた資源（設備やリース資産、レンタル資産）など、従来の業務において廃棄していたものを外部に販売するか、あるいは加工して販売します。従来廃棄していたものなので原材料価格をゼロと設定でき、単純に販売できれば価格＝粗利と考えることができます。豆腐屋によるおから販売、石油精製業者による硫黄や炭酸ガス販売、ガス会社による冷熱販売などがその例です。

● 競合の提供価値への再定義 （同質化）

　市場リーダーは、競合が異なった市場定義を採用することによる競争のリセットを防ぐため、競合と同じ提供価値定義へと再定義することにより、競合による事業サイクルのリセットに対抗できます（『ビジネスモデルの教科書』参照）。

第 2 章

顧客・案件の獲得

事業間顧客流入

◉ JR東日本、イオン、NTTドコモ、大塚商会、オリックス、みずほFG、他

モデルの概要と例

　事業間顧客流入は、ある事業（先行事業）によって集客した顧客を他の事業（後続事業）に流し込み、後続事業の売上と利益の増大を図るビジネスモデルです。

　JR東日本は、鉄道事業における集客力をルミネやNewDaysといった小売事業、アトレなどのモール運営事業の集客に活用しています。イオンは、イオンカードでカード事業に進出するとともに、イオン銀行を設立しイオンの小売店舗内に窓口を設けることにより、主たる事業である小売事業の顧客を金融事業に誘導しています。みずほフィナンシャルグループは、最も集客力の大きいみずほ銀行の店舗を、みずほ信託銀行やみずほ証券の店舗と共同店舗として、来店する顧客が信託銀行や証券の顧客となることを促しています。NTTドコモは移動体通信最大の企業ですが、移動体通信ユーザに対して、決済や金融、ビデオ視聴など様々なサービスを提供しようと努めています。

　事業間顧客流入は法人相手のビジネスでも有効であり、大塚商会は、オフィス用品通販事業でありネットで申し込むことができる"たのめーる"のTV宣伝を行って集客し、その顧客を同社最大の事業であるシステムインテグレーション事業に流入させて企業全体の成長に結びつけています。監査法人は、監査クライアントに対し、監査に関する中立性を保ちながらもファイナンシャルアドバイザリなど各種のサービスを提供し、追加的な事業収益を

集客力が
高い事業で
顧客を獲得、
プロファイリング

別事業に結びつける

得ています。

　事業の顧客基盤とそこからの顧客流入を狙った買収も行われています。オリックスは、小規模事業者向けの会計ソフトウエアである弥生を買収しました。ビジネスを行う限り必ず会計ソフトは必要となり、弥生は小規模事業者向け会計ソフトでシェアが高いため、その顧客基盤を同社の他の金融・非金融サービスに活用していく狙いがあると言われています。

価値創造過程

　事業間顧客流入モデルでは、集客力、顧客維持力のある先行事業から収益力のある後続事業へと顧客を流入させます。他社の事業の集客力を利用して自社に顧客を誘導する事業者を「コバンザメ」などと呼んでいますが、このビジネスモデルは、自社内にコバンザメ状態を作り出すのです。

　先行する事業は、日常的に利用する必要がある事業であったり、顧客にとって利用開始の敷居が低い事業が望ましいと言えます。また、規制によって利用せざるを得ない事業も大きな集客力を得られますので、先行事業とする可能性があります。これらの事業で得られる集客を後続事業へと導いて利益

につなげるのです。例で挙げたイオンの小売り事業やJRの鉄道事業では、顧客は頻繁にその事業を利用しますので、そこで得られた顧客を後続の事業へと流し込めるわけです。

　後続事業としては、提供価値の差別性を生みにくい事業（顧客にとってどこで買っても変わらない事業）、金融事業のように収益性の高い事業、あるいは、サービス業のように取引開始の敷居が高い事業が典型的です。

　集客力ある先行事業で得られた顧客情報を後続事業で活用することにより、後続事業において競合に対して優位に立つことができます。例えば、小売から金融へと顧客を流し込む場合、小売事業における購買情報による顧客プロファイリングによって融資などの提案に活かしていくことが可能です（例：子供用品を買い始めた⇒部屋数が足りないはず⇒住宅ローンを提案）。この先行事業における顧客情報は、後続事業を専業とする競合は持ち得ないものですので、それをうまく活用できることができれば、独特の優位と収益力を生むことができるのです。この場合、事業間で顧客そのものとともに顧客情報という経営資源も受け渡していることになります。

　更に、先行事業における収益性を意図的に落として集客を図り、後続事業における集客につなげることも可能です。この場合、自社は後続事業によって収益を確保できますが、先行事業を専業として運営する競合は自社の収益性を落とすことができないため、先行事業における収益性の意図的な破壊は大きな集客力を期待することができるのです。

なぜ優位性を維持できるのか？

　このビジネスモデルは、他社との事業構造の違いに、その優位性の源泉があるということができます。事業の所有構造、収益構造の違いは簡単には模倣できないため、独特の優位を確立することができるのです。更に進んで、先行事業の収益性を意図的に破壊して集客を増やすようなことは、2つの事業が同じ所有者のもとに存在することが必要であり、2つ以上の事業者がアライアンスを組むことによっては達成できないため、事業構造の違いが大きな意味を持ちます。

モデルが有効に機能する条件

このモデルでは、2つ以上の事業を同時に持たなければならないため、それなりに大企業のモデルということができますが、それ以外には特に制限的な条件は見当たりません。既に大きな集客力を持つ事業を所有している企業は、他の事業を併設することによってその集客力を利用することを考えるべきですが、そのような事業を持たない企業も、オリックスのように自社の既存事業の前側に現在の事業よりも集客力があり、顧客にとって敷居の低い事業を設置できないかを検討してみるべきだと思います。

落とし穴

このモデルは、収益源が多くある企業ほど活用しやすいモデルですが、多くの企業では事業ごとに責任センターが設定されており、セグメント会計が行われ、各事業責任者はそれぞれの事業において収益責任を負っているのが普通です。本来であれば顧客にとって前側にある事業の収益性を意図的に落としてでも集客を図ることが望ましいのですが、各事業の独立採算のためにそれがうまくいかないことも多いようです。

イオンやみずほ銀行のように先行事業の物理的集客力を利用し、先行事業の店舗内や隣接地に後続事業が出店して顧客の自発的な来店を促すような場合は問題ありませんが、事業間で顧客情報を受け渡すことは、特に法人を別にする場合には、顧客の了承を必要とすることには注意が必要です。顧客のメリットを強調するなど、顧客が抵抗なく事業間を移動できるようにすることが必要でしょう。

先行事業の収益性は通常低く、後続事業の収益性が高くなっているのが普通ですが、それをセグメント会計として見ると先行事業はダメな事業だと判断してしまう可能性があります。しかし、このモデルでは、先行事業の存在が後続事業にとって大きな重要性を持ちますので、収益性の低い事業を廃止したり売却したりする前に、事業間の関係を精査すべきでしょう。

反対に、事業を買収するときには、顧客流入経路が買収後も維持できるのかを精査する必要があるでしょう。現在の所有構造のもとで事業間顧客流入

が成立している事業は、現在の売上や利益を顧客流入経路を提供できない新たな所有者のもとでは達成できない可能性が大きく、リスクの高い買収となります。そのような事業の買主に不利な情報は、通常、事業の売主からは提供されませんので、買収のデューディリジェンスでは顧客流入の仕組みを必ず精査することが必要です。

ビジネスモデルの学習に向けて

　事業間のシナジーは、製品や技術の補完関係など、リソース間の静的関係と考えがちですが、事業間顧客流入や情報の受け渡しのように事業間にダイナミズムが成立することによって成り立つものがあります。その流れが見えれば、事業間に存在するシナジーはリアルなものだと判断できます。
　顧客の流入経路は複数の事業をまたいで成立している可能性があります。そして、そのようなスコープの広い仕組みこそが、模倣を極めて困難にし、威力を発揮するのだということを、このモデルで見ていただきたいと思います。

SUMARRY
事業間顧客流入　まとめ

モデル概要

- 集客力の大きな事業から別の事業へと顧客を誘導する。
- 可能な限りにおいて、事業間で顧客データを受け渡し、後続事業におけるオファリングを有利に展開する。

効果

- 後続事業へ容易に顧客が流入する。
- 多くの場合、前側の事業を低収益にして集客し、後続事業で刈り取るため高収益になる。
- 前側の事業での情報（マス情報、個人情報）を後続事業に活かすことができるため、顧客受容性が高まり、事業を有利に進めることができる。

その他留意点等

- 多くの場合、前側事業は公共性の高い事業や物販など取引を開始しやすい事業となり、後続事業は収益性が高いサービスや金融なども可能である。
- 収益性の移動は、前側事業と後続事業が同じ所有者に属する場合に限り可能であり、コーポレートのモデルでもある。

◉学習のポイント
- 事業の組合せは容易に真似のできない競合との非対称性であり、独特の優位性を生む。複数の収益源を持つことは、その間で利益率を変化させ、顧客流入経路を設計することができる。
- 事業買収には、対象事業の今までの所有者のもとでの顧客流入構造を確認する必要がある。他の事業に顧客流入を依存する場合はリスクである。

外部リストの利用

◉チューリッヒ、JCB、他

モデルの概要と例

　外部リストの利用とは、自社以外の人や会社が所有する見込み客のリストを、自社への顧客誘導に利用することです。

　顧客が持つ個人のアドレス帳やフォロワーリストをうまく利用し、自社とのコンタクトに誘導するプロセスを作る努力が多くの会社で行われています。自社にとって未知の顧客と出会うために、自社ウェブページや自社店舗からのツイートを促したり、SNSへの書き込みを促したりしていますし、顧客にインセンティブを提供して見込み客の紹介プログラムが行われています。スマートフォンのアプリを作り、これを顧客にインストールしてもらうことができれば、顧客の許可を得てアプリが顧客の電話帳へアクセスしますから、それを自然な形で自社へのコンタクトに結びつけるプロセスを作り上げるチャンスが向上します。

　他社が行う会員サービスや社員向けサービスを代行し、あるいはそれらのサービスのために魅力的な商材を提供して、他社顧客や社員にリーチし、自社顧客化するということも行われています。自社の競合とならない企業の顧客が、自社のターゲット顧客と重なっている場合、その顧客リストを持っている他社に対して、顧客へのインセンティブとして自社が好条件で提供する製品・サービスを顧客に紹介することを促し、実際に顧客がそれを利用する際に、顧客情報を収集して、将来の製品・サービスの販売につなげます。

図表12 ● 外部リストの利用 (イメージ)

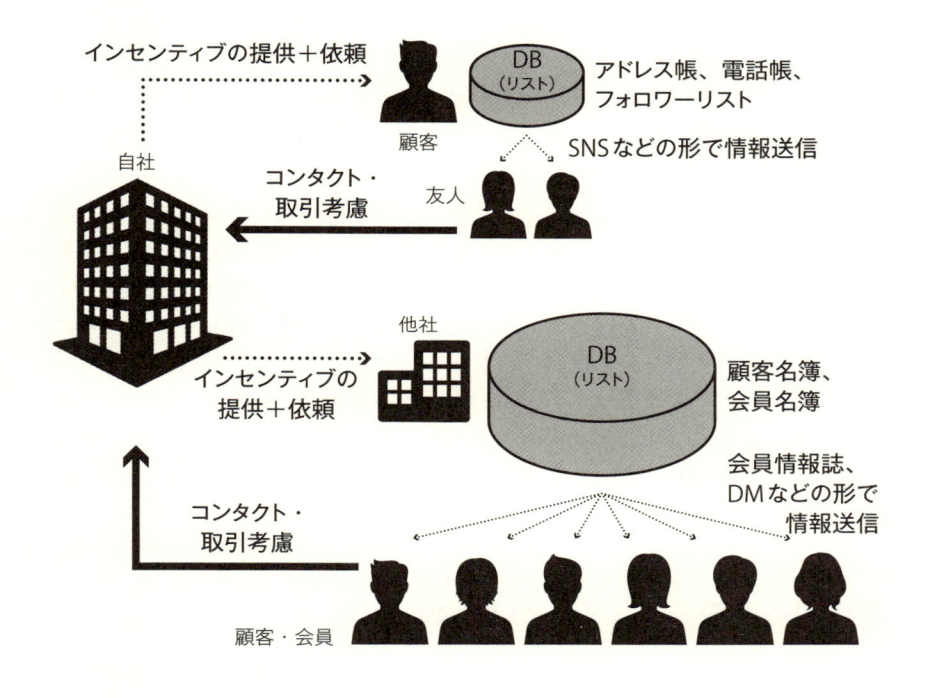

　例えば、チューリッヒなどの保険会社が小規模な保険をカード会社の顧客に無料提供することをJCBなどのカード会社に申し出て、カード会社は会員サービスとしてこれを了承し、カード会社の顧客リストを使って保険への加入を促すということが行われています。少額保険契約は、無償で提供したとしても保険会社にとって大きなコストにはならないものですが、顧客は保険会社と直接契約を結ばなければならないため、保険会社は契約締結時に顧客の個人情報を収集でき、これをより高額な有償の保険の販売に活用していくことができるようになります。別の例として、飲食店などが、他社にその会員制サービスの一環として自社のクーポンを頒布してもらい、来店した顧客から顧客情報を収集するというようなことも多く行われています。多くの企業が"❻ **顧客のコミュニティ化**"（108ページ参照）を試み、自社顧客をつな

ぎとめておくための会員へのインセンティブを常に模索していますから、そこへ魅力的な割引などの特典を提案できれば、他社の顧客リストを使ったプロモーションにつなげることができるのです。例えば、三菱東京UFJなどの大手銀行は預金残高の多い富裕顧客向けクラブをつくっていますから、その会員向けに料亭などがディスカウントを提供し、上質な顧客の来店を促すのです。

顧客リストだけではなく、他社の社員名簿の活用も考えられます。例えば、会社の社員向けサービスの一環として自社サービスを無料あるいはディスカウントした価格で提供することも可能ですし、観光地の旅館が大手企業の健康保険組合向けプランを用意するように、必ずしも会社ではなく健保などによる組合員サービスとして無償ないしディスカウントサービスを提供していくことが考えられます。グルーポンのようなディスカウントサービスは、単純に余剰在庫の処分として利用するのではなく、その会員名簿を利用した告知手段として利用し、実際に集客できた顧客に対して拡販していくための端緒として利用可能です。

価値創造過程

売上成長を達成する方法としては、①新たな顧客に販売する、②顧客単価を上げる、という2つの方法がありますが、顧客の持つ需要が有限であることから②顧客単価の引き上げは早晩限界に到達することになります。企業の成長を達成するためには①新たな顧客と知り合うことが不可欠なのです。経営者や営業員のコネによる見込み客へのコンタクトは、すぐにその限界に到達してしまうからです。

自社と今まで全く関係のない見込み客へのアプローチを仕組み化できれば、その仕組みを粛々と廻すだけで顧客数を増やしていくことができ、会社の成長の基礎とできます。成長する企業を見ると、この顧客と出会う仕組みを作り込んでいることがわかります。見込み客リストの取得は、新規顧客の開拓の第1歩であり、成約確立の高い見込み客リストをいかに手に入れるのかということが、その後の営業効率に大きく影響します。

外部リストの利用では、リスト所有者と見込み客との関係性を利用してい

るということができます。見込み客は自身と何らかの関係がある先からの情報を重視し、怪しまない傾向がありますので、見込み客の信頼する先から新たな顧客コンタクトを作り出すことができれば、最初の取引までのハードルを下げることができるのです。

なぜ優位性を維持できるのか？

　このモデルによって生じる競合に対する優位性は、顧客を先取りしてしまうことにあります。見込み客といかにして出会うかというのは、企業にとって永遠の課題であり、これを効率的に成し遂げた企業が市場で生き残るのです。公園や観光地で鳩の集団を見かけると、その中に太った鳩と痩せた鳩がいるのがわかります。捕食活動の優劣は、同じ環境で生きる生体にそのような過酷な違いをもたらすのです。捕食活動の最初にあるのは対象物の発見であり、他の鳩よりも早く対象物（餌）を見つける能力に磨きをかければ、そもそもその獲得について他の鳩と争う必要もないのです。

モデルが有効に機能する条件

　見込み客リストは、既にセグメント化されたものであることが望ましいと言えます。顧客は、既に自社からの購入を行っている人々ですので、その顧客と思考や価値観が共通する可能性の高い顧客の友人は自社の見込み客としては高い可能性を持っています。情報が氾濫する現在において、友人関係は信頼できる情報の拠り所でもありますので、それをうまく活用していくことが求められます。

　他社の顧客名簿や社員名簿を活用する場合、できるだけ自社と近い顧客セグメントをターゲットにする会社や、社員の属性が自社のターゲットを持つ会社を選択することが重要だと言えます。

　なお、コンタクトを得た後の取引までのプロセスの作り込みも当然のことながら大切であり、お試し（フリー）やディスカウントを提供して最初の取引を作り出し、見込み客を既存客に転換する効率も高める必要があります。

類似のビジネスモデル

　顧客に興味のありそうなニュースなどを会員限定で配信し、会員属性からコンタクトを作り出して自社との取引に誘導することも広く行われています。この場合、見込顧客リストを自ら生成していると言うことができます。また、当然のことながら、SNSやグルーポンなどが持つ個人属性ごとにターゲティングされたコンタクトを有料で使用することも可能ですし、リスト自体を有償で販売対象とするいわゆる名簿業者も多く存在しています。

落とし穴

　他社の顧客リストや社員名簿の利用で気をつけなければならないのは、顧客リストを持っている他社から直接名簿の開示を受け、自社が直接会員にアクセスすることは、特に個人の見込み客に対しては、個人情報保護法によって通常はできないということです。そのため、顧客リストを使った告知自体には自社は関与せず、それによって集まった見込み客から自社が個人情報を収集するということになります。法人は個人情報保護の対象外ですが、取引先と秘密保持契約が多く結ばれていることに注意する必要があるでしょう。

　また、このプロセスはリストの提供者と見込み客の双方に不快にならないよう設計する必要があり、強引なプロセスは逆効果になる可能性もあります。

ビジネスモデルの学習に向けて

　このモデルで見ていただきたかったのは、ITやワイヤレスの発達によって、マーケティングはコミュニケーションからプロセス設計に変化しているということです。インターネットや無線通信技術の発達によって自社の外側に存在するDBが利用可能になっていますし、自社の外側にプロセスを作り出すことが可能になっていて、それを利用するのです。ここに有効な捕食の仕組みを作り上げた企業だけが、同じポジションの中において勝利していくことができるのです。

外部リストの利用　まとめ

モデル概要

- 顧客や他社が所有している見込み客の名簿を自社への誘因に利用。
- そのために名簿の所有者に対し、何らかのメリットを供与する必要があることが多い。
- SNS などを用いたネット上のプロモーションとして行われることが多いが、ネット以外でも顧客紹介などの形で行われることも。

効果

- 友人や既存の取引先など、自分が既に信頼を置いている先からの情報は、単純な広告よりも信頼しやすく、見込み客が取引に及び、売上が増大。
- 顧客の所有する名簿を使う場合、顧客が増えれば増えるほど、見込み客も増大するため、大企業は更に有利に。

その他留意点等

- 名簿はアドレス帳、電話帳、フォロワーリスト、顧客名簿など様々な形で存在する。
- 個人情報保護に関する法令に注意が必要。

◉**学習のポイント**

- 顧客流入の仕組み（構造、ダイナミズム）は、動物に例えれば捕食活動に当たるものであり、その作り込みの巧拙が企業の成長を決定する。
- 何度も繰り返される低次元のプロセスであるが、何度も繰り返されるがゆえに、その巧拙は長い期間には大きな差をもたらす。
- 売上の前側のプロセスは、会計インパクトを持っていないため、注目されにくいが、意図的に考察する必要がある。
- B2C 企業や、中小企業を顧客とする企業など顧客開拓余地が大きい企業にとっては特に重要。

マルチレベルマーケティング

●アムウェイ、三基商事、ニュースキン、ノエビア、シャルレ、他

モデルの概要と例

　マルチレベルマーケティングとは、物販において、チャネルである販売員の構造を多重化し、上位のチャネルに下位のチャネルの取得した取引のマージン、コミッション等の見返りを得させることによって下位の販売員をリクルートさせ、チャネルである販売員の構造が自己増殖するように作られた仕組みのことです。販売員は多くの場合個人ではありますが独立の商人であり、外部チャネルです。

　マルチレベルマーケティングの例としては、アメリカのマルチレベルマーケティング会社であるアムウェイ、ニュースキンなどが有名ですが、日本でもミキプルーンの三基商事や化粧品のノエビア、女性用下着のシャルレなどがこの販売方法を採っています。

価値創造過程

　マルチレベルマーケティングの実際の作り込みは多様ですが、共通した構造としてチャネルである販売員が二層以上の多重階層構造になっています。これがマルチレベルマーケティングの呼び名の由来です。そして、チャネルが重層的な構造であるだけでなく、上位のチャネルが下位のチャネルをリクルーティングするため、自社側でチャネルを開拓する必要がなく、チャネル

図表13 ● マルチレベルマーケティング（イメージ）

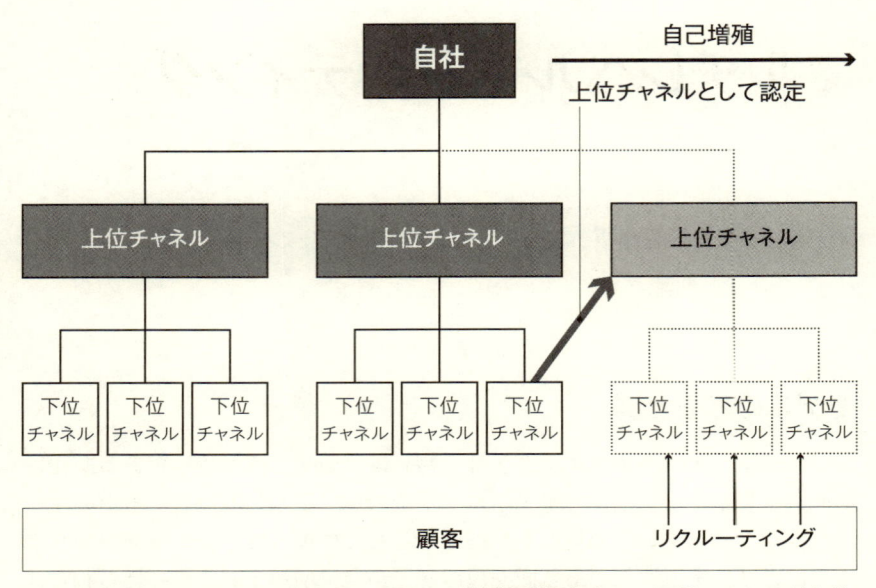

マルチレベルマーケティングでは、チャネルが複数階層存在し、下位チャネルが上位チャネルへ昇格し、顧客を下位チャネルからリクルーティングするというダイナミズムが存在するため、チャネルが自己増殖を続けます。

が自己増殖し、自社が努力しなくてもビジネスが自動的に拡大するのです。

　多くのマルチレベルマーケティングでは、下位のチャネルに対し、売上貢献などにより上位のチャネルに昇進することができる機会を与える仕組みになっています。上位のチャネルは下位のチャネルの得た取引のマージンを得ることができます。上位のチャネルの得る利益のほうが下位のチャネルのそれよりも格段に大きくなるようにマージン構造が設計されていますから、下位のチャネルは上位のチャネルに昇進しようと努力し、販売が促進されるのです。

　上位のチャネルにとっては、有能な下位チャネルを持つことが自身の利益につながりますから、積極的に下位チャネルをリクルーティングします。そ

して、多くのマルチレベルマーケティングの企業において、チャネルとして有望な顧客をチャネルにリクルーティングするということが行われています。顧客は、製品や商品のファンであることが多く、製品や商品の使用体験を持っていますので、見込み客にこれらを説明するのに適しているのです。

重層構造の販売員が存在すると多段階のマージンを支払う必要があり、チャネルの費用効率が悪いようにも見えますが、通常の卸⇒小売というチャネルですら2重になっており、しかも少なくとも小売店舗は店舗投資を必要としますから、その利益率はそれなりに厚いものである必要があります。それら伝統的チャネルの代替として個人ビジネスとしての販売員が存在していると考えれば経済的には成立し得るものであることがわかると思います。通常存在する卸⇒小売を経由しないという意味で、特にアメリカでは、マルチレベルマーケティングは**ダイレクト**（本書103ページ、『ビジネスモデルの教科書』参照）の一種として説明されていることもあります（本書では販売員を外部チャネルとしてみていますので、区別して扱います）。

なぜ優位性を維持できるのか？

このモデルは、競合に対する直接の優位性の確保というよりも、チャネルを最大限有効に働かせることを狙った仕組みだということができます。

マルチレベルマーケティングのチャネルとして適する人材は実際には多くなく、これらの人を先にチャネルとして獲得することにより、マルチレベルマーケティング同士の戦いを制することができるようです。

モデルが有効に機能する条件

マルチレベルマーケティングは、物販を行う企業であれば製造業であっても小売業であっても行うことができますが、卸や小売といった他の従来型のチャネルを持っている企業が行うと、これらのチャネルから顧客を奪うことになるため、マルチレベルマーケティングと並存させることは難しいということができます。

落とし穴

　マルチレベルマーケティングは、多段階のチャネル構造を持ちますが、チャネルの階層は有限である必要があります。チャネルが次々と更なる下位チャネルを作り出すような無限に連鎖しているチャネル構造は、早くチャネルに参加してチャネル構造の上位に位置しようとするインセンティブが働き、チャネルの勧誘を強力に進めることができますが、チャネルの階層が無限に増加するためチャネル費用が際限なく増加し、いずれは破綻してしまいます。このようなチャネルが無限に連鎖する販売方法は、我が国では無限連鎖講防止法で禁止されています。なお、マルチレベルマーケティングは、上記の無限連鎖ではない場合であっても、日本では連鎖販売取引として特定商取引に関する法律による厳しい規制を受けています。

　マルチレベルマーケティングのチャネルとなる販売員は、通常は、個人事業主や個人の域を出ない零細な法人ですので、チャネル個人の人的ネットワークを使ってマーケティングを行います。このため、マルチレベルマーケティングは、ネットワークビジネスとも言われています。個人的関係をビジネスに利用し、強力なインセンティブによって勧誘が過熱しがちであることから、このモデルには社会的に多くの批判が向けられています。

類似のビジネスモデル

　生保業界では、販売員を募集し、一定の育成期間後に固定給中心から業績給中心へと評価システムを変化させ、その販売員の親戚や友人関係からの契約獲得を促し、それが尽きると販売員自身の新規顧客獲得の仕組みを構築するか、そうでなければ退社せざるを得ない評価システムとして、販売員を入れ替え、新たな販売員の人的関係から契約募集を行う仕組みが存在しています。このように、チャネルの習熟のライフサイクルを織り込んで仕組みを設計することも、考えられます。

　日本で行われている家元制は、物販ではありませんので、マルチレベルマーケティングではありません。しかし、仕組みとしては多くの共通点を持っています。

生徒を教育し、上達した生徒を師範として登用し、師範の中から更に熟練した宗匠を選んで師範たちを指導・統括させますので、家元自身は流派全体の広報などに徹することができ、月謝の一部や免状の申請料、免状自体に対する謝礼の一部が比較的自律的に流派の事務局や家元に流入します。師範が生徒を指導することによりその生徒が師範に昇格すると、昇格した師範は自身の生徒をリクルーティングしますので、流派全体を自律的に増大させることができます。ただし、マルチレベルマーケティングと異なり家元制の対象としているのは、多くの場合伝統芸能ですので、生徒が師範になり、更に師範を統括する宗匠となっていくのは、金銭的なインセンティブではなく、主として芸能への情熱によるものであり、それゆえにマルチレベルマーケティングのような社会的な批判もありません。あくまで仕組み的な観点からの類似性指摘であることを、念のためおことわりしておきたいと思います。

ビジネスモデルの学習に向けて

　マルチレベルマーケティングは、ビジネスモデルが構造（チャネルの多重階層構造）とダイナミズム（チャネルの自己増殖プロセス）を持つ仕組みであることを明確に見せてくれます。このモデルの評判が悪いのは、仕組みが強力に機能し過ぎて副次的に様々な行き過ぎたトラブルを生み出すからですが、ビジネスモデルの教材としては優れたものであるため、批判を恐れず本書に掲載しました。

マルチレベルマーケティング　まとめ

モデル概要

- チャネルを複数の階層とする。
- 上位チャネルが下位チャネルに販売し、下位チャネルが顧客に販売する構造として、上位チャネルに下位チャネルの販売による利益を得させ、上位チャネルに優秀な下位チャネルをリクルーティングさせる。
- 下位チャネルの販売成績に応じて上位チャネルに起用する道を開き、下位チャネルのモチベーションを高める。

効果

- 上位チャネルが下位チャネルをリクルーティングし、チャネルが自己増殖。
- 高いインセンティブにより下位チャネルは売上向上を目指す。
- 従来型の卸や店舗などの既存チャネルを通らないため、マージン構造上の無理は生じない。

その他留意点等

- 無限に連鎖する階層を設けることは違法。
- 高いインセンティブにより、従来の人的関係に無理にビジネスを持ち込もうとするため、社会的批判が大きい。

●**学習のポイント**
- ビジネスモデルが持つ仕組みとしての性質（構造＋ダイナミズム）をクリアに示す例であり、そのパワーも見せつける例。
- このモデルには、顧客がチャネル化するという複数の役割にまたがるダイナミズムが存在し、仕組みとしてのスコープが大きく、有機的な結合度が高い。その結果、極めて強く完成度の高いモデル。

顧客・案件の獲得

日常的な繰り返しが巨大なインパクトを生む

　顧客・案件の獲得の仕組みは、企業が顧客と出会い、顧客と取引を開始し、顧客から継続的に取引が流入するようにするための仕組みです。この仕組みは、企業の受注・売上を帰結するものであり、売上の前側にあるプロセスだということができます。

　およそビジネスを行っている限り、顧客や案件の獲得の仕組みを持たない企業はありません。継続的取引を行う事業であっても、顧客は様々な事情で徐々に離脱しますので、顧客や案件の獲得の仕組みを持たなければ企業は衰退してしまいます。見込み客をウェブや電話帳から絞り込み、電話をかけてアポを入れて訪問し、提案して受注する。割引チラシを折り込み広告や路上で頒布して来店を促す、あるいは、経営者が地域の商工会議所に所属しそこで他の経営者と知り合い、提案につなげる。このような活動も、場当たり的な営業ではなく、繰り返し行われている限り、顧客・案件の獲得の仕組みということができます。顧客・案件の獲得の仕組みを持たないように見える企業は、その仕組みづくりを企業として行うのではなく、営業員個人に任せてしまっているということができます。しかし、強い企業は、会社レベルでこの仕組みを作り上げ、常にその仕組みに磨きをかけているものです。

　顧客や案件の獲得は、動物に例えれば捕食活動にあたり、この仕組みの巧拙は、企業の成長スピードの違いに直結します。全く同じ市場を相手とし、全く同じポジショニングを採ったとしても、顧客や案件を獲得する力が違え

ば、長い間にその規模に大きな差を生じます。

　顧客・案件の獲得プロセスは、受注⇒出荷⇒売上認識⇒請求⇒債権回収という企業内部のプロセスに直結しています。その意味で、この仕組みが持つダイナミズムは、企業の業務プロセスと同じく、日常的に繰り返されるダイナミズムであるということができます。ただ、そのことはこの仕組みが重要ではないということを意味しません。日常的に繰り返し行われるものであるからこそ、その結果の差は長期間に大きな差となるのです。

なぜ「顧客・案件の獲得」が軽視されるのか？

　このような重要性にもかかわらず、顧客・案件の獲得の仕組みは、営業部門以外のビジネスパーソンの意識には上りにくいものです。筆者は、その大きな理由の1つは、顧客獲得の仕組みが全く会計へのインパクトを持っていないからだと思っています。他の仕組み、特にサプライチェーンは、それを動かすと必ず会計的な動きが生じます。原材料を仕入れれば買掛金が増え、原料在庫が増加します。生産行為を行えば、製品在庫が増加し、原料在庫が減少します。生産原価も計算されます。しかし、顧客・案件の獲得は、売上を生じる前側の動きであり、全く会計インパクトがないのです。財務会計だけではなく、通常、受注より前側については、管理会計も行われていません。更に、サプライチェーンなどが主に社内の仕組みであるのに対して、顧客・案件の獲得の仕組みが主にチャネルなど社外に作られていることも、この仕組に対する意識を薄くしている理由だと思います。

　この仕組みは社外に存在するものではありますが、この仕組みの成立可能性、コントロール可能性が、今インターネットや無線技術の進展によって大きく上昇しています。その可能性の増大が、デジタルマーケティングと呼ばれる領域の興隆を生んでいるのです。新たな技術を前提として、全ての企業が、新たな情報技術を前提として顧客・案件の獲得の仕組みを今もう一度見直してみるべき時期に来ていると思います。

ビジネスモデルの例示

• 各種チャネルの持つ活性や関係性の利用

外部チャネルの起用は、顧客・案件の仕組みの基本的なものです。外部の
チャネルを起用することにより、外部チャネル企業の持つ活性や関係性を活
用することができます。チャネルは、顧客と独特の関係性を持っています。
その関係性を自社ビジネスへの集客に活用します。

外部チャネルは、先取りの対象となり、有力なチャネルを特約店として排
他的に囲い込むことにより、業界でのリーダーシップを固定化できます。

チャネルは、チャネル専業の企業である必要はなく、ネットワークルータ
ー企業であるシスコシステムズや、ERPソフトウエア企業であるSAPは、
富士通やNECなど、ICTについて営業機能を持つメーカーをチャネルとし、
厚いマージンを保証して売上を伸ばしてきました。

外部チャネルの起用について注意を要するのは、伝統的な外部チャネルは、
①顧客・案件の流入、②サプライチェーン、③代金の徴収先の全てに関与し
ますが、これらは別々に存在し得るのであり、①はさらに、顧客の流入と案
件の流入とで別々に存在し得ます。例えば、アスクルのチャネルであるエー
ジェントは、顧客の流入には関与しますが、個々の受注には関与しません。
そしてサプライチェーンには関与せず、代金の徴収には関与しています（『ビ
ジネスモデルの教科書』参照）。

• 業界標準とは異なるチャネルの起用

自社が属する業界とは違う業界のチャネルの使用を検討してみることも効
果的な場合があります。かつて武田食品工業は、同社の清涼飲料水である
"プラッシー"のチャネルとして米穀店を活用していました。

日本では、業界上位企業がチャネルを特約店として囲い込むことが行われ
ますので、その場合、新規参入企業としては自社のターゲット顧客と重なる
他の製品の販売事業者をチャネルとすることが有効な場合があります。

- **ダイレクト**（EC／ネットチャネル）

　従来のリアルなチャネルに加えて、あるいはこれに代えてネットなどを通じて直接顧客に販売します。深い粗利が得られ、その一部を顧客に還元して安価で販売できるため、大きな顧客需要を見込める一方、競合は、従来から起用してきたチャネルからの批判を考慮してダイレクトモデルを採り得ないため、比較的長期の競争優位が得られる可能性があります（『ビジネスモデルの教科書』参照）。

- **事業間顧客流入**
- **外部リストの利用**
- **マルチレベルマーケティング**

　本章を参照してください。

- **フリー**（あるいは極端なディスカウント）

　顧客にとって価値あるものを無償で提供して集客につなげ、その集客を他の有償取引につなげて利益を得るモデルです。『フリー』の著者、クリス・アンダーソンは次のようなモデルに分類しています。

　まず、内部相互扶助と呼ばれるもので、無償の価値で集客した顧客に対して有償の取引に持ち込み、同じ顧客の中で収支の帳尻を合わせるものです。紙芝居で集客して駄菓子を売るのは、内部相互扶助の古典的な例です。英会話教室やスポーツクラブの無料体験レッスンなどがその例ですが、サービスは一般に原価が固定費的であるため無償での試行を提案しやすいことに加え、サービスはスペックなどで内容を示すことができないので内容を確認させて取引に結びつけるという意味でもフリーは有効です。無償ではなくても、極端な値引きによる集客は、広く行われてきています。スーパーで様々な特売品を設けるのは、内部相互扶助の一種と見ていいでしょう。

　次に、フリーミアムと呼ばれるもので、通常版を無償とし、プレミアム版を有償とするものです。通常版を使うことにより、慣れや**データフォーマットによる顧客囲い込み**（124ページ参照）が生じますので、プレミアム版での課金をより確実なものとすることができます。ソフトウエアやネットサービスで広く用いられています。近年では、通常版が無償提供されることに対する

怪しさを払拭するため、通常版を無料ではなく、極端な安価で提供することも行われています。

　無料で集客した客とは異なる第三者から収益を得るモデルもあり、三者間市場と呼ばれています。いわゆる広告モデルと言われる、サービスを無償で提供しておいて、そこに広告を挟み込み、広告主に課金するものはその典型ですが、インバウンドの旅行客に無償Wi-Fiを提供し、その回遊ルートを分析して情報を売るなどのビジネスも、ここに分類されます。

　最後に、ウィキペディアへの書き込みなど貢献や名誉のために無償で情報や労力を提供するものもあり、非貨幣市場と呼ばれています。三者間市場と非貨幣市場は、厳密には、顧客・案件の流入の仕組みではなく、リソース流入の仕組みと見るべきでしょう（『ビジネスモデルの教科書』参照）。

　なお、フリーは、「財務モデル」（第8章）の1つとも考えられますが、集客手段という意味で、ここに記載しておきます。

• 影響力ある顧客との取引

　他の顧客の購買意思決定に影響を与える重要な顧客とまず取引することにより、他の企業からの受注につなげます。

　野村総合研究所は、クライアント業界として金融業と小売業に集中していますが、業界のトップ企業であり、常にベストプラクティスを生み出す企業である野村證券とセブンアンドアイホールディングスを顧客として抱え、それらの顧客をレファレンスとしてこれらの業界の顧客へアプローチしてコンサルティングやIT開発案件を獲得しています。

　ITシステムなどは、グループ内部でICTシステムを統一しようとする顧客意思が働きやすいため、グループを統帥する企業（通常は持株会社だが、トヨタグループにおけるトヨタ自動車のように、必ずしもそうではない場合もある）と取引を行うことによりグループ各社への紹介が得られることがあります。

• インフルエンサーへのインセンティブの提供

　顧客へのフリーやディスカウントの提供とともに、顧客による購買について影響力を持っている者（インフルエンサー）へインセンティブを与えることによって、顧客に購買行動を起こさせるという仕組みも多く見られます。イン

フルエンサーは、自身が購買を行い金銭的負担をするわけではないので、影響力を行使することについて一般的に躊躇がありません。インセンティブの提供のコストは、結局は購買者によって負担されますので前述のフリーの内部相互扶助と似ていますが、インフルエンサーが金銭的な負担をするわけではないため、影響力の行使に歯止めがかかりません。そのため、フリーにおける同一顧客に対する内部相互扶助よりもインセンティブ自体のコストは小さくて済む傾向にあると思います。

　レストランなどでは、子供や女性に対してインセンティブを供与することにより、実際の購買者である親や男性に対して来店をうながしてもらうという仕掛けが多くみられます。子供に対しては景品を供与したり、女性に値引きや無料での提供を行うことによりカップルでの来場を促すのは、この例です。幼稚園などを通じて子供にのみ無料招待券を頒布することにより、親も含めた来場を促すというプロセスも考えられます。テーマパークにおいても、子供にインセンティブを供与することにより、家族全員が来場することになります。

● 顧客に常駐する自社社員からの案件流入

　自社の研究員を顧客の製品開発に協力するなどの理由で顧客研究所に常駐させたり、研修名目などで出向させたりして顧客内での人的関係を構築し、その社員から案件やそれに関する情報を流入させます。

● 退職者からの案件流入

　自社を退職した人をネットワークし、その退職者から案件を流入させます。大学病院が大学出身者のクリニックをネットワークし、高度医療が必要な患者を流入させるとか、コンサルティングファームが退職者の就職先であるポテンシャルクライアントから案件を流入させるなどがその例です（150ページ、"❿ プロフェッショナルサービスファーム"を参照）。

● O2O

　On-line to Off-line、Off-line to On-lineのことであり、ネット検索やネットからの問い合わせをリアルな来店につなげたり、営業員の訪問などにつな

げる仕組み、あるいはリアルな店舗への来店をネットでの購買につなげていく仕組みを総称した語です。

　現代においては、何らかのニーズを持つ顧客はまずはネットで検索すると言われており、取引の開始や顧客の囲い込みにはネットよりもリアルの方が結びつきやすいので、ネットとリアルを分けることなく顧客や案件の流入の仕組み（プロセス）を設計すべきです。

　例えばキーエンスは、ネット上に技術情報を掲載し、そのダウンロードと引き換えに顧客情報を入力してもらい、その情報から顧客訪問、提案へとつなげる仕組みを構築しています。

第 3 章

顧客の維持

顧客のコミュニティ化

●ハーレーダビッドソン、ニコン、ルイ・ヴィトン、シャオミ（小米）、他

モデルの概要と例

　顧客のコミュニティ化とは、顧客間に親睦団体（顧客コミュニティ）を組織し、自社の製品・サービスを使った活動を行うとともに、会員間の親睦を促し、自社や自社製品のファンであり続けることを支援する仕組みです。自社は顧客コミュニティの設立や運営を支援しますが、コミュニティの運営は顧客によってなされ、財務的にも自社から独立しているのが普通です。

　ハーレーダビッドソンは、ハーレーオーナーズグループというユーザクラブを組織し、ツーリングなどのイベントを開催しています。ハーレーオーナーズグループの活動には、同社の役員や職員も参加しています。クラブのイベントを通じて、顧客はハーレーに乗る悦びを実感するとともに、他の顧客やハーレーの従業員と知り合い、ハーレーファン同士の親睦を深めます。

　ニコンは、ニッコールクラブという同社のカメラ、レンズ製品の愛好者クラブを支援しています。同クラブは会員相互の友好親善を目的として、撮影会、セミナー、フォトコンテストなどの活動を行っています。ニコンは資金支援を行うが運営には口を出さない方針とされています。ニッコールクラブは全国に100以上の支部を持ち、各支部において自発的な活発な活動が行われています。

　ルイ・ヴィトンは、同社の顧客クラブとしてCELUXを組織し、表参道にクラブスペースを用意して様々なイベントを開催するとともに、会員へ早期

図表14 ● 顧客のコミュニティ化（イメージ）

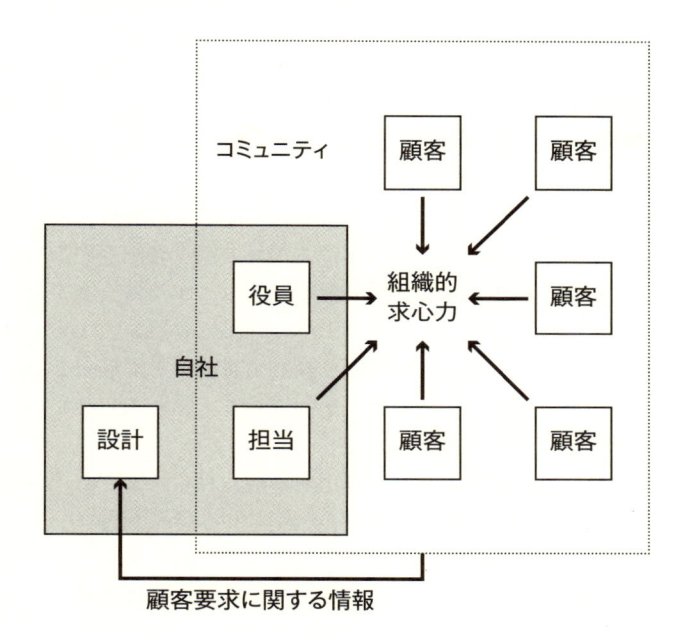

* マーケティング的効果（顧客維持）

* 設計への情報フィードバック効果（効率的アフターサービス、製品設計フィードバック）

コミュニティ

顧客　顧客

自社

役員　組織的求心力　顧客

設計　担当　顧客　顧客

顧客要求に関する情報

の製品紹介などの特典を用意して、会員を優遇し、会員同士の交流を支援しています。

　中国の携帯電話メーカーであるシャオミ（小米）は、同社製品のファン（MiFan）を組織化しており、同社製品のユーザインタフェースであるMIUIへの改良意見をウェブ上で募るとともに、改良結果を毎週ウェブで報告しています。同社のファンクラブでは、数多くのリアルなファンイベントも行われています。

　このように多くのメーカーが顧客をコミュニティ化しているとともに、流通企業によっても顧客のコミュニティ化が行われます。オーディオショップやアマチュア無線ショップ、プラモデルショップ、鉄道模型ショップなどが顧客サークルを作っているのは、よく見られる光景です。

価値創造過程

　顧客をコミュニティ化すると、顧客はコミュニティを通じて製品の使用機会を得、使用方法や整備方法を学んで、製品の使用に熟達し、同好の士を得て情報交換するとともにパーソナルな関係を確立します。会社対顧客という関係よりも、顧客同士のパーソナルな関係がコミュニティをより魅力的なものとし、離れがたくします。顧客がコミュニティに所属する結果として、顧客のもとにおける製品の使用が促され、顧客における製品の知覚価値が向上し、顧客満足度が向上します。顧客の製品使用の習熟が進み、かつ仲間が上位の製品を使いこなすのを見ることにより、より上位の製品への買い替えも促されます。個人としてのコミュニティへの帰属意識も生まれ、その結果として、他社製品へのスイッチが減少し、製品販売が促進され、顧客の自社にとっての生涯価値が向上するのです。

　顧客コミュニティを顧客の声の収集のために運用する例も見られます。上記のシャオミの例も注目に値しますが、無印良品を展開する良品計画は、「くらしの良品研究所」という顧客のモノづくりコミュニティを主催しており、商品開発アイディアを募っています。シャオミ、良品計画ともに外部チャネルは存在していませんが、コミュニティが存在することによりチャネルを飛び越して顧客の声を聴くことも可能です。ユーザーは、自身の意見が製品に反映されることにより、更にその企業のファンになっていく傾向があります。

なぜ優位性を維持できるのか？

　顧客のコミュニティ化により、競争優位性が向上するのは、自社製品への習熟や他の会員との個人的関係によって、顧客が自社から離れにくくなり、競合へのスイッチが防止されるためです。顧客とのつながりを強めることは、同じポジションの内部で他社との競争力に大きな差を生むのです。

　競合他社もコミュニティを設立して模倣することも考えられますが、その場合であっても、競合間での乗り換えが減少して顧客の価格感応度が低下しますし、既存顧客基盤が上位製品へと移行する速度が増加し、顧客習熟のラ

イフサイクル速度も向上するため、競合の模倣によってもその効果が打ち消されることはありません。

モデルが有効に機能する条件

　顧客コミュニティが有効であるためのメカニズムが、顧客の製品への習熟や、他の会員との個人的なつながりによるものであることから、このモデルはどちらかというと法人顧客よりも、個人顧客を相手にする企業のほうがうまく機能する仕組みであると思います。法人用途のコンピュータメーカーもユーザー会を作っているケースは多く見られますが、ユーザー企業間の親睦や使用事例の相互紹介といった目的とは裏腹に企業のマーケティング窓口と化してしまっているケースが多く見られます。個人向けの製品の中でも、趣味やファッションなどのように個人的な思い入れを持つ製品の場合には、特にうまく機能するでしょう。

　このモデルは、製造業のみならず、サービス業でも機能させることができます。焼き鳥屋が草野球チームを持っており、普段は飲み仲間として焼き鳥屋に顧客が集まっている、などはその好例でしょう。サービス業の場合は、顧客コミュニティの活動の中で自社サービスが活用されることが望ましいと言えます。

落とし穴

　このモデル自体が持つ構造的な弱点は特にありませんが、自社側の都合で顧客コミュニティを組織し、運営しようとしても、コミュニティとして盛り上がりを欠くという例は実際には少なくないと聞きます。ハーレーオーナーズグループの成功例を見ると、自社の持つ理想や世界、価値感を顧客と共有できるかどうかということが1つの鍵となるのではないでしょうか。

　その意味で、顧客コミュニティはプレミアムセグメントやニッチ市場でのポジショニングと親和性が高いと言えると思います。業界のメインストリーム製品を抱える企業では、顧客と共有する価値感は薄れ、その結果として多様な顧客が存在してしまい、顧客コミュニティとしてのまとまりを欠くこと

になります。

　顧客コミュニティでは、顧客の数が多くなればなるほど、コミュニティとしては運営しにくくなるというジレンマが発生します。メインストリームの製品を持つ企業では、リードユーザーを対象としたコアな顧客コミュニティを一般のコミュニティとは別に重畳的に形成するとか、ニッコールクラブのように活動を地方に分割するなどして参加意識を高めるなどの工夫が必要でしょう。シャオミの例は、ネットとリアルイベントをうまく使い分けながら、大規模な顧客ファンを維持している例として、注目に値します。シャオミでは、顧客とのコミュニケーションに携帯端末を使います。これは、シャオミが携帯電話企業なので当然なのですが、今後自社製品に通信機能が組み込まれると、その機能を"**⑮ 自社製品からの情報フィードバック**"（206ページ参照）で述べる数々の機能の提供に役立てるのみならず、顧客コミュニティの形成や運営にも活かしていくことができるのかもしれません。

ビジネスモデルの学習に向けて

　このモデルは、競合との競争において、顧客維持の持つ役割をよく理解させてくれるものだと思います。経営戦略では、軍事のようにある場所（ポジショニング）の占領を競合との関係でのみ考えることはできず、必ず顧客という視点が必要となります。顧客さえ囲い込めばそこに競合が入る余地がなくなり、市場の占有を確実にできるのです。

顧客のコミュニティ化　まとめ

モデル概要

- 顧客間にコミュニティを組織し、それを運営・支援する。社員（営業担当者ばかりではない）や役員も個人の立場で参加することもある。

効果

- 顧客間や自社との間で情報交換を行うことにより、顧客が自社製品を課題解決に適用する能力が向上し、実質的に自社製品の価値が上がる。
- 単なる人的関係としても、コミュニティから離れられなくなる。
- 商品開発アイディアの収集にも使うことができる。
- 一応取引とは関係なく作られるため、チャネルが介在する場合でも、チャネルを尊重しながら、顧客とチャネルをスキップした直接の関係を構築することができる。

その他留意点等

- 趣味に関する製品やサービスと特に親和性が高い。

●学習のポイント
- 顧客を自社にキープする仕組みの1つ。人的関係性を利用したものであるが、自社製品の利用方法を共有して自

社製品の顧客における価値を高める工夫でもある。

- 自社でコミュニティを創設するだけではなく、自社製品の使用と関係ある既存コミュニティ（○○協会など）を支援することで実質的に顧客コミュニティとして機能させ、飛躍的に見込み顧客を増加させられることがある。"職場"や"学校"というコミュニティをどう利用するか、というのも考えどころ。オフィスグリコやネスカフェアンバサダーは、職場というコミュニティにオーバーライドしたもの。

金融による顧客囲い込み

●NTTドコモ、アマゾンジャパン、農協、コメリ、オリックス、他

モデルの概要と例

　金融による顧客囲い込みは、販売代金の融資や割賦販売、リースなどの金融を顧客に提供し、売主である自社が債権者あるいは製品の法的な所有者として顧客に対して継続的な関係を維持することにより、顧客の離脱を防止して継続的な取引を引き出すビジネスモデルです。

　NTTドコモなど無線通信各社は、スマートフォンなど携帯電話の販売代金を割賦とし、その支払い代金の一部を通信料金から割り引く形で支援しています。割賦とすることによって、自社からの顧客の離脱を防止する販売方法を採っているのです。

　大手自動車メーカー系列のカーディーラーは、ローンを組むことにより、自動車所有権をディーラーに留保します。その場合、車検等のサービスは自社に取り込むことができます。更に最近は、将来の中古での下取りとその価格を保証し、それを前提としてローンを組む残価設定ローンを提供しています。残価設定ローンは、その期間中における車検などのサービスを販売しやすくし、その終了時に車を下取りとする場合は、その車の中古車取引とともに、新車の販売を行う機会を得ることができます。メーカーやその系列ディーラーの中古品の扱い能力を活かしながら、金融を組み合わせて顧客をつなぎとめる仕組みとして利用しているのです。

　アマゾンジャパンは、企業や個人など仮想モールの出店者向け融資制度を

図表15 ● 金融による顧客囲い込み（イメージ）

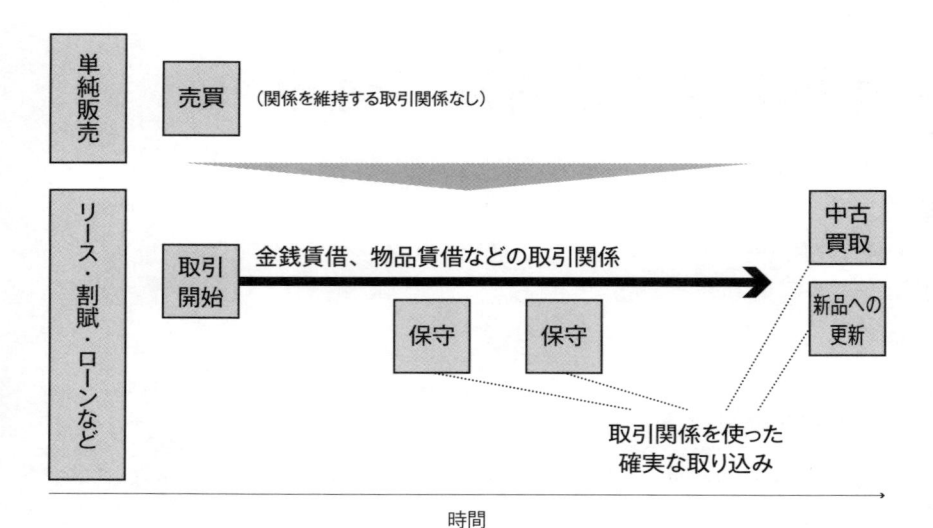

設けており、仕入れなどに使う短期資金が必要な出店者にその資金を貸し出し、返済は売上高から差し引くことにより確実に回収します。この仕組みにより、出展者はアマゾンから継続的に運転資金の融資を受けている状態となるため、アマゾンから離れがたく、アマゾンでの販売は他社サイトや自身の店舗で販売するよりも運転資金が少なくて済みますから、なるべく物品をアマゾンで販売することを促すことになります。類似の例として、商社や卸が顧客であるメーカーや小売店に販売先からの債権よりも早期の決済を提供し、顧客として維持し続けるのは、常套手段でした。

　農協（単農）は、農家に対し農機やハウス補修資材、農薬、肥料などの資金を融資し、債権者としての地位を維持することによって農家の経済取引を独占してきました。この場合、債権者という強い立場を利用していますが、農協との経済取引の継続は暗黙の了解ですので仕組みとまでは言えないかもしれませんが、ホームセンターのコメリは、これを代替するため、「アグリカード」という仕組みを作り、資材や肥料、農薬などの対価の支払を収穫月ま

で猶予し、農作物を自社のホームセンターで販売して、カードホルダーの農家への継続的な資材の販売につなげるとともに代金回収を確実にしています。こちらのほうは、仕組みと言っていいでしょう。

　オリックスは、設備のリースとともに設備のメンテナンスの契約を同時に締結することにより、メンテナンスビジネスを確実に自社に取り込んでいます。

価値創造過程

　製品やサービスの販売代金を顧客に融資したり、割賦にしたり、リースとすることは、顧客の資金調達の問題を解決し、それ自体に販売促進の効果があります。製品を割賦やリースとすると、製品所有権を留保することになりますので、融資と比較して更に与信の問題を軽減しますし、金融業として利子やリース料などの収入により利益を上げることができます。通常、売り手は買い手を上回る信用力を持っていますので、買い手よりも有利な条件で資金調達ができ、融資やリースという形でそれを活用して利益を上げることができます。

　このビジネスモデルの本質は、更に進んで、融資や割賦、リースなどの金融アレンジメントを顧客と継続的な関係の構築に利用することにあります。顧客は、資金の問題を抱えているからこそ、これらの金融取引に及んでいるのであり、それを継続せざるを得ない立場にあり、それを利用して取引を継続させるわけです。

　モノを売買している当事者による金融取引は、実は、様々な意味で純粋な金融機関による場合よりも与信のリスクが低いということができます。それは、取引した製品や商品自体を物的担保としていることが多く、売買当事者は債務不履行が起こっても中古品さえ取得できれば、それを修繕・販売することによって対価の多くを回収できるからであり、また上記のアマゾンや商社、農協、コメリのような事例では、債務者としての当事者が持つ債権を代行的に回収するような立場にありますので、債務者への相対債権を常に持つことになり、いざとなれば相殺すればよいからです。また、実質的な損害は、売主にとっては実は製品や商品の売価ではなく製品や商品の原価であり、債

権の額面よりも実質的に少ないということが多いのです。

なぜ優位性を維持できるのか？

このビジネスモデルが競合に対して優位を持ち、それを維持できるのは、顧客を囲い込めるからであり、将来の顧客との取引を独占できるからです。本来モノの販売は一回的な取引であり、それで終了するものなのですが、金融によりそれをわざと終わらせず、継続的な関係の基礎とします。それによって顧客に競合が入り込む隙を与えず、競争優位を達成できるのです。

モデルが有効に機能する条件

このモデルは、モノとサービスの両方の販売に適用できますが、売買対象を担保として利用できるという意味で、モノの販売のほうが適しているということができるでしょう。アマゾンや商社のように、顧客の収入に関与することができれば、融資の与信を更に確実なものとすることができます。その意味で、顧客の先の最終顧客にカードを発行して決済に関与したり、顧客のペイメント代行などを行うことは、顧客を囲い込む上でも、金融リスクを軽減する上でも望ましいことだと言えます。

落とし穴

このモデルの弱点は、金融的支援を必要としていない顧客に対しては全く有効ではなく、金融的支援を必要としている顧客は本来あまりいい顧客ではないということです。つまり財務的に好ましくない顧客のみを囲い込んでしまいかねないのです。これを乗り越え、ほぼ全ての顧客の囲い込みを有効に行うためには、上に述べた無線通信会社のように金融的取引に応じた方が顧客にメリットがあるという何らかのインセンティブ（無線通信会社の場合は、返済支援としての通信料減額など）を付けることが望ましいでしょう。それによって顧客を囲い込み、顧客のライフタイム価値を引き上げることができるのであれば、そのインセンティブは高いものではないということになります。

更に難しいのは、金融を事業として収益源と考えるか、顧客の囲い込み手段と考えるかは、ある意味で背反する問題であるということです。事業として考えれば、金利やリース料をある程度高く設定したくなりますが、顧客の囲い込み手段として考えると有利な融資条件やリース料としておいたほうがよいからです。実際、自動車の場合、ディーラーの金利が高額であるがゆえにディーラー以外のローンにかなり多くの顧客が流れているという実態があります。残価設定ローンは、ディーラーの強みを活かしてこれを解決し、更に下取りや新車の販売につなげる工夫として非常によくできた仕組みだと言えます。

ビジネスモデルの学習に向けて

　「手離れのよい」商売は、事業のリスクを下げるという意味ではよい商売なのですが、継続的なビジネスの流入という意味では悪い商売です。本来、手離れのよい事業である製品・商品の販売を、継続的なビジネスにする工夫としてサービスが多く用いられていますが、金融も顧客維持の仕組みの中でもっと活用されてよい道具だと思います。そして、製品・商品に絡む金融は、純粋な金融機関が提供する金融と比較して、担保や補修能力の点で売主たるメーカーが有利なことが多いのです。

　金融は、新たな事業機会であるだけではなく、物販のビジネスをより有利に進めるためのツールとしても使用できるため、**サービス化** (71ページ参照)と並んで、ほぼ全てのメーカーが取り組むべきことだと言うことができます。

金融による顧客囲い込み　まとめ

モデル概要

- 製品の販売から、製品販売対価のためのローンや製品のリースなどの取引にシフトし、継続的に顧客との関係を維持する。
- 保証という形で実質的な保険を提供することもある。
- 自社の顧客を上回る資金調達力を利用する通常有利な金融条件を提示する。

効果

- 顧客の資金調達ニーズを解決するため、モノの販売が増加する。
- 債権者やモノの所有者として顧客との継続的な関係が維持される（これに対し、販売では一回的な取引で関係が終了する）。これにより、消耗品やサービスの提供、あるいは中古購入、リプレース販売により利益を得られる。
- 金融は、事業機会でもある。

その他留意点等

- 主にメーカーに有効なモデル。

◉学習のポイント
- 一回的な取引であるモノの販売を、いかに手離れ悪くするかが顧客囲い込みの鍵を握る。金融は、サービスとともに

メーカーや流通企業が顧客囲い込みに利用できる手段である。債権者、あるいはモノの所有者としての地位は、取引の継続に利用すべき。

顧客の維持

新規顧客開拓にかかるコストは既存顧客維持の5倍

　顧客維持の仕組みは、一度獲得した顧客を自社の周辺にとどめておき、継続的に取引を引き出すための仕組みです。1度の取引で完結してしまう性質を持つモノや単純サービスの売買では、その取引の性質上顧客が誰でどのような特徴やニーズを持つのかを把握することができません。このため、顧客を特定し、更にその顧客から継続的に取引を引き出す仕組みが必要です。

　一度取引した顧客と継続的に取引を行う仕組みを構築することで、顧客が競合との取引することをブロックして競争に勝利することができます。新規顧客を開拓するのは既存顧客を維持するのと比較して5倍のコストがかかると言われていますが、それは新規顧客の流入の仕組みを構築・運用しても見込み客の仕組みからの離脱が必ず発生し、見込み客全員を捕まえられるわけではなく、顧客流入の仕組みが顧客維持の仕組みと比較して運用効率が悪いためだと考えられます。その意味でも、顧客維持の仕組みは、顧客・案件流入の仕組みと比較しても遜色なく重要であるということができるのです。

ビジネスモデルの例示

・顧客のコミュニティ化
・金融による顧客囲い込み

本章を参照してください。

・顧客維持力のあるビジネスの併設

　顧客と継続的な関係を維持できるビジネスを受注し、そのビジネスを通じて顧客と継続的な関係を維持し、顧客情報の継続的な取得を行うとともに、適宜新規の提案につなげます。アクセンチュアは、システム保守事業でクライアントと継続的な取引関係を維持する一方、その関係を各種コンサルティング提案につなげています。

　保守、運用、アウトソーシングなどの継続的なサービスは、本章で解説した金融と並んで顧客維持力の強いビジネスといえます。第1章「対象市場定義」の**サービス化** (71ページ参照) の解説を参照してください。

・会員化とポイント制

　顧客コミュニティのように会員同士が交流することは予定していなくても、囲い込みたい顧客の基準を定め、上顧客にサービスやインセンティブ、ディスカウントなどを提供するとともに、そのような基準をクリアするような取引を顧客に対して促します。本来、製品や商品の販売は、顧客情報がなくてもできるものですが、顧客をデータベースに登録し、顧客の取引履歴を取得すれば、個々の顧客にカスタマイズしたプロモーションに利用できます。航空会社のマイレージ会員などが典型ですが、JR東海のエクスプレス会員のように、会員に自社の予約システムへのアクセスを許し、特別な利便性を提供することもあります。顧客の購買行動を把握できるようになりますので、取引の推奨を行うことができるようになります。顧客にIDを振り、リストないしデータベースとして管理するなど、ICT上の仕掛けが必要です。

・顧客情報の蓄積と情報の顧客接点間共有

　顧客に関する情報を蓄積することにより、全ての顧客接点で「会社として」顧客を知っているという状態を保証し、顧客の再訪を促します。多くのホテルブランドを運営するフランチャイザーであるスターウッドは、顧客情報システムを全ての加盟店で共有しており、顧客の嗜好 (喫煙か禁煙かなど) が全てのホテルにおいて共有される仕組みを構築しています。

・自社製品からの情報フィードバック

　自社製品は、販売後、顧客のもとに物理的に存在し続けるため、これを顧客と自社を結びつける道具として使用します。製品仕様を、その消耗品やサービスを自社から購入せざるを得ないよう仕組むことが行われていますが、製品に通信機能を組み込み、自社に情報をフィードバックさせることによりこれを強化できます。"⓯ **自社製品からの情報フィードバック**"（206ページ参照）を参照してください。

・データフォーマットによる顧客囲い込み

　多くのネット企業で用いられているのは、フリーやディスカウント、トライアルによって集客した顧客に自社のICTシステムを使用させ、顧客のデータを自社システム上に蓄積して囲い込むことです。これは、製品による囲い込みの一形態とも見ることができますが、実施例が多いことから別に記載しておきます。

・顧客の購買代理

　顧客に売るという立場から、顧客に代わって購買するという立場に自らを変更することにより、顧客と継続的に取引する地位を得ます。商社や代理店など、中間業者（intermediary）のモデルです（詳しくは、『ビジネスモデルの教科書』を参照）。

・顧客の株主化

　顧客を株主とすることにより、顧客のロイヤルティを高めることができます。カゴメは、個人株主を意図的に増やしており、そのため1株を10株とする株式分割を実行して買いやすくし、2014年12月時点で個人株主は20万人を突破しています。同社の株主総会直後にはカゴメ商品を使ったメニュー紹介や試食会を開催し、株主をファンとして育てています。その結果、株主である顧客のカゴメ製品の購買額は一般顧客の10倍以上になっています。なお、これと類似するものとして、今では廃止されましたが、大正製薬は、薬局薬店に自社株の購入を勧め、株主特約店にのみ販売する商品を持っていました。これは、チャネルと一体化することにより顧客や案件の流入を保証

する仕組みと考えられます。

・顧客先在庫

　顧客に自社製品を在庫することにより、顧客への製品納入リードタイムをゼロとし、それによって顧客の原材料在庫を持つ必要をなくします。顧客先在庫により、顧客は原料在庫をなくし、運転資本を減少させることができるメリットを得ます。顧客は原材料について自社に頼り切ることになりますので、顧客の他社からの浮気買いを防止できますし、欠品を防止するなどの目的で顧客の生産計画や販売計画を知ることができることが多く、それにより自社と顧客とのサプライチェーンが一体化し、顧客を強固に維持できるとともに、顧客からの需要情報に基づきタイムリーな生産計画を行うことにより自社のコストダウンにつなげます。顧客先に在庫することにより、自社の製品在庫は増えてしまうことになりますが、在庫による資金負担は下流企業よりも上流企業のほうが軽いため、多くの場合、顧客を囲い込んでしまうメリットのほうが大きいと考えられます。

・顧客先への自社社員の常駐

　顧客先に、出向、研修、保守、共同研究などの名目で自社社員を配置し、顧客内情報の取得に努めるとともに、顧客の需要をいち早くつかみ、タイムリーで顧客価値の高い提案に結びつけます。これは、顧客維持の仕組みであるとともに、案件流入の仕組みでもあります。

・ネットコンタクトの取得と定期的な情報提供

　ネットでメールアドレスを取得したり、ウェブページへのログイン情報を提供して、顧客にうるさいと思われないような形で情報提供を行い、顧客の需要が生じた際に取引相手として最初に想起してもらえるようにします。個人相手には、FacebookなどのSNSも使用されます。

第 4 章

サプライチェーン

製造小売

● GAP、ファーストリテイリング、Zoff、眼鏡市場、イケア、他

モデルの概要と例

　製造小売は、生産計画から小売までの全てのサプライチェーンを自社で統制し、在庫コストや廃棄ロス、欠品ロスを極小化するとともに、小売価格を自社でコントロールして利益を上げるビジネスモデルです。このモデルはアパレルで多く用いられ、GAPの創業者ドナルド・フィッシャー氏によってSPA（Specialty store retailer of Private label Apparel）と名付けられていますので、アパレル業界ではSAPの名称で広く知られています。他の業界でもアパレルという語が入る本来の意味を超えて、製造と小売を一企業で行うこと一般を指してSPAと呼ぶこともあります。

　このモデルの代表格は、やはりGAPであり、自社で企画したアパレル製品を委託生産する一方、それを直営店で販売しています。GAPをベンチマークして誕生したのが我が国最大のアパレル企業、ユニクロ（ファーストリテイリング）であり、GAP同様に生産計画から店舗販売までを自社で行っています。ファッション性の高いSPAとしては、ZARAやH&M、Forever21などなどがあります。かつてはデザイナーズブランドであったコムサ（ファイブフォックス）も、いまではSPAへの転換を図っています。

　アパレル業界以外の製造小売モデルとして、メガネ業界において、JINS（ジェイアイエヌ）やZoff、OWNDAYS、眼鏡市場（メガネトップ）などが製造小売のモデルを採用しており、従来の市場リーダーであるパリミキ（三城ホールディン

図表16 ● 製造小売（ファーストリテイリングにおける仕組み）

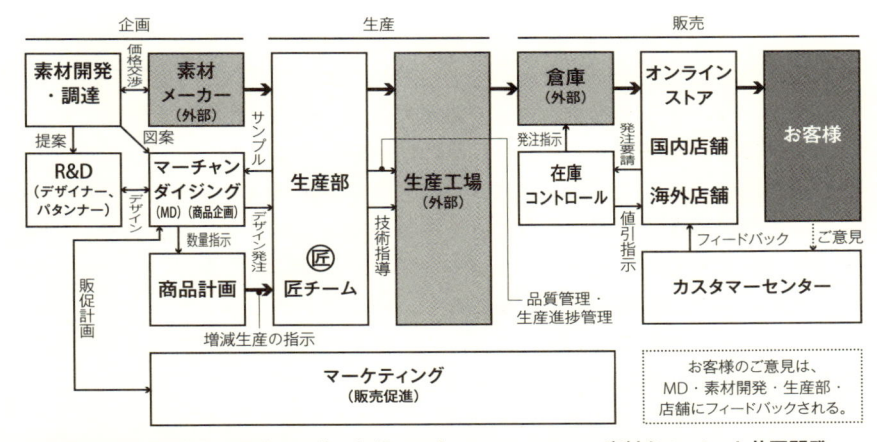

・店舗は基本的に自社で国内841店、海外798店（2015／8時点）　・素材をメーカーと共同開発
・自社でR&D、MD企画　・全社統一MDとそれに合わせた増産・減産指示
・最適地での生産　・週次での在庫・生産管理（SPA登場前は3~6か月が普通）

出所：ファーストリテイリングホームページ

グス）などからシェアを奪っています。更に、雑貨の良品計画が挙げられます。食品業界においては菓子の製造小売であるシャトレーゼがありますが、シャトレーゼは直営店舗とともにフランチャイズの店舗も存在しています。家具においては、イケアやニトリといった巨大な製造小売が存在し、低価格販売で業績を伸ばしています。特にニトリは、配送やチラシ製造までも自社で行う徹底した自社オペレーションを行っています。サイクルベースあさひを展開するあさひは、自社で企画した自転車製品を自社店舗で販売して高収益を上げています。腕時計のベンチャー企業であるノットは、腕時計における製造小売モデルの確立を目指しています。

価値創造過程

　製造小売では、製品の製造から小売までを１つの事業者が一貫して手掛け

ます。製造行為自体はアウトソースされていることも多くありますが、生産計画は製造小売の事業者が握っています。

　製造と小売を一体的に運営するため、小売における販売や在庫の情報を即座に生産計画に反映させることができ、それによってサプライチェーン全体の在庫レベルが下がります。アパレル業界では、夏物、冬物、春秋物というように年間2～4回のサイクルでしか計画～販売のサイクルが回っていないのが業界全体の常識ですが、ユニクロは週次で生産計画や価格を見直すことによって無駄な在庫が滞留することを抑制しています。それによって、在庫による運転資金を極小化することができます。生産計画と需要の狂いから生じた過剰在庫の安値処分がなくなるため、利益率も向上します。

　また、ヒットが起こった場合に製品の生産を迅速かつ確実に追従させることができるため、在庫切れによる売り逃しが起こりにくい点も利点です。

　製造小売を仔細に見ると、GAPやユニクロのように製品をできるだけベーシックなものとすることによりサプライチェーンへの負荷を可能な限り低減し、コストダウンとそれを基礎とした低価格販売を主眼にしている企業と、ZARAやH&Mのように試行的な製品投入を意図的に増やすことによって期間あたりにヒットを生み出す確率を上げ、ヒットが生まれた際に確実に需要に生産を追従させることによって利益を上げようとしている企業があることがわかります。

　また、見落としがちな点ですが、物理的に同じレベルの在庫であっても、垂直統合している企業のほうが財務的な負担は軽いということができます。それは、垂直統合している企業にとって在庫によって寝てしまう資金は素材や部品の原価のみであるのに対し、小売のみを行う企業が在庫を行う場合、製造設備や要員を含めた生産原価に加え、製造段階での利益をも含めた仕入価格が資金として必要だからです。そのため、小売は必ず売り切ることができる量だけしか仕入れない傾向があり、反対に製造業は小売在庫を増やして販売機会を増加させるために売れ残り在庫の返品保証をしたり、委託販売方式（コンサインメント）を採ったりするため、サプライチェーンは更に混乱します。製造小売では、全体として運転資金が少なくて済むだけではなく、このようなサプライチェーンの混乱も避けられるのです。製造小売では、小売段階のセールなどのプロモーションも完全に統制できるため、サプライチェー

ンへの負荷を予め予想することが可能です。

　更に製造小売では、小売を自社のみで行うため、自社製品同士が小売段階で競合することによる値崩れがなくなります。複数の小売が同じ製品を扱うと、個々の小売企業は他の小売企業を出し抜こうと価格を下げ合う結果、自社製品同士が小売段階で競合してしまい、値崩れが起き、小売はそれを仕入価格に反映しようとするため結局、製造段階での利益も圧迫されます。製造小売では小売価格を完璧に自社で統制できるため、このようなことは発生しません。

　最後に、製造小売では小売段階で聴取された顧客ニーズを、短期間で製品企画や設計に反映できます。これは、流行に左右されやすい業界では大きなメリットと言うことができるでしょう。

モデルが有効に機能する条件

　製造小売が優位性を持つためには、業界標準として製造と小売が通常全く別々に存在していることが必要です。企業としては分かれていても製造側によって小売が系列化されているような業界、例えば自動車業界などでは、系列企業間で情報システムを共用するなどによってサプライチェーンを効率化することが可能であり、製造小売のメリットが減少してしまいます。

　アパレルのように季節性や流行、気候による影響などによって需要変動が大きい業界では更に有効です。特に需要が流行によって左右されるアパレルや雑貨などでは、かつては広告によってメーカーの側で流行を作り出す傾向が強くありましたが、今その主導権は生活者に移っているため、ヒットをコントロールすることがますます難しくなっており、製造小売の優位性は更に大きくなっていると言えます。

落とし穴

　このモデルは、単純に製造と小売を同時に所有すれば達成されるというものではありません。このモデルでは、製造と小売を一体的に運営することが必要で、サプライチェーンや顧客の声の製品企画へのフィードバックなどの

マネジメントの仕組みを小売と製造とで一体的に作り込む必要があり、その
マネジメントにおけるPDCAは製造と小売を貫いて全体で回る必要があり
ます。ところが、製造と小売とは本来その文化が異なるため不和が起こりや
すく、今まで製造か小売どちらかの形態として生きてきた企業が他方を統制
しようとしてもうまくいかないことが多くあります。この製造と小売との不
和を克服するため、製造と小売の全体を統制できる強力なリーダーシップが
必要です。

　また、独特のマネジメントの仕組みを高頻度に回すためには、製造と小売
を貫く独特のICTの仕組みが不可欠であり、その投資額は多額に上る可能
性があるため、必要な投資を見極めて行うスキルも必要となります。

　このモデルを構築することは、既にチャネルを持ってしまっている事業者
にとっては、従来のチャネルをどう処遇するかということが問題となります。
このような事業者では、少なくとも事業体やブランドを変えてこのモデルの
導入を図ることが必要でしょう。

ビジネスモデルの学習に向けて

　製造小売は、サプライチェーン種別の変更の一種であり、サプライチェー
ンの作り方を業界標準から変更することによって優位性が作り出せることを
示す好例です。サプライチェーンを動かす技術変化や需要の変化を見抜き、
業界標準とは違う効率的なサプライチェーンを作ることによって、競争に勝
利することが可能なのです。

製造小売　まとめ

モデル概要

- 製品企画、工場での生産計画から店舗での販売までを自社でコントロール。
- 製品需給（販売量、在庫レベル、生産計画など）について高い頻度でPDCAを廻す。
- 顧客の声を店舗から製品開発にフィードバック。

効果

- 製品開発とサプライチェーンを効率的に運用（在庫が減少、廃棄ロスも減少）。
- 中間マージンとリベートを排除、中間での交渉時間・コストも不要。
- 顧客の嗜好を製品に確実に反映。
- 自社販売を行うので価格（およびそれによる需要）を自社で完全にコントロール可能（自社製品同士での価格競争を生じない）。
- サプライチェーンに自社要素が大きいので、規模による好循環を生みやすい。

その他留意点等

- 更に詳細には次の2つのモデルが存在する。
- サプライチェーンの効率的な運用により低価格に結びつけるモデル。

- ヒットが生じたときの迅速なレスポンスに結びつけるモデル（Fast Fashion）。
- アパレルでは SPA（Specialty store retailer of Private label Apparel）と呼ばれ " セレクト " とともにアパレルの 2 大モデルの 1 つ。

> ◉学習のポイント
> - 小売の業界集約により、メーカーに対する小売の力が増大し、値下げ要求やリベート要求が増大しているため、小売のパワーをいかに回避するかということが多くの製造業共通の課題。
> - サプライチェーンは企業が備える " 仕組み " の最も基本的かつ典型的なもので、これを業界標準から変更することにより独特の優位が得られる。
> - 在庫は上流側が持ったほうが負担が軽い、という在庫負担の産業バリューチェーン位置による非対称性（財務的特徴）も活かされている。

資源の動的アロケーション

◉川崎汽船、日本郵船、商船三井、航空業界、銀行ATM、他

モデルの概要と例

　資源の動的アロケーションとは、複数の事業体に属する経営資源を、複数の事業体それぞれが持つ個々のサービスや製品の生産に企業を超えて動的に割り当てることにより経営資源の稼働率を高め、それをコストやサービス品質、ひいては価格に反映させて利益を上げるビジネスモデルです。

　資源の動的アロケーションが最も進んでいる業界は、運輸業界です。例えば、コンテナ輸送について、川崎汽船は中国のCOSCO、台湾の明陽、韓国の韓進などと共同運航し、それぞれが引き受けた貨物を自社を含めた共同運航パートナーのコンテナ船で柔軟に輸送を行ってきました。同様のアライアンスは、日本郵船や商船三井も形成しており、コンテナ輸送についてはいくつかのグローバルアライアンスが存在しています。今、これらのアライアンスを超えた合併などを引き金として、アライアンスが再編されようとしており、その動向が注目されています。航空業界においては、コードシェアという形で飛行機が共同運航されており、機体を保有し運行を担当する航空会社と提携会社の路線コードが同じ飛行機に割り当てられ、提携先会社の顧客も自身が選択した航空会社の便と同様に利用できるように仕組まれています。タクシー業界では、地域ごとに形成された共同配車のアライアンスが多数存在し、受付窓口の一本化や共同の無線配車に服するなどにより、顧客の待ち時間を減らし、共同での受注を引き上げる工夫が行われています。トラック

図表17 ◉ 資源の動的アロケーション（イメージ）

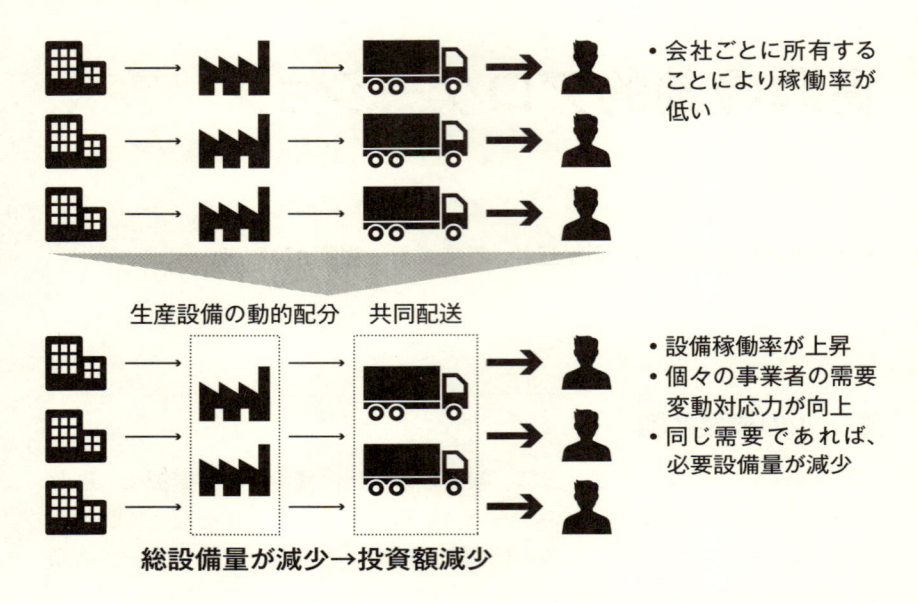

輸送においては、トレーラーや車両の相互使用契約が多くの会社の間で結ばれています。

　運輸業界以外においても、例えば銀行間にはATMの相互利用契約があり、契約を結んだ他行の顧客のためにATMを相互に開放し、顧客利便性を増すとともにATM使用料を他行から得ています。同様な例として、ヤクルトとキリングループは、両社の自動販売機を相互に使用する契約を結んでいます。製造業においては、相互生産委託が行われている事例が多くあり、例えば、ブリヂストンと東洋ゴムは、世界各地における両社の工場において、ラジアルタイヤを相互生産委託する形で共同生産しています。

価値創造過程

　資本主義においては、投下した資本に対してどのぐらいの利益を得られる

かが最も重要かつ最終的な問題であり、投下資本を減らすことができれば、資本あたりの業績を向上させることができます。資源の動的アロケーションでは、他社との間で、経営資源の所有権はそのままにしながら、資源を動的に割り当てることにより、資源の稼働率を引き上げ、それによって同じ製品やサービスの生産に必要な資源量を節約することができますので、資源の獲得に必要な資本の量を節約することが可能になります。

その一方で、モノの生産の柔軟性向上によるリードタイムの改善やサービス品質の向上も生じます。運輸業においてこのモデルが他の業界よりも浸透している理由は、コンテナなど輸送機器の標準化が進んでいることに加えて、単純な設備共用のみではなく共同運航化により運行頻度の向上やサービスロケーションの増加などの明らかなサービス向上が生じるからです。一般的な製造業においても、柔軟な製造や生産ロケーションの追加によって顧客へのリードタイムが向上します。

なお、資源アロケーションのパートナリングは、競争抑制的なアライアンスに発展しがちであり、それによる価格上昇が生じることによる利益の増大が副次的に生じることもあります。

なぜ優位性を維持できるのか?

資源の動的アロケーションを行うと、競合に対してコストやサービス品質などにおいて優位に立つことができます。そのため、資源の動的なアロケーションのアライアンスが形成されると、アライアンス外の企業は次第に単独での事業運営が難しくなり、残された会社同士でアライアンスを形成しないと生き残れないことになります。その際、優良なパートナーは限られていますので、先に優良なパートナーとの間で提携関係を形成してしまうことにより、競合に対する優位を固定化することが可能となります。

落とし穴

このモデルは、設備を共用するというアイディア自体は単純なのですが、複数の所有者にまたがって存在する設備間での製品やサービスのトラッキン

グ、パートナー間での受委託価格の計算などが実際には複雑なものとなります。設備産業では、需要を平準化するため顧客への売価も動的に決められていることが多く（第8章「財務モデル」の**イールドマネジメント**、238ページ参照）、そのため受委託価格の計算は更に複雑になる可能性があります。従って、この仕組みの運用によるコストが資源の動的アロケーションによるメリットを上回らないと行う意味がありません。但し、これらの計算の仕組みを運用するコストはICTの発達によって減少していくと考えられ、このモデルを行うためのハードルは次第に低くなっていると言えます。

モデルが有効に機能する条件

　このモデルは、経営資源を相互に共有的に使用して設備投資を節約するモデルですので、設備投資が多額に上るような業界に向いています。

　このモデルは、上記のように運送業界で最も発達していますが、他の産業においても生産設備に多大な資本が必要な業界では、今後ICTの発達によって仕掛品のトラッキングや受委託価格の自動計算が進むことにより、このモデルの使用が急速に進む可能性があると考えます。自由競争下の電気事業において複数の会社が電源を共同運転したり、通信事業において複数の通信会社がネットワークを共同運用するなどは最も起こりうることですが、様々な製造業においても特に生産設備が重い業界では、柔軟な共同生産のモデルが用いられていく可能性が大きいと言えます。ドイツで提唱されているインダストリー4.0という試みは、様々な標準化により受委託関係を広範かつ柔軟に形成させ、ドイツという国家経済全体として資本生産性を向上させようというものと理解できます。

類似のモデル

　このモデルと同様の効果は、このモデルのように相互受委託という形だけではなく、NTTドコモによるMVNOからのネットワーク運営受託や毎日新聞による聖教新聞や産経新聞からの印刷受託などに見られるような自社の**機能外販**（146ページ参照、一方的受託）、複数の企業間での共同自家発電のような

共同機能JVや共同生産会社などによっても達成することができます。また、顧客から保養所を買収した上で他社から買収した保養所とともに受託提供するベネフィットワンのように、独立の機能受託会社としても構成可能です。更に、タクシー業界におけるUberや宿泊設備稼働率を上げるAirbnbのように顧客との間の**プラットフォーム**（194ページ参照）として成立させることも可能です。ホテル業においては"❽ **フランチャイズ**"（250ページ参照）の本部が、個々のフランチャイジーを超えて顧客の宿泊施設への動的なアロケーション（予約）を行っています。最後に、このモデルと同じ価値創造は、機能会社が受託を進める形で業界で支配的存在になる、つまり"⓮ **レイヤーマスター**"（185ページ参照）としても達成が可能です。このように法的な形態によりモデルの構成は様々ですが、設備の動的な割り当てによって稼働率やサービスレベルを上げるという価値創造原理が同じ類似モデルが数多く存在しています。

ビジネスモデルの学習に向けて

サプライチェーンで考えるべきことは、"❽ **製造小売**"（128ページ参照）のような需給の仕組みとともに、投入する設備をいかに減らすかということであり、需給への取り組みが主に運転資本を減少させるのに対して、設備への取り組みは固定資産を減少させます。このモデルは、設備減少へアプローチするための典型的な仕組みとして紹介しました。

資源の動的アロケーションは、パートナーリングのモデルでもあり、アライアンス上パートナーの先取りによって競争優位の確立ができることを示すものでもあると言えます。

資源の動的アロケーション　まとめ

モデル概要

- 設備や設備能力を他社の案件ないし顧客に、所有の概念を超えて動的に割り当てる仕組みを構築。

効果

- 設備・能力の使用者は、本来遊休の設備を相互に利用できるため設備稼働率が上昇。
- その結果として必要設備量が減少し、投資額も減少。
- 定期的、緊急的な設備の停止にも柔軟に対応可能。

その他留意点等

- 社会インフラなどの設備産業に特に向いているモデル。
- 設備所有者同士が相互融通するモデル、設備を複数の事業者から買収ないし預かった上でサービスとして提供するモデル、自ら顧客と対峙し動的に需要を割り当てるモデルなどのバリエーションが考えられる。
- IT を使うことにより、動的な割り当てが可能に。
- 設備・能力をオークションすると、更に効率的に設備使用できる。
- インダストリー 4.0 は、生産設備を動的に割り当てる仕組み。

◉学習のポイント

- ICT の仕掛けにより、従来よりも柔軟に設備能力の動的な割り当てが可能になっており、今後このモデルは増えると予想。
- インダストリー 4.0 は、その主要な部分としてこのモデルを包含。
- 機能外販、プラットフォームなどとしても構成可能。

サプライチェーン

３つの経路から競争優位を生み出す

　サプライチェーンとは、提供価値を生産し、顧客に届けるための仕組みです。自動車で言うとパワートレインに匹敵するような重要な仕組みであり、原材料の仕入れ、生産、在庫、物流などが全てサプライチェーンに含まれます。

　サプライチェーンは、3つの経路で競争優位を生み出します。1つは提供価値を通じたものです。サプライチェーンは提供価値を生み出す仕組みですから、提供価値を本質的に変化させる力があります。競合が提供価値を模倣する場合、サプライチェーンを模倣するか、同等のものを手に入れる必要があり、それゆえ簡単には提供価値を模倣できないのです。サプライチェーンは、製品の品質やカスタマイズ可能性、リードタイムなどに本質的な違いをもたらします。サプライチェーンは、製品そのものの品質などの点で重要であるばかりでなく、製品力以外の方法で「早く手に入る」「カスタマイズできる」「便利だ」などの提供価値を作り出す力があります。

　次に、顧客の維持を通じたものであり、特にBtoBのビジネスにおいては、供給者である自社のサプライチェーンを前提として顧客もサプライチェーン（物流・ICT）を作り込むので、顧客のスイッチングコストが上がるとともに、他社による異なったサプライチェーンを前提とした納入をブロックできます。

　最後に、財務モデルを通じたものであり、コスト⇒価格を通じたものです。企業のコストの大部分はサプライチェーンによって生み出されます。サプラ

イチェーンは設備投資を必要とし、固定資産のほとんどはサプライチェーンに投じられていると言っても過言ではないほどです。それゆえ、サプライチェーンが異なれば本質的なコストモデルの違いを生じ、これが重要な非対称性をもたらします。コストは価格に反映され、競合が真似のできない価格的な優位性を生み出すのです。

2つの方向からサプライチェーン変革を考える

サプライチェーンの変革は、実際には2つの方向で考えてみるとよいと思います。1つは、需給面の劇的な改善であり、本章で紹介した"❽ 製造小売"はこの側面が強いと言えます。需給を改善すると、リードタイムが改善され、欠品がなくなり、在庫が減少して棚卸資産額が減少し、ひいては運転資本が減少します。もう1つは設備量、ひいては投資額の減少であり、本章で紹介した"❾ 資源の動的アロケーション"は、この側面が強いと言えます。投資額の減少は、資本主義で最も重要な投資リターンの改善を生みます。

サプライチェーンは、重要な非対称性をもたらすだけではなく、即座の模倣が困難なものであり、それが優位の持続可能性を生み出します。サプライチェーンは設備などの大型投資を伴い、一度作り上げてしまうと放棄しがたいものですし、要員の質やトレーニングも特定のサプライチェーンを前提に設計されていますので、それを変更するのに長い時間がかかります。また、ICTシステムが特定のサプライチェーンを前提として高度に装備されていることが多く、これを変更するのには長い時間と投資を要するのです。さらに、サプライチェーンは他の事業内モジュールと比較して、外部から見えにくく、それがさらに模倣困難性を生み出します。企業は一度作り上げたサプライチェーンに拘束されるのであり、競合はこれを克服できない非対称性として利用するわけです。つまり、自社が競合と違うサプライチェーンを採用して成功しても、競合は現在のサプライチェーンに拘束され、簡単には模倣できません。

その一方で、業界に最適なサプライチェーンは常に変化しています。一度作り上げたサプライチェーンが妥当性を持つ期間は短いと言えます。その理

由は、サプライチェーンのあり方がICTや物流技術、それらを使ったサービスの存在に大きな影響を受けるからです。これは、既に第I部で述べたように業界内のリーダー企業にとって脅威であり、チャレンジャー企業にとっての機会を生み出します。

なお、サービスにおいては製品や商品の生産・流通と同様のサプライチェーンを概念できませんが、サービス要員の質の選択や要員へのサービスへの割り当て、要員によるサービスの実施などの価値創造過程をサプライチェーンとして捉えるとよいと思います。

トレードオフからサプライチェーンの設計を考える

サプライチェーンには、以下のような大きなトレードオフがあります。サプライチェーンを設計するときは、これらのトレードオフの選択を、競合との優位性との関係でまず考えてみることをお勧めします。

・垂直統合度

業界の垂直的な関係の中でどこまでを自社で手掛けるかという問題です。"**❽ 製造小売**" は、競合に対してサプライチェーンを長く持っている例です。サプライチェーンを長く持つと、一体的運営により需給の高度な統制が可能になる一方、設備投資が大きくかかります。また、在庫の原価が低くなり、実質的な運転資本を引き下げられるので、顧客先在庫のような大きな在庫量にも耐えられるようになります。

・内製と外製 （内製と外注、自社配送と委託配送など）

内部的に行うか、外部に委託するかという判断は、コストの絶対値がどちらが低いか、あるいはどちらが品質的に優れているかという判断のもとに行いますが、財務的には、固定費と変動費の比率を変動することになり、結局リスク重視かリターン重視（数量減少時に赤字にならないほうがよいか、数量増加時に利益が大きいほうがよいか）かという選択につながります。

• どのリソースを使うのか（人と機械、店舗とECシステム、在庫と柔軟な生産能力など）

　例えば人力で行うか、機械設備を導入するかという問題です。リソースにはそれぞれ財務・会計的な特徴があり、人であれば投資が軽く反面変動費的になり、機械設備であれば投資が発生し固定費的になります。

• 見込み生産と受注生産

　見込み生産と受注生産は、生産方式の違いであり、見込み生産は予め需要量を予測して受注がなくても生産してしまい、在庫することによってリードタイムを短くするとともに、生産ロットの数量を拡大して生産コストを抑えます。受注生産は、その反対に、受注に従って生産するものであり、製品在庫はなくなりますが、生産ロットは小さいものとなりコスト高になる可能性があります。

• 在庫点

　見込み生産の場合、サプライチェーン上のどこで製品を在庫するかという問題であり、サプライチェーンの下流で在庫するほどリードタイムを短くできる反面、在庫量が多くなり、流動資産が膨らみ、運転資本を増大させます。なお、受注生産（BTO）の場合は、製品在庫はありません。

ビジネスモデルの例示

• 製造小売
• 資源の動的アロケーション
　本章を参照してください。

• 顧客先在庫

　自社の製品を顧客のもとに在庫することにより、顧客にとって入手できるリードタイムを極小化することにより、顧客の囲い込みをすることを狙ったビジネスモデルです。いわゆるVMI（Vendor Managed Inventory）と言われるのは、このモデルであり、富山の薬売り方式とも言われます。部品などのVMIに

おいては、在庫切れを防ぐという目的で顧客の生産計画を知ることが可能なことがあります。このように顧客の囲い込みができる一方で、在庫量は大幅に増える可能性がある点に注意が必要です。本章で紹介したように流通業者よりもメーカーのほうが在庫負担が少ないため、メーカーに有利なモデルです。オフィスグリコや富士薬品の配置薬などはこの例です。

　客先在庫を行うと、在庫切れを防ぐために、顧客の生産計画を開示してもらえることが多くなります。それにより、自社側での生産計画の立案に結びつけられますし、自社のサプライチェーンの改善につなげられるとともに、顧客の他社からの購入を察知してこれをブロックできるようになります。また、この場合、EDIなどにより顧客と自社の情報システム間が連係され、顧客と分かちがたく結びつくため、更に顧客により購入先スイッチを防止できます（第3章「顧客の維持」も参照）。

• 受注生産

　見込み生産が普通である業界において顧客による個別の発注に基づいて生産する方式で、多少のリードタイムの遅れと引き換えに自由なカスタマイズを行うことができ、また製品在庫を一掃することができるため、処分売りをなくし、コストを下げることによる安価販売が可能になります。BTO（Build to Order）と呼ばれています。パソコンにおけるデル・モデルは、顧客からダイレクトに受注を受けてPCを生産するもので、デルはこの方式によりPC業界において大企業へと成長しました。デル・モデルは、BTOとダイレクトの組合せです。**ダイレクト**については、第2章「顧客・案件の獲得」（103ページ）を参照してください。

• 機能外販

　サプライチェーンなど、自社の仕組みを他社に提供することにより、オペレーション規模を増加させてコストダウンを図って他社よりも有利にビジネスを進めるとともに、本業とは異なる収入を得るビジネスモデルです。アスクルが、その配送センター機能をYahoo！ショッピングに提供したり、キユーピー・アヲハタグループが配送機能会社であるキユーソーの配送機能を外販しているのは、その典型です。特に規模の経済が効く機能を外販すること

により、他社を圧倒する優位を持つことが可能です。

第1章の「対象市場定義」を参照してください。

・共同生産・共同配送

　規模の経済が効く機能を同業あるいは周辺産業の他社と統合してしまい、統合をした企業以外の企業に対して優位性を確保するモデルです。カゴメ、ミツカン、日清オイリオが配送機能を統合していたり、かつてソニーとサムスン電子が液晶ディスプレイパネルを共同生産していたのはこの例です。事業自体の合併により、このモデルより更に強力な統合効果を出すことが可能ですが、種々の事情により合併までは踏み込みたくない場合には、サプライチェーンの中で特に規模の経済が効く機能だけを統合することにより、合併に近いコストダウン効果を得ることができます。ただし、合併と異なり市場における競合圧力には変化はありません。

・宅配

　宅配は、流通事業者やサービス業が行うものであり、ダイレクトのように産業組織としての小売をスキップするわけではありませんが、これを大規模に行う場合、店舗を省略したり、宅配に特化した配送センターを構築したりすることによりコストダウンや配送の迅速化を図ることができます。ダイレクトではなく流通事業者によるものですので、顧客は製造業のカテゴリーを超えたワンストップショップが可能であり、事業者側は顧客の一括購入により配送コストを下げ、それを価格に反映することが可能です。店舗を構築・運営するコストが高く、リアルな店舗が手薄であり、かつ高い配送密度を得られる大都市の都心では特に有効なビジネスモデルであり、マンションの高層化などによる顧客の都心回帰で更に魅力を増しています。地方では反対に高齢化が進み、店舗への距離が遠いという別の事情での需要が見込めます。ネットスーパーのオイシックスはもはや老舗ですが、セブン＆アイ・ホールディングスなどの小売大手は、ネットスーパー専用の店舗（センター）をオープンさせています。

・マクドナルド化

　製造業ではなくサービス業における価値の生産過程を変更するビジネスモデルで、サービスデリバリーの過程を全てマニュアル化、機械化してしまうことにより、提供価値の品質のバラツキをなくして顧客の安心感を増して需要を増加させ、また生産過程において専門家の必要をなくすことにより要員確保を容易にするとともに、顧客にもそのデリバリーの一部を移転し、コストダウンできる分、価格を低く設定できます。マクドナルドが典型的な企業であり、車検のコバック、古書買取・販売のブックオフ、ホテル業におけるスーパーホテルなど、様々なサービス業で導入されています。提供価値が画一化するため、顧客が飽きるという弱点もあります（詳しくは『ビジネスモデルの教科書』を参照）。マクドナルド化は、"**⓳ フランチャイズ**"（250ページ参照）と高い親和性があります。

・ICT化、ロボットによる自動化

　従来のプロセスや判断、実行の一部をICTやロボットで自動化します。製造業における製造のロボット化は既に大規模に導入されているため、今後はサービス業や金融業において従来にはないICTやロボットによる自動化が行われるものと思われます。

第 5 章

資源の獲得

プロフェッショナルサービスファーム

◉マッキンゼー・アンド・カンパニー、吉本興業、AKB48、他

モデルの概要と例

　プロフェッショナルサービスファームとは、その価値提供過程をプロフェッショナルに依存するサービス企業のことで、優れたプロフェッショナルによるサービス提供を可能とするために徒弟関係の中で要員を教育するとともに、要員を早くから市場に晒し、その市場性を見極めながら有能な要員を上位の職位に引き上げるのと同時に、引き上げられなかった人材の組織外への排出を行って、有能な人員を選別し、確実に囲い込んで、サービスの市場性と競争優位性を確保するビジネスモデルです。

　プロフェッショナルサービスファームの典型は、マッキンゼー・アンド・カンパニーやアクセンチュアなどのコンサルティングファームでしょう。コンサルティングファームでは、その要因がアソシエイトからマネジャーへ、更にパートナーへと昇進していきますが、その過程で上位の職位へ昇進できない要員を生みます。これらの人たちには、結局上位の職位を担うだけの市場性が認められなかったということであり、これらの人たちはファームを去り、外に再就職先を見つけていきます。それが暗黙のルールであり、当然とるべき態度だと考えられています。

　価値提供のプロセスを定型化、マニュアル化している印象がある外食チェーン業界ですが、定まった価値提供プロセスを持たず、要員個人の才覚によって運営するプロフェッショナルサービスファームのモデルを採っている企

図表18 ● プロフェッショナルサービスファーム（イメージ）

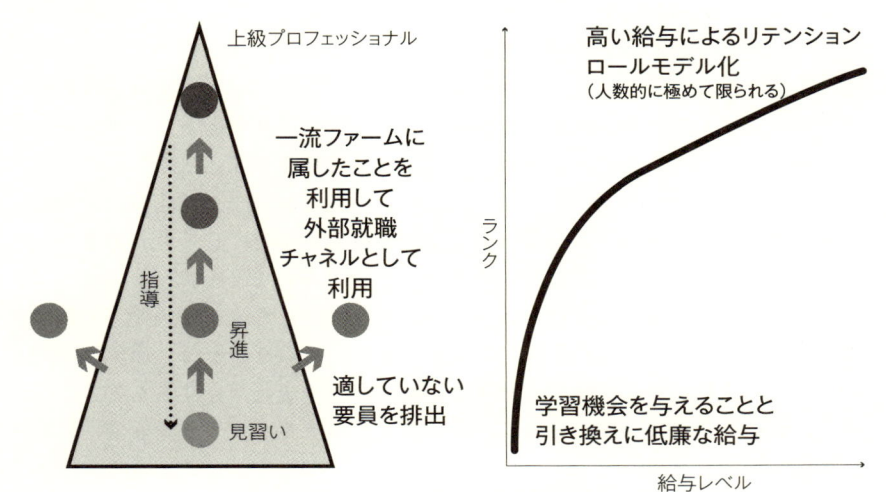

プロフェッショナルサービスファームは、
アップ・オア・アウトという要員選定の仕組みを持っています

業もあります。グローバルダイニングはその典型であり、同社では店舗運営のマニュアルが存在しません。等級や評価に年功要素は一切なく、実力主義を徹底させます。その結果、昇進や店長人材の登用が人事ではなくプロである社員の会議で決められ、一定期間勤務しても昇進の申請をしないとやる気がないとみなされることもあります。

　伝統的にプロフェッショナルな職業と考えられている芸能人、調理師、芸者などは、全て完全ではないにしてもプロフェッショナルサービスの要素を持っており、それを運用する事業は、プロフェッショナルサービスファームのモデルを採用しています。

価値創造過程

　コンサルティングや芸能のようなプロフェッショナルな業務は、提供価値

を定型化できず、あるいは提供価値を得る過程を定型化できないため、価値の提供を個人の技量に頼るしかありません。そのため、要員の教育は師弟関係の中で行わなければならず、また、個人による向き不向きも大きいと言わざるを得ません。それゆえ、コンサルティングや芸能では、人を育成するのと同時に選別して使用することが重要であり、プロフェッショナルサービスファームのビジネスモデルはそれを行うための仕組みです。

　プロフェッショナルサービスファームでは、各要員は一定期間内に自身の市場性を証明して上のランクに昇進しなければなりません。それができないと結局ファームを去ることになります。この仕組みのことをアップ・オア・アウトと呼んでいます。プロフェッショナル（の卵）たちは、安い給与で働きながら実践の場を得、実践を通じて自身の技や芸に磨きをかけ、市場性を証明しながら上位の職位に進み、顧客に高額のフィーを請求をするとともに、自身の報酬も引き上げていきます。そして、トップタレントとなる前に自身の市場性の限界に到達すると、自ら退職していくのです。このように、プロたちは育成されるとともに、篩にかけられるわけです。

　給与・報酬は、見習いである期間は低額であり、職位が上がるに従って加速度的に高額になるように設計されています。それによって、誰もがトップタレントになることを夢見ることになり、一方で職位が上がるに従って人数も少なくなりますので、上位のタレントに高額の給与や報酬を支払っても事業の総額人件費に与えるインパクトは小さいのです。トップタレントにとっては、この高額の給与が組織への引き留め要因となります。

　退職したプロたちは、組織の外部に再就職することになりますが、有名なファームに属したことが再就職を保証します。調理師が〇〇ホテルで料理長として働いたことがある、ということを自己紹介の一部にしているのを目にしたことも多いと思います。そして、コンサルタントや医師などは、再就職先である企業の企画部門やクリニックから、自身の所属したファームに案件をもたらすチャネルとして機能することになります。

モデルが有効に機能する条件

　プロフェッショナルサービスファームは、サービス業に適用するモデルで

す。コンサルティングや芸能、高級調理など、アートが必要な職業に用いるのが典型的ですが、グローバルダイニングで見た飲食業界のように同じ業界プロフェッショナルサービスファームのアプローチと**マクドナルド化**（148ページ参照）のアプローチが混在する業界もあります。優れた人材を選別していく方法でリソースに依存して顧客受容性や競争優位を高めていくプロフェッショナルサービスファームの仕組みと、価値提供過程を定義してマニュアル化して要員の交換可能性を高め要員給与や研修コストの節約を行うマクドナルド化の仕組みは対極にあり、どちらを基本にして価値提供過程を設計するかを、サービス組織を立ち上げる最初期に選択する必要があります。

　コンサルティングのような、顧客やその置かれた環境、課題などに合わせてアウトプットを作り込むタイプのビジネスでは、提供価値とその創造過程を定義してマニュアル化するマクドナルド化のモデルを採ることは不可能であり、競争力を高めるためにはプロフェッショナルサービスファームのアプローチを採らざるを得ません。ところが、製造業などでソリューション、つまり顧客の個別課題の解決を提供価値に据えたにもかかわらず、全く従来通りの製造業型の終身雇用の人材マネジメントを行っている企業を多く見かけます。このような企業では、終身雇用と増加率が逓減的な給与カーブを持つ製造業的な人事制度を改めないと競争力を持ち得なくなってしまいます。このような企業では、少なくともコンサルティング部門は組織的に切り離すべきでしょう。

落とし穴

　プロフェッショナルサービスファームは、見方によってはプロフェッショナルにとって、退職を迫られるような過酷な仕組みです。その運用について、入社時から要員に了解を取るなど納得ずくですすめないとうまく機能せず、最悪の場合、労働法規への抵触の問題をも引き起こしかねません。実際には、退職を強いられることよりも、他の職業であれば成功する可能性がある優秀な人材が、向き不向きが激しい職場において向かないと判明されているにもかかわらず長く勤めてしまうことのほうが不幸なのであり、組織全体でそのような価値感を共有できないとこのモデルはうまく機能しません。

更に、先に述べたように、このモデルは終身雇用とは相容れないモデルですので、その点を覚悟して採用すべきモデルだと言うことができます。

類似のモデル

　プロフェッショナルサービスファームにおけるアップ・オア・アウトは、要員をまず見習いとして働かせ、師弟関係を通じた指導を行いながら同一市場において人材選定を進めていくモデルですが、人材選定のための市場と選定されたトップタレントが利益を生み出す市場とが同一ではなく別々である場合もあります。

　吉本興業は、劇場を低価格で運営してタレントを衆目に晒してタレントの市場性を見極め、そこで選定されたタレントをテレビなど稼げる市場に投入しています。AKB48などのグループも自ら劇場を設置してタレント選定を進める一方、トップタレントのテレビへの投入により収益を上げます。後述する "❶ マルチウインドウ"（212ページ参照）では、経営資源の劣化に従って市場を移動しますが、この場合はその反対に先行市場で選ばれた資源を後続市場に投入するマルチウインドウと反対の形をしています。このように、プロフェッショナルの人材選定の仕組みは、その作り込みにおいて多様なものが存在します。業界の特性に合わせた優れた仕組みを試行錯誤しながらブラ

図表19 ◉ プロフェッショナルサービスファーム　リソース選定のその他の仕組み

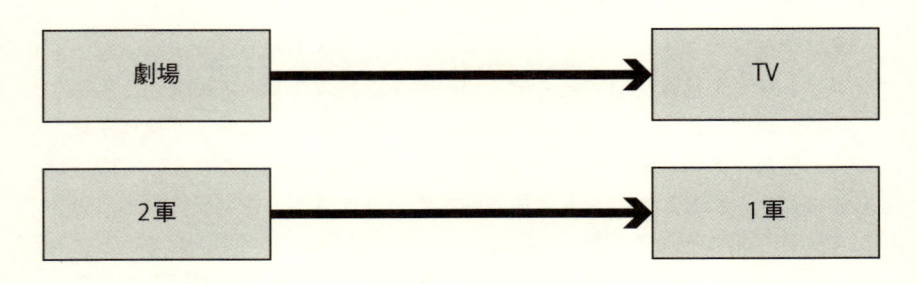

限られた範囲で市場に晒し、リソース選定する仕組みもあります

ッシュアップすべきでしょう。

ビジネスモデルの学習に向けて

　プロフェッショナルサービスファームは、資源を選定する仕組みが競争優位に強く関与していることを示す好例として紹介しました。様々なものに市場が成立し、均質化、コモディティ化していく現代において、人材は最後まで均質化しない資源です。人材を的確に選定し、維持できる仕組みは、企業の競争優位を支えます。サービス業、特にプロフェッショナルサービスにとっては、有能な人材を育成・選別することこそが、事業の生命線です。

　プロフェッショナルサービスファームは、資源の選定に人という経営資源のライフサイクルを応用している例としても見ていただきたいと思います。

SUMARRY

プロフェッショナルサービスファーム　まとめ

モデル概要

- 素人の要員を雇用し、プロとして育つための教育を施す傍ら、アップ・オア・アウトにより要員を選定。
- 少数のトップタレントには高い給与を支給してリテンションを図るとともに要員の上昇モチベーションを維持する。初期給与を低く抑えてコストの低い労働力を確保できるようにするコスト構造を構築。
- 社外に排出した要員を受注チャネルとして利用することも多い。

効果

- プロを選択的に養成し、それを握ることにより競争優位を維持できる。
- 実際のサービスの中で要員を訓練し選定するので、タレントの市場性に関する選択精度が高く、そのため対外的競争力も高い。

その他留意点

- タレントを握ることが鍵となる産業に向いている。
- 終身雇用制が浸透している我が国では実施しにくい面がある。

◉学習のポイント

- "マクドナルド化"（価値提供方法のマニュアル化、148ページ参照）の対極にあるモデル。サービス業では、要員という経営資源（リソース）の使い方について基本的にどちらを採用するのかを決めなければならない。
- 中心にあるのはリソース選定の仕組みであるが、それだけではなく、チャネルなど他の仕組みとも組み合わさっている。
- 人は最後まで均質化しない経営資源であり、それをどう選定するかが最終的に企業の価値を決める。今後ルーチンが減り、プロとしての働き方が求められるため、現状でプロフェッショナルサービス以外の企業にも人材選定の参考になるモデル。

V4フレームワークと4ボックスモデル

ビジネスモデルを記述、分析するためのフレームワークを構築する試みが、本書以前にも、いくつか存在しています。その中でもよく知られているフレームワークとしてV4ビジネスモデルフレームワークと呼ばれるものがあります。AI-DebeiとAvisionの著作の中で紹介されています。V4フレームワークでは、ビジネスモデルの最上位の要素として次の4つを挙げています。

●4ボックスモデル

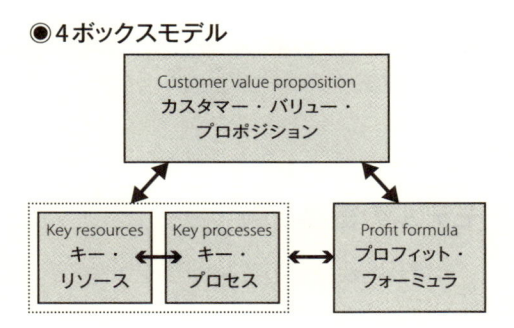

・Value Proposition：提供価値
・Value Architecture：組織などの構造
・Value Network：会社間や組織横断的な関係
・Value Finance：財務

これとは別にマーク・ジョンソンの4ボックスモデルというのもあり、図のような4つの要素を持っています。V4フレームワークでArchitectureとNetworkと表現されているものが4ボックスモデルでは、リソースとプロセスになっていますが、これら以外は同じものだと考えてもよいでしょう。ArchitectureとNetwork、あるいはプロセスとリソースというのは、本書で述べた構造とダイナミズムを異なった言葉で表現したものと考えられます。

ビジネスモデルを競争優位を作り出すための道具として見た場合、これらのモデルは、自社内の仕組みに閉じていて、競争優位と大きな関係がある顧客や案件の流入についての仕組みを予定されていないことが弱点と言えます。アライアンスなどの社外に存在する仕組みを表現しにくいという点もこのフレームワークの弱点でしょう。

コーポレートベンチャーキャピタル

◉グーグル、インテル、サムスン電子、グリー、電通、他

モデルの概要と例

　事業会社が自らの資金によって設立するベンチャーキャピタルをコーポレートベンチャーキャピタル（CVC）と呼んでいます。ベンチャーキャピタルとは、ベンチャー企業、すなわち設立して間もない、成長性の高い企業の株式に投資して、その企業の成長によるリターンを狙う投資活動を言いますが、通常のベンチャーキャピタルが投資家から投資を募ってファンドの形で運営されるのに対し、CVCは事業会社が出資して設立します。CVCであっても外部からの投資を募る場合もありますが、事業会社自身が主たる投資家となるという点が大きな特徴です。通常のベンチャーキャピタルが純粋に財務的なリターンを目標として設立されるのに対して、CVCは、ベンチャー企業の持つ技術やビジネスアイディアを投資家である自社の事業に役立てることを目的として設立されるのです。

　CVCの代表格は、グーグル（現アルファベット）が2009年に設立したGV（旧グーグル・ベンチャーズ）で、2015年末時点24億ドルを運用し、252社の投資先を抱えています。この他、CPU製造のインテルが設立したインテル・キャピタル、通信用半導体のクアルコムが設立したクアルコム・ベンチャーズ、サムスン電子が設立したサムスン・ベンチャーズ、業務用ソフトウエア企業のSAPが設立したSAPベンチャーズなどがあります。

　日本では欧米と比較してCVCの設立は低調でしたが、最近になって続々

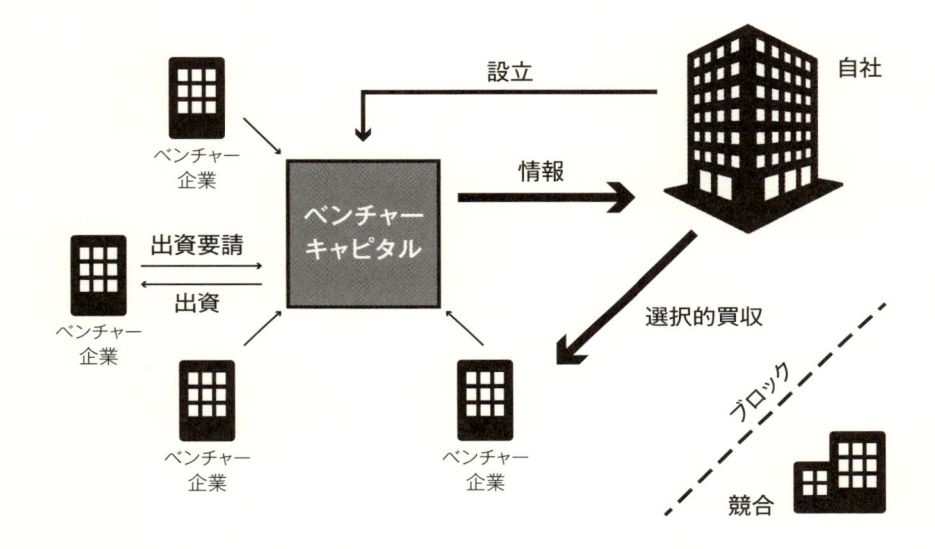

とCVCが設立されています。フジテレビのフジ・スタートアップ・ベンチャーズ、電通の電通ベンチャーズ、NTTドコモのドコモ・イノベーションファンド、リクルートのリクルートインキュベーションパートナーズ、グリーのグリーベンチャーズ、KDDIのKDDIオープンイノベーションファンド、ヤフージャパンのYJキャピタルなどがそれであり、CVCの設立は一種のブームになっているとも言える状況です。

価値創造過程

事業会社がベンチャーキャピタルを運営することにより、大きく2つのメカニズムで事業会社に価値をもたらします。

第1に、CVCを設立・運営することによりベンチャー企業とベンチャー企業が持つ技術やビジネスアイディアへのアクセスを、事業上の競合よりも有利に進めることができます。ベンチャー企業は事業資金が欠乏しているた

め、ベンチャー企業のほうからCVCへアクセスしてくることが期待でき、技術やアイディアの探索の手間が省けるとともに探索漏れリスクを減らせます。また、投資によってベンチャー企業の経営の内情を知ることができるので、ベンチャー企業の持つ技術やアイディアの内容や市場性をつぶさに知ることができるようになります。技術や市場性が有望であれば、タイミングよく買収してしまうことも可能であり、企業を部分的に所有することによって競合による買収を阻止することもできます。

第2に、事業会社がベンチャー企業の面倒をみることによってベンチャーの成功確率が上がり、ファンドによる通常のベンチャーキャピタルにはできない育成支援を行ってベンチャー企業の価値を高めることができます。大企業である事業会社が投資していることは、ベンチャー企業の信用を高め、ベンチャー企業による顧客獲得や人的資源の獲得の上で有利ですし、事業会社が持つ顧客資産、チャネル関係性、生産設備、技術などをベンチャーに提供して、ベンチャーの成長を支援することができます。

これらのメリットをベンチャー企業へのマイノリティ投資によって実現しますので、事業会社である自社にとって大きなリスクなく実現できるとともに、投資に対するリターンが上がれば、自社の事業上の目的にとって有利なだけではなく、リターンさえ得られるということになるのです。

なぜ優位性を維持できるのか？

コーポレートベンチャーキャピタルを使った投資は、事業会社の観点から見れば、技術やビジネスアイディアの競合に対する先取りとなります。大企業になればなるほど社内組織は硬直化して活性が低下し、新たな技術やアイディアを社内で生み出す力が落ちる一方、資金的な余裕ができるため、技術やアイディアを外部から導入する必要性は高まります。多くの経営資源がコモディティ化する中で、ベンチャーの持つ技術やアイディアを先取りできることは、競合に対する大きな優位となります。世界のほとんどのイノベーションは自社の外側で起きています。外部のイノベーションを競合と比較してどれだけ有効かつ効率的に自社に取り込めるかで、競争の優劣が決定するのです。

モデルが有効に機能する条件

コーポレートベンチャーキャピタルは、複数のベンチャー企業への投資資金が必要であり、またベンチャーキャピタルとしての企業発掘や投資業務、売却などを行う要員を自社リソースとして用意しなければならないため、それなりに大きな会社でなければできないモデルだということができます。外部ファンドが設立したベンチャーキャピタルファンドにリミテッドパートナー (LP) として参加し、投資先の情報を得ることは可能ではありますが、競合も同じファンドにLPとして参加してしまうことを防ぐことができず、買収等にあたってのベンチャー企業の囲い込みの効果は限定的なものとなります。

業界としては、技術や特許が競争の鍵を握る業界、具体的には製薬、ソフトウエア、通信、半導体、メディア・エンターテインメントなどの業界で、CVCが多く設立されています。技術や特許、ビジネスアイディアのマネジメントが成功の鍵 (KSF) となっている業界では、このモデルの採用を考慮すべきです。

落とし穴

CVCは、親会社である自社の事業上の目的を追求するあまり、ベンチャーキャピタルとしての財務的業績の達成が疎かになりがちです。これは、CVCが親会社である事業会社の関連領域にのみ投資を限定したり、親会社に不利にならないように投資先の売却先を選んだりするために起こると考えられます。CVCの成功例として引用されるGVやデル・ベンチャーズなどは、親会社の事業への貢献にも増してCVCのベンチャーキャピタルとしての財務的な業績を最も重視すると言われており、グーグル・ベンチャーズはグーグル本体にとっての競合の買収にも応じると述べています。

ベンチャーキャピタルの財務的な業績が低下すると、ベンチャーキャピタルとしての存続も危うくなりますので、財務的な業績が下がらないようにすべきでしょう。

ビジネスモデルの学習に向けて

　CVCは、技術やビジネスアイディアを自社に確実に取り込むための仕組みですが、技術やアイディア、あるいは事業のライフサイクルマネジメントであるとも解釈できます。ライフサイクルが存在するところではできるだけその前側でライフサイクルに関与すべきである、という原則にのっとり、技術やビジネスアイディア、事業が若い段階で関与し始めるための工夫と見てよいでしょう。仕組みの構造やダイナミズムは同じ経営資源の流入の仕組みであるタレントの選定と類似しており、あたかも吉本興業やAKB48といったエンターテインメント企業が劇場を設立してタレントを選ぶように、技術重視の企業がCVCを設立してベンチャー企業を選定し、自社の事業に有益であり、本物だと見極めたものだけを本体に吸収していきます。

　CVCのみならず、技術やビジネスアイディアが自社に確実に流入する仕組みを作っておくことは重要で、そのためには顧客や案件の流入と同じように技術やアイディアの流入チャネルの開拓や、定期的にセミナーを開催するなどの仕組み（＝構造とプロセス）づくりの工夫が必要です。企業のR&D部門を担う方々は、新しい技術を自社で開発することに責任を負うだけではなく、新たな重要な技術やアイディアを外部において他社よりも早く発見し、それが自社に確実に流入するような仕組みづくりにも責任を負うべきだと考えます。

SUMARRY

コーポレートベンチャーキャピタル　まとめ

モデル概要

- ベンチャーキャピタル（VC）を自ら設立し、運営する。

- VC の投資先であるベンチャー企業に関する情報を得るとともに、必要があれば買収対象とする。

効果

- 他社よりも先にベンチャー企業が関与する最先端のビジネストレンドや技術、その市場での受容性を知ることができる。
- 買収の場合には、競合による買収をブロックし、タイミングを見計らって有利に買収を進めることができる。

その他留意点等

- 事業会社が VC の出資者となる場合は、キャピタルリターンは二の次の目的となってしまうことが多い。
- 効果は限定的だが、自社だけで VC を設立できないときは、他社ないしファンドが設立した VC に LP（限定的なパートナー）として参加することも考えられる。

◉学習のポイント
- 人ではなく、情報や事業アイディアについての経営資源流入のための仕組みの例。
- 自社で仕組みを構築するだけでなく、重要な経営資源流入については流入経路を常に検討し、チャネルを確立すべき。

資源の獲得

競争は市場だけで行われているわけではない

　資源獲得の仕組みとは、その入手が事業遂行の優劣に決定的な違いをもたらす経営資源を確保、選別する仕組みです。資源獲得の仕組みは、サプライチェーンへのインプットとしての経営資源を外部から流入させる仕組みであり、サプライチェーンによってもたらされる提供価値の品質を決めるものとして、サプライチェーンと密接な関係を持っています。その一方で、その構造は顧客・案件の流入の仕組みと似ており、外部から事業内部へのもう1つの入り口として機能します。

　競合との競争は市場でのみ行われていると考えがちですが、希少なリソース（経営資源）を自社が先取りしてしまうことによっても競合との競争に勝利することができます。競合が希少なリソースを入手できない結果、提供価値の品質に大きな差を生じるからです。従来の経営学は、戦略に関して市場側にのみ焦点を当てているきらいがあり、資源獲得は単なる業務上の問題と考えている傾向がありますが、特に業界内部の競争を論じる場合、提供価値創造のために不可欠なリソースの優劣は、業界での競争を決定する重要な要素となります。

　ここで問題となる経営資源は、競合と差がつくものである必要がありますから、カネやコモディティは含まれません。これらは、誰でも市場価格で入手可能ですから、これらを流入させる仕組みを作っても（それは業務上必要なことではありますが）競争優位をもたらさないからです。従って、この仕組みで扱う

対象となる資源の種類は、個性的な資源である土地や建物などの不動産（ロケーション）や、ヒト、技術、情報、提携先（買収先）、買収先、特殊船建造のための船台の使用順位などということになります。これらの資源は、その優劣が競合との競争の優劣にダイレクトに影響を与え得るからです。なお、政治的に配分される希少資源である空港発着枠や無線通信の周波数帯、鉱物の鉱業権などは、これを獲得する仕組みを作ることができれば競争優位のために極めて有効ですが、高度に政治的なものであるため、仕組みとして作り込むことが難しく個別対応が必要なものが多いでしょう。

　研究開発部門の方々から、「今後どのような製品が主流となり、どのような技術を開発したらいいのかを知りたい。そのためにシナリオ・プランニングを考えたい」というご相談を時折伺います。シナリオ・プランニングのような未来予測は確かに重要で、それに習熟した外部者とともに行うことは意味があるのですが、その前に私がお勧めしたいのは、自社に関連した技術のシーズやニーズを確実に自社に流入させる仕組みの構築です。顧客や案件を流入させることを個人の問題と捉えず、企業のレベルで仕組みを構築すべきなのと同様に、技術やビジネスアイディアなども確実に社内に流入させる仕組みを構築すべきです。本章の"❶ コーポレートベンチャーキャピタル"のモデルからは、先進企業が常にこの仕組みに大きな関心を寄せていることを見ることができると思います。

ビジネスモデルの例示

- **プロフェッショナルサービスファーム**（ヒト）
- **コーポレートベンチャーキャピタル**（技術情報）
  本章を参照してください。

- **リソース流入チャネルの構築**（ヒト、不動産、技術、買収先など）
  リソースも案件や顧客と同様に自社に流入してくるものであると考えると、顧客や案件の流入と同様なチャネルの構造やダイナミズムを概念できます。例えば土地や建物などの不動産物件であれば、主要な不動産会社をチャネル

として定期的にミーティングを持ち、公開情報となる前に自社に確実に情報がもたらされるようにしたり、買収先探索であれば対象となる会社を顧客とする銀行など金融機関をチャネルとして定期的な情報交換のプロセスを構築する、などがその例です。

● 付属学校の創設と運営 （ヒト）

　企業の付属学校を創設し、そこでの教育内容をコントロールするとともに生徒・学生の適正を見極め、優秀な学生にはインセンティブを付与するなどして自社に流入させます。学費を徴収できるため、財務的にも自社側の負担を軽くできます。吉本興業のNSC、宝塚歌劇団の宝塚音楽学校などは有名であり、ヒトが鍵となる企業らしい取り組みですが、例えば全日空はパイロット養成機関であるパンナムを買収して、パイロット養成を行っています。これら以外にも、メーカーも含め、実に多くの企業が付属学校を持っています。

● 二次的サービスによる選定 （ヒト）

　吉本興業やAKB48における劇場でのタレント選定の仕組みとその後のテレビなどへの投入についてご紹介しましたが、同様に二軍的な安価なサービスを作り出し、そこでタレントを市場にさらし、市場性のあるタレントのみを一軍に引き上げるということが、多くのサービス業で行われています。プロ野球もそうですが、京都の舞子さんから芸者さんへという過程、プロ野球の二軍から一軍へという過程などに見ることができます。航空会社も、かつてはCAをまず派遣会社に所属させて適正を見極めた上で自社採用していました。本章の"❿ プロフェッショナルサービスファーム"を参照してください。

● 業界有力者のアドバイザー指名 （情報）

　情報元となりうる業界の有力企業経営者OBなど、業界に関する情報を握る人をアドバイザーとして起用し、定期的に情報交換することにより、情報の流入を確実にすることが、M&Aアドバイザリー、コンサルティングなどの業界で行われています。

・顧客コミュニティ創設と製品アイディアのフィードバック（情報）

　顧客コミュニティを創設・運用することにより、顧客から様々な製品アイディアを取得し、研究開発部門に還元する情報の流れを仕組み化することができます。第3章「顧客の維持」の**"❻ 顧客のコミュニティ化"**（108ページ）を参照してください。

第Ⅲ部

ビジネスモデル各論②
事業全体を貫く仕組み、流れ編

　事業内部のモジュールを構成する仕組みではなく、事業全体を貫く因果や動きであって、事業の競争優位に強く関係しているものがいくつかあります。

　ここでは、好循環、ライフサイクル、そして財務モデルを取り上げます。これらはここにまとめて解説しますが、それぞれ、全く性質が異なるものです。

　第6章「好循環」は、文字どおり、事業の要素間に存在する因果であって、正（positive）の循環を示すものです。好循環が存在するために、模倣困難な優位を継続することが可能なのです。好循環は、顧客や資源などの先取りとともに、業界内の持続可能な優位を作り出す大きな源泉の1つです。

　第7章「ライフサイクル」は、事業に関する何らかの要素に起こる時間的な変化を利用するものですが、それは利用してもしなくても生じるもので、いわば戦場に吹いている風や潮流のようなものです。これを事業に利用することにより、戦いを有利に進めることができます。

　「好循環」と「ライフサイクル」は、多くのビジネスモデル研究家は、独立の議論の対象としていません。しかしながら、ここに一定のメカニズムが存在する以上、それを観察の対象とすることにより、競争優位が生み出されるメカニズムをより深く理解することができますし、そこにパターンが存在するため、ビジネスモデルの構築にあたって再現性を期待できるという意味で、あえて独立の章を立てて解説するものです。

　最後に、第8章「財務モデル」は、企業の活動を可能にし、企業の目的でもある利益を生み出すという意味で、言わずもがな重要なものです。財務モデルは、その内部において、収入・価格に関連し、顧客への差別性を作り出す可能性を持つレベニューモデルと、価格優位や利益を間接的に支えるコストモデル、更にはこれらを統合した全体財務モデル（利益モデル）に分かれています。ここでも、できる限りパターン認識による解説を行います。

第 6 章

好循環

アグリゲーター

◉価格ドットコム、グノシー、BLOGOS、他

....

モデルの概要と例

　アグリゲーターとは、分散的に存在する複数のオリジナル事業者からある基準によって提供価値やリソースを収集・選別し、顧客に一括的なアクセスを提供することにより、顧客の比較、選択、検索、制御などを可能にするビジネスモデルです。アグリゲーターは、いわゆるインテグレーターとは異なり、収集した価値を接合、編集して全体で機能するように制作するのではなく、ある基準で価値やリソースを収集して整理することを指すことが多く、本稿では後者、つまり多くの加工を行わずに収集・整理するタイプのビジネスモデルを見ていきます。

　アグリゲーターは、その収集する価値やリソースのタイプにより様々なものが存在し、多くの場合ネットサービスとして提供されています。特定のタイプのデータを選択的に収集するものをデータ・アグリゲーターと言い、例えば価格ドットコムはモノの販売価格をネットから収集し比較して提供しています。キーエンスの子会社であるイプロスは、製造業、建設業などの業界ごとに技術情報を集めており、技術ニーズを持つ顧客と技術の所有者とのマッチングを行っています。ニュースを収集して表示するものをニュース・アグリゲーターと呼びますが、他社が発信するニュースを整理した形で提供するいわゆるキュレーション・メディアもこのニュース・アグリゲーターの一種です。キュレーションとは世話をすることですが、グノシーやSmartNews

図表21 ● アグリゲーター （イメージ）

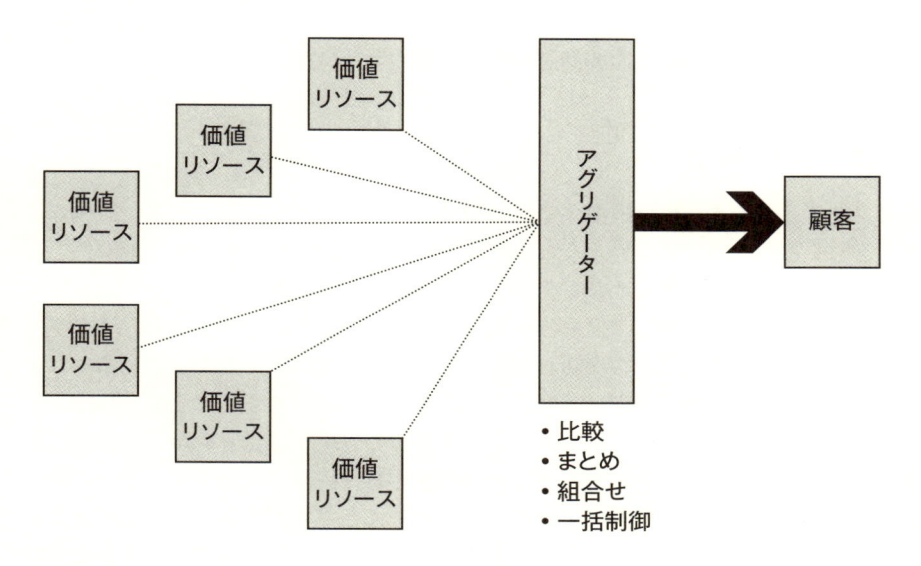

などはニュースを選択的に収集した上で整理して提供しています。アメリカではハフィントンポストがニュース・アグリゲーターとして有名です。ブログ・アグリゲーターというのもあり、有名人や政治家などのブログ記事を集めたBLOGOSが有名ですが、その他様々な「まとめ」サイトが存在しています。クーポン・アグリゲーターとして面白いのはオールクーポンであり、グルーポンなど複数のクーポンサイトからのアグリゲーションを行っています。Indeedを代表とするジョブ・アグリゲーターと呼ばれる、企業のウェブサイトなどから人材募集情報を収集して提示するアグリゲーターもあります。学術論文にもアグリゲーターが存在しており、学術論文を収集した上でオンラインで提供し、学者による横断的検索を可能にしています。

　少し変わったアグリゲーターとしては、電気事業における需要カーブ改善のためのネガワット・アグリゲーターというものがあります。電気は貯蔵できない性質があり、電力供給設備はピーク時に合わせた最大能力で建設されています。そのため、ピーク時の需要を抑制できれば膨大な設備の節約が可

能であり、ネガワット・アグリゲーターはこのピーク時の需要カットに空調や冷蔵庫の一時停止などで対応してくれる小口需要家を取集し、これらの需要家に対する一括した需要抑制の機会を電力会社に提供します。

価値創造過程

　アグリゲーターは、散在する価値やリソースを顧客が比較、選択、制御などをする際に使いやすいような形にして一括的に提供します。その網羅性、利便性のため、顧客はオリジナルの事業者に直接アクセスすることがなくなり、アグリゲーターにアクセスするようになってしまいます。一方、アグリゲーターには多くの顧客が訪れることになりますので、そこで目に留まればオリジナルの価値提供者には膨大な量のアクセスがもたらされることになります。アグリゲーターにはこのような好循環のダイナミズムが生じるため、オリジナルのリソースの所有者は、本来は顧客と直接コンタクトしたいと望んでいたとしても、次第にアグリゲーターに依存せざるを得なくなっていきます。なお、オリジナルの事業者とアグリゲーターとは提携関係であることも、単なる勝手な引用先と引用元の関係であることもあります。

　アグリゲーター自身は、情報などのリソースを探索し、整理することは必要ですが、価値やリソースの生成には関与しませんので、その集客力と比較してアグリゲーターを成立させるために必要な経営資源は極めて軽いものとなり、その結果、投下資本は小さくて済みます。

　アグリゲーターが出現するのは、情報が氾濫して情報の探索に時間がかかるようになってきていることに加え、RSSやロボットによるクローリングや自動クリッピングなどの技術が向上し、安価かつ容易に情報収集ができるようになってきていることが背景になっています。また、スマートフォンやタブレットの普及が進み、キーボード入力が限られる環境下で情報選択を行うことの必要性もアグリゲーターを後押ししていると言えます。

なぜ優位性を維持できるのか？

　アグリゲーターは、オリジナルの価値やリソースの収集範囲が広がれば広

がるほど顧客にとって便利になりますので、多数の顧客が訪れるようになります。

　顧客が多く訪れると、引用先としては更にアグリゲーターに掲載を希望するという好循環が働き、後発のアグリゲーターは追いつけなくなってしまいます。

モデルが有効に機能する条件

　アグリゲーターモデルは、価値やリソースが散在し、その価値やリソースを1か所にまとめることが価値を生む状況下では常に有効なモデルです。ネガワット・アグリゲーターのように収集する対象は情報とは限りません。今後、社会全体に散在する様々な価値やリソースを一括集約して顧客に提供する様々なアグリゲーターが出現すると思われます。

　リアルの世界においても、"ほけんの窓口"などアグリゲーター的性格を持つビジネスがありますし、SPEEDAのように情報のアグリゲーション（収集）を行った上で分析を加えて提供するビジネスもあります。大量のデータ収集に解析を付加する場合は、その解析ロジックの希少性からアグリゲーターに独特の優位をもたらす可能性があります。アグリゲーターモデルの持つダイナミズムを理解した上で、収集に加えて解析を付加することを考えてみるとよいと思います。いわゆるビッグデータと呼ばれるものは、データアグリゲーション＋解析であると理解してよいでしょう。

落とし穴

　アグリゲーターに必要な経営資源は比較的小さいため、参入障壁は低いと言うことができますが、同じ理由で比較的容易に競合が出現します。

　アグリゲーター間の競争は、顧客に最も近い位置を確保するゲームであると言うことができます。ニュース・アグリゲーターであるハフィントンポストがSmartNewsにアグリゲート（収集）されていたり、本来アグリゲーター的性格を持つグルーポンがオールクーポンにアグリゲートされていることからもわかるように、アグリゲーター自身も収集の対象とされてしまいかねま

せん。このため、アグリゲーターは顧客にとって最も魅力的な最初のアクセス先であり続けることを常に心がけるべきです。

一方、既に有力なアグリゲーターが存在する市場への後発企業の側から見ると、最も容易な戦い方は、専門領域を絞り込み、その狭い領域の中で一般的なアグリゲーターに対して優位に立つことでしょう。

後発企業がアグリゲーターに参入する方法として面白いのは、SPEEDAによるニュース・アグリゲーターへの参入です。SmartNewsやグノシーなどの競合が存在するスマートフォン向けのニュース・アグリゲーターにNewsPicksというサービス名で、ニュースに専門家のコメントをつけて参入し、これらの専門家のコメントをフォローさせる形で顧客を集めています。このモデルでは、単純なアグリゲーションに対して付加価値が付けられる上に、専門家という希少な資源の囲い込みにより模倣が困難となります。今後のアグリゲーターへの参入方法として参考とされてよいでしょう。

ビジネスモデルの学習に向けて

アグリゲーターは、自社システムの上でオリジナルリソースの所有者と顧客であるそのユーザーがインタラクションを起こすため、**プラットフォーム**（194ページ参照）の一種であると考えられます。ビジネスモデルの構築にあたっては、このような好循環を利用していくことが強力なビジネスモデルの構築につながります。

アグリゲーターは、インターネットやワイヤレス技術の発達によって出現する典型的なモデルの1つです。今後、様々な専門領域でアグリゲーターが出現していくものと考えます。自身の業界にアグリゲーターの出現が不可避なのであれば、自身でアグリゲーターを立ち上げてコントロールする、ということも考えなければならないことだと思います。

アグリゲーター　まとめ

モデル概要

- 本来分散的に存在する事業者や機能への一括的なアクセスを提供し、比較、まとめ、統一的な制御、最適な組合せのワンストップ購入などを可能にする。
- 売買、予約、制御などのインタラクションロジックを伴うこともある。

効果

- 顧客が個々の価値生産者や機能と直接取引せず、アグリゲーターと取引するようになる（選択肢が広がり、必要機能に一括的にアクセスできるため）。
- その結果として事業者側もアグリゲーターに乗らざるを得なくなり、それがまた顧客を惹きつけるという好循環が発生する。

その他

- プラットフォームの一種である。
- インターネットとの親和性が高い。
- 中間に介在するモデルなので、比較的容易に構築可能。

●学習のポイント
- ネットワークを使うことにより広がっているモデルで、プラ

ットフォームの一種。

- 好循環の力の強さを観察することができる。

BUSINESS MODEL ⓭

専門家

◉ TIS、世界堂、カトーレック、野村総合研究所、他

モデルの概要と例

　専門家とは、一般にある領域に深い知識やノウハウを有する人のことですが、ここではその知識やノウハウが、その領域での受注につながり、受注によって更に専門家としての知識やノウハウを再強化することによって、競争優位を保ち続けるビジネスモデルを指します。

　多くのコンサルティング会社は、何らかのテーマで専門家としての評価を受けようとします。そして、その専門領域での名声を使って、受注を進めます。専門領域の持ち方はいろいろあり、戦略、会計、サプライチェーン、マーケティング、情報システムなどのマネジメント領域であることもありますし、サービス業、製造業などの業種であることもあります。更に絞り込んで、サービスマーケティングだとか、通信販売のサプライチェーン構築など絞り込んだ領域であることもあります。絞り込めば絞り込むほど、対象とするマーケットは小さくなりますが、その中で1番になるのはたやすくなります。

　システムインテグレータも、専門の領域を持っています。例えば、TISは化学業界を得意とし、インテージは司法関係のシステムを得意としています。東洋ビジネスエンジニアリングは、生産計画や生産実行の領域で独特の強みを持っています。このように、ある産業分野、あるいはビジネス機能に絞り込んで、その領域で更に専門性を増すようにしているのです。

　商社や小売にも専門性を謳う企業が多くあります。ある専門領域の品揃え

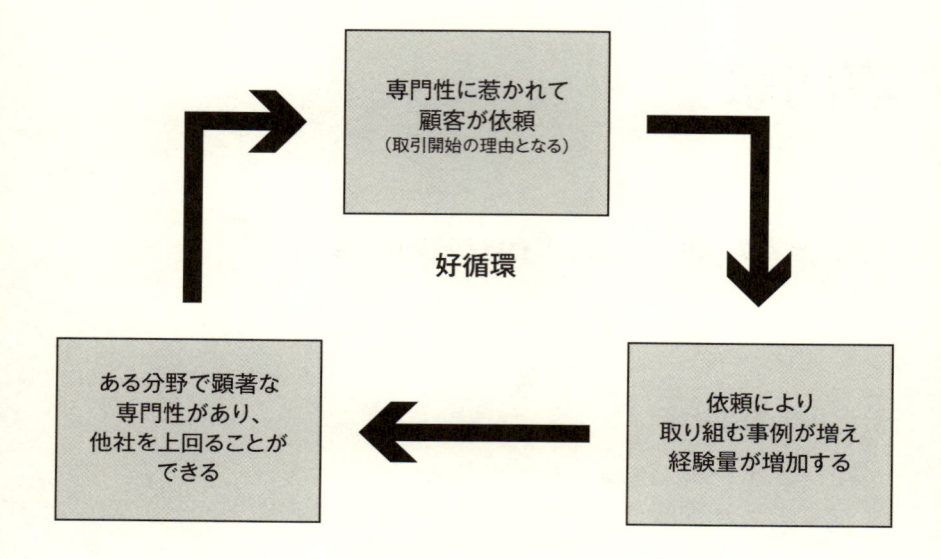

図表22 ● 専門家（イメージ）

専門性に惹かれて
顧客が依頼
（取引開始の理由となる）

好循環

ある分野で顕著な
専門性があり、
他社を上回ることが
できる

依頼により
取り組む事例が増え
経験量が増加する

を増やし、その専門領域を必要とする顧客や、その専門領域で品物を探す顧客を惹きつけ、取引を行うと、それらの顧客から更に専門的な要求や知識を得、それをビジネス展開に活かしていきます。世界堂は画材についての専門店であり、画材について他を寄せつけない品揃えをして顧客を惹きつけています。旅行会社も地域について専門性を持った小規模代理店がいくつもあり、メキシコ専門、ロシア専門などその地域に誰よりも通じたアドバイスや手配力で顧客を惹きつけています。

　運送業などにおいても専門家としての展開は可能であり、例えば、カトーレックは美術品輸送に特化し、美術品輸送や保管においては高い知識とノウハウを持っています。

価値創造過程

　専門家が、その対象とする領域において優位を持ち続けられる理由は、知

識やノウハウの蓄積によって生じる好循環にあります。

　ある領域で傑出した知識やノウハウを獲得した専門家になると、まず、マーケティングコストが節約できます。顧客は何らかのニーズが生じると、そのニーズが属する領域で最も優れた企業を探索しますので、顧客の側からコンタクトしてくれる可能性が高まります。ある領域の専門家であることが市場に伝わると、その領域において顧客に選択されやすくなります。企業の購買決定において、専門家であるということ、つまりある領域で他の企業に勝る知識やノウハウを持っているということは、購買決定において重視されやすいのです。専門家として有名になり、しかも受注確率が高まり、受注が進む結果として更に専門知識やノウハウが蓄積し、それが更にマーケットに伝わることによって更に受注が進むという好循環が生じるのです。

　専門性による優位性の訴求は、経営資源側に対しても起こります。ある領域で専門家になりたい人材は、その領域で指導を受け、経験を積み、活躍の機会を多く得られる企業への就職を目指しますので、その領域で専門性の高い人材を集めることができます。そして、そのような就業機会が社外には得られないことによって、その人材は自社に留まり続けることになります。

なぜ優位性を維持できるのか？

　専門家が優位性を持ち続けられる理由は、ある領域の知識やノウハウが自社にのみ蓄積され、それを他社が利用できないからです。一度専門家としての名声を確立すると、上に述べたような好循環が働きますので、他の企業は専門性に追いつけなくなってしまいます。

モデルが有効に機能する条件

　このモデルは、専門領域を絞り込むことにより好循環を作り出すモデルですので、対象領域内を占領しつくすことは必要ですが、企業としての規模自体は必要ありません。そのため、中小企業によって好んで用いられる傾向にあります。

　そればかりか、このモデルは、業界のリーディング企業が持つ規模の経済

によるコスト優位や業界支配力に対抗して使うことができるモデルなのです。業界のリーディングカンパニーに規模の経済によってコスト優位が生じても、多少のコスト差を跳ね返すだけの専門性による品質の向上、差別化が実現できれば、それが顧客にとって価値になるからです。

　専門性は複数存在しても構いませんので、比較的大きな企業であっても専門家としてのダイナミズムを作り出すことは可能です。複数の専門性の間でブランドを共用しても、特定の顧客からは1つの専門性しか見えないことが多いと思われます。野村総合研究所は、金融業界と小売業界のコンサルティングやシステム構築に専門性を持っていますが、それぞれの業界のクライアントからは、それぞれ自身の業界に強いコンサルティング会社として見えていると思われます。

落とし穴

　専門性による好循環は領域を絞り込むことによってよりシャープに機能しますが、それは事業の成長と矛盾します。売上増加の圧力に従って自社の対象領域を広げすぎると、専門性を失うことになってしまいます。小さな企業ほど、あるいはスタートアップの企業ほど、取引欲しさのあまり顧客に「何でもできます、何でもやります」と言ってしまいがちですが、それでは大企業に全ての面で劣ってしまい、全てにおいて負ける事業体を作ってしまいます。規模の小さな企業ほど専門領域を絞り込み、その領域の中で日本一、世界一になろうとしたほうが生き残ることができる確率を高めることができます。

　一度ニッチな領域の専門家として市場に知られてしまうと、市場においてその専門家としてのイメージが強くなりすぎ、その領域以外のビジネスに手を広げにくくなる、あるいはそれ以外の領域ではかえって素人扱いされやすくなる傾向があることにも、注意が必要です。

　一旦、日本市場で専門性を確立できたとしても、海外における専門性を持ち込まれて対抗される場合があります。海外のコンサルティング会社が日本に参入してくる場合などがそれであり、その場合、日本独特の要素に対する理解や知見を持たないと優位性を失いかねません。グローバルに専門性を確

立しない限り、常に海外からの脅威にさらされることになりますので、日本市場で専門性を確立した後はグローバルでの専門性確立に注力すべきでしょう。

　また、専門的な知識やノウハウを備えた人材が集団で離脱して競合企業を組成するような場合や、集団で他の企業に移籍するような場合には、専門人材の数がそもそも市場に少ないだけに、かえって自社の優位が一気に崩壊しかねないことにも警戒すべきです。

ビジネスモデルの学習に向けて

　専門性は、規模の経済とは、顧客による選択と自社リソースなど内部要素との間に生ずる好循環という意味で同じですが、規模の経済が規模を背景としてコストダウンに向かう好循環であるのと対照的に、専門家はリソースの質を高めることにより提供価値の品質を高めるという好循環であって、ある意味で対極をなしています。それらは、生じる条件もメカニズムも違いますので、自社の規模や他社が用いている循環関係などの分析から競争優位とその持続可能性の確立のために最適な好循環を選択して用いていくべきだと思います。

SUMARRY

専門家　まとめ

モデル概要

- 提供価値をある分野に絞り込み、その領域で他社を上回る価値提供を行う。
- 専門性を備えたリソース（タレントやノウハウなど）が必要であり、

更にそれを備えていることを対外的に証明できることが必要。

効果

- その分野のニーズを抱える顧客の側からコンタクトされるようになる。
- その分野の仕事が集中することにより、更に専門性が増し、それが更に顧客を惹きつけるという好循環が生まれる。
- 要員側についても、その領域で仕事をしたい専門家が集まってくる。

その他

- 一般的な業界支配を打ち破るための手段であり、"❷ ハイエンド、ローエンドからの参入"（60 ページ参照）と類似する。

◉学習のポイント
- 好循環は、規模によるものがシンプルかつ強力であるが、知識やノウハウ、情報による専門性を中心としても成り立つ。
- 自社のケイパビリティに関する内部好循環の好例であり、好循環は必ずしも規模を基礎にしたものだけではないという例。
- 知識やノウハウだけではなく、データもある専門性をもって収集し、それを何らかの価値に転換すると、データ提供と引き換えに他社を含めたデータ分析結果を受け取りたいという顧客を集めるというプラットフォームを築くことが可能と考えられる。

レイヤーマスター

◉鴻海精密工業、NTTファイナンス、キユーソー流通システム、他

モデルの概要と例

　レイヤーマスターとは、バリューチェーンの一機能に特化し、その機能で圧倒的な規模を獲得することによって、主に規模の経済や経験量による好循環により、業界においてその機能を支配してしまうビジネスモデルです。レイヤーマスターの名は、ボストンコンサルティンググループというコンサルティング会社によって命名されたものです。バリューチェーンが解体されていく現象をデコンストラクションと称しますが、レイヤーマスターはデコンストラクションを背景として出現するモデルの1つです。

　例えば、電機業界は、かつては製品の設計、生産、マーケティングなどが同じ企業によって行われていましたが、今では製品の生産を行う企業と設計、マーケティングを行う企業とに分解されています。そして、生産機能に特化し、圧倒的な規模を持つに至った企業の代表が鴻海精密工業です。鴻海は、アップル、任天堂など数多くの企業から製品の生産を受託し、圧倒的規模を背景としたローコストによって電機業界における生産機能を席巻し、他を寄せ付けない強さを誇っています。同様に、半導体業界は、今では半導体の設計・販売と半導体の製造とで事業主体が分離され、製造機能においては台湾セミコンダクター（TSMC）がレイヤーマスターとなっています。

　かつて、音楽レーベルは自社でレコードやCDの製造機能を持っていましたが、三菱商事と東京電化の合弁企業であるメモリーテックが各レーベルか

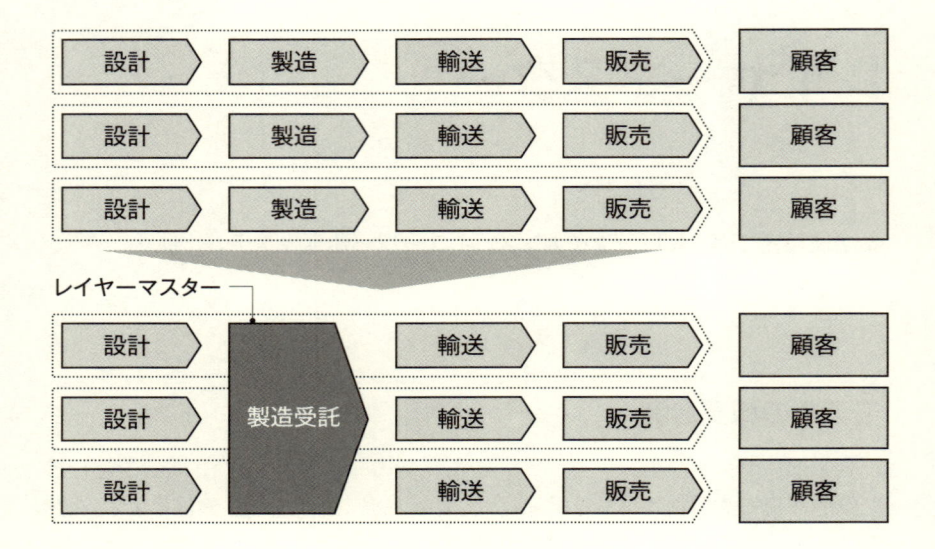

らCD製造機能を買収していき、同社は日本最大のCD／DVD製造会社、つまりレイヤーマスターとなりました。NTTファイナンスは、NTTグループの顧客数の多さを背景として、様々な会社から請求機能を受託し、顧客に一括請求サービスを提供して、請求機能におけるレイヤーマスターを目指しています。加工食品企業は、かつては自社で卸・小売に配送していましたが、キユーピー・アヲハタなど有力食品企業を所有する中島董商店の関係会社であるキユーソー流通システムは、加工食品企業から製品配送の受託を進め、サードパーティーロジスティクス（3PL）企業として食品部門で1位、3PL全体でも4位の地位を占める企業となっています。

価値創造過程

　レイヤーマスターが利益を上げられるのは、規模の経済によるコストダウンが図られるからです。規模の経済は、機能ごとに生じるため、他の機能が

存在していなくても、ある機能において規模が得られればコスト優位が得られます。従って、同じ投下資本量であっても、ある機能に集中してこれを投下したほうが、全ての機能に投下するよりも同業他社に対する優位性が大きく、利益 (リターン) を大きくすることができます。

　規模によるコストダウンは、原材料や設備の一括購入、設計や生産における経験量の蓄積による設計、生産工程の洗練、生産量あたりの管理コストの減少などによって生じます。このような単純な規模によるコストダウンに加えて、複数の企業から受託することにより、需要の変動が打ち消され、生産量が平準化します。これにより設備能力を抑え、設備や要員の稼働率を上げることができ、投下資本量あたりの利益を増加させることができます。例に挙げた音楽CDの生産は、ヒットが起こった場合、売り逃しをなくすために需要に柔軟に追従するだけの生産能力を確保しなければならず、各レーベルで自社生産した場合設備稼働率が低くならざるを得ない一方で、各レーベルを合算した市場全体で見ればCDの生産量は比較的平準的であると言えます。この平準化は受託先を増やすほど生じると言うことができますので、多くのレーベルから受託し、各レーベルのポテンシャルな販売量に十分応え得る生産能力を持つメモリーテックは、個々のレーベルでの製造や少数のレーベル間の製造アライアンスなどに比較して断然有利に事業を進めることができるのです。

　レイヤーマスターは、バリューチェーン上のある機能に特化していますので、顧客や見込み顧客からは競合として認識されず、協力会社として認識されます。そのため、フルバリューチェーンを持ったままでの**機能外販** (本書146ページ、『ビジネスモデルの教科書』参照) と比べて、受託が進めやすいと言えます。

なぜ優位性を維持できるのか？

　規模によるコストダウンは好循環を生み、これが他社の模倣を阻みます。規模によるコストダウンに成功すると、受託価格を下げることができ、それによって更に受託を進めることができるため、雪だるま式に規模が拡大します。このダイナミズムにより、いち早く最大の事業者になってしまえば、競合が追いつけなくなるのです。

ひとたびレイヤーマスターに委託して機能を喪失すると、顧客はその機能のノウハウを失いますから、機能を自社で再構築することが難しくなります。また顧客は受託先であるレイヤーマスターとの接続界面に物流やコミュニケーション、会計や支払・清算などの手順を確立しますが、これがスイッチングコストを生み出し、顧客を離れがたくします。従って、一度受託を開始すると他社に乗り換えられる可能性は低くなり、顧客を先取りし、それが後発他社に対する優位として働きます。

モデルが有効に機能する条件

　レイヤーマスターが出現しやすいのは、バリューチェーン機能の中でも、特に規模の経済が効きやすい機能であるということができます。それは多くの場合生産や配送などの機能ということができるでしょう。そのような機能ではレイヤーマスターが規模によるコスト優位を出しやすいことに加え、一度レイヤーマスターが出現してしまうと個々の会社で機能を保有してもレイヤーマスターに太刀打ちできなくなってしまうのです。また、例に挙げた音楽業界のように、需要変動が起こりやすい業界であり、かつその影響を受けやすい機能においてレイヤーマスターが出現しやすいと言えます。

　実際にレイヤーマスターとなっている企業を見ると、キユーソーのように、"業界出身"の企業が多いように思います。それは、業界出身の企業は業界に関する様々な商習慣やオペレーションノウハウを持っているからです。

類似のビジネスモデル

　レイヤーマスターの他に、デコンストラクションによって出現するモデルとしては、次のようなものがあります。

　まず、レイヤーマスターなど機能提供者からバリューチェーン機能の提供を受け、バリューチェーン全体をマネージしていくオーケストレーターと呼ばれるモデルです。アップルや通信用半導体企業のクアルコム、ネットワークルーター企業のシスコシステムズなどがこれに該当します。次に、顧客と複数の企業を結びつけるマーケットメーカーというモデルがあります。これ

は、**プラットフォーム**（194ページ参照）における**市場モデル**（195ページ参照）とほぼ同じと考えてよいと思います。更に、パーソナルエージェントと呼ばれる**顧客の購買代理モデル**があります（顧客の購買代理については本書75ページ、『ビジネスモデルの教科書』参照）。

ビジネスモデルの学習に向けて

　規模を増大することは、市場支配に至る王道中の王道です。規模の増大のために買収を行い、アライアンスを行うのであり、レイヤーマスターにおいては、限られた機能に特化する形で受託により規模の拡大を狙います。レイヤーマスターのモデルは、第4章で述べた複数企業間の"**❾ 資源の動的アロケーション**"（135ページ参照）のモデルを独立の事業者による受託として実現したものと捉えることができます。

　規模の実現のためには、製品・サービスの市場シェア自体を上げることが最も望ましいことですが、それが難しい場合は、規模の経済が効く機能における規模の達成を何らかの方法で目指すことが重要です。

SUMARRY

レイヤーマスター　まとめ

モデル概要

- バリューチェーン上の特定の機能に集中。
- 機能を受託して規模を拡大し、そこで大きなシェアを取り覇権を握る。
- なるべく規模の経済が効きやすい機能で行う。

効果

- 規模の経済と経験曲線により、低コストで機能を遂行することが可能。
- 下流側でのシェア移動やヒットが起こっても、業界の需要全体の変動は小さいため、必要設備量を減少（設備稼働率を上昇）させることができ、かつ事業リスクを大きく下げることができる。
- 最大の事業者になってしまえば、好循環により優位性を継続できる。

その他留意点等

- 規模の経済が効きやすいという意味で、製造や物流機能であることが多い。

◉学習のポイント

- "デコンストラクション" 後に勝利できるモデルの１つ。他にオーケストレーター、マーケットメーカー（≒アグリゲーター）、パーソナルエージェント（≒購買代理）が存在する。
- **機能外販**（77 ページ参照）の形で行うことも、業界支配としては有効。ルフトハンザの整備受託はその例。

ビジネスモデル構築のポイントレッスン

好循環

上位の企業は、さらに強くなる

　好循環とは、事業における複数の要素が正の影響関係を形成し、要素間に自己再強化が生じることです。顧客や取引が増えることによって、それが環境や自社に何らかの正の変化を引き起こし、その変化が更に顧客や取引の増加を生むのです。

　好循環は、重要な競争優位の源泉だということができます。業界内部での競争においては、常に模倣にどう対処するかが問題となりますが、好循環の基礎となる規模や経験は模倣しにくいものであり、業界内部の企業間に重要

図表24 ● 2つの種類の好循環

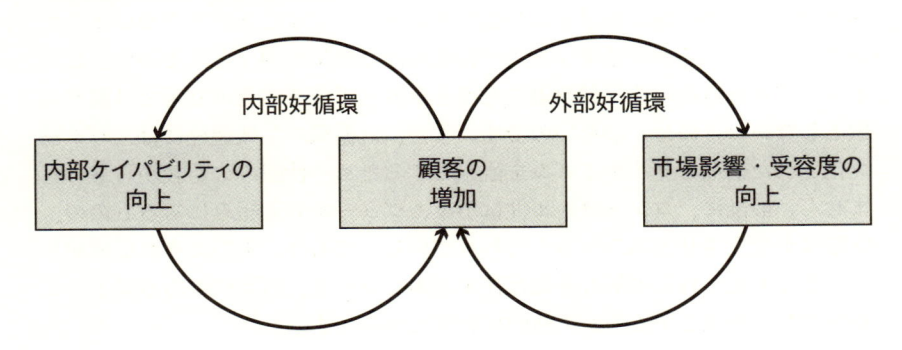

な非対称性をもたらすからです。事実、業界内部における競争優位を獲得するため、あらゆる手段で規模を獲得しようとする戦い方は、業界内部における戦い方の基本中の基本だということができます。好循環は、模倣が難しいだけではなく、自己再強化するダイナミズムが働いていますので、強者は更に強くなり、好循環が働いている相手に競合は追いつくことができなくなるのです。

　経済学では競争によって利潤はゼロに近づいていくと教えています。超過的な利潤を得ている事業体があれば、その市場定義や事業遂行方法は模倣され、差別性のない世界における競争によって今までよりも安価な、利幅が少ない販売が行われる結果として、市場全体の利潤が失われてしまうはずなのです。

　しかし、現実の世界ではそうはなりません。むしろ反対に多くの産業において、上位の企業は更に強くなるという現実があります。これは上位集中と呼ばれるもので、シェア上位の企業が更にシェアを伸ばす現象がみられるのです。この強者が更に強くなってしまうという現象は、規模が大きいことが事業に有利に働き、それがさらに規模を大きくするという好循環に起因します。

　ところで、好循環は"仕組み"なのかという疑問を持たれると思います。好循環は、業務プロセスのように手順として存在しているものではなく、事業要素間の因果として生ずるものであり、事業モジュールの仕組みと比べるとコントロールしにくいものではあります。しかし、本書では、これを仕組みの1つとして扱っています。その理由は、事業のモジュールとしての仕組みだけでは業界内部における競争優位を説明しつくすことができないからであり、それどころか好循環が強力で持続可能な優位の源泉となるので、ビジネスモデルを持続可能な競争優位を得る手段と考える本書の立場では観察対象としないわけにはいかないのです。また、好循環の生成過程には、パターン化された構造とダイナミズムを観察できるため、仕組みの定義からも外れません。最後に、コントロール性は事業モジュールの仕組みに劣るものの、好循環を発生させる試みが多く行われているのであり、実際にそれに成功していると考えられる事例も多数存在するのであって、再現性がある以上、これを考察の対象とするのが実利的に有利だからです。

好循環は、近年ますます重要になってきています。それは、後述するネットワーク効果やプラットフォームがインターネットなどのICTの仕組みとの親和性が高く、ICTに支援される形で循環が強力に生じるからです。また、産業が成熟するに従って、イノベーションが減り、模倣が横行する結果として差別性がなくなってきてしまい、多くの産業において好循環以外に競争優位の源泉を求められなくなっているからです。

　好循環には様々な種類がありますが、いくつかのパターンに分類することができます。以下、大きく、市場側に市場のダイナミズムとして生じる好循環（外部好循環）と自社のケイパビリティ強化として働く好循環（内部好循環）とに分けて観察します。

外部好循環

　外部好循環は、自社を構成する事業要素とは無関係に市場側において生ずる好循環です。外部好循環の典型は、ネットワーク効果と呼ばれる現象です。ネットワーク効果とは、ネットワークに接続されたサービスで生ずる好循環であり、顧客数が多くなるほど通信できる相手方が増え、ネットワークの効用が増し更に顧客が増加するという好循環が生まれる現象です。例えば、全く同じ設備を持つ相互に接続されていないA社とB社という2つの電話会社がある場合、顧客は顧客の多いA社と少ないB社ではどちらに加入することを選択するかというと、既に顧客が多いA社を選ぶでしょう。なぜなら、A社のほうが通信できる相手先が多く、電話の効用が大きいからです。このようにして新規顧客がA社に加わることにより、A社は以前よりも更に選択されやすくなるという好循環が生まれるのです。

　多くのビジネスモデル記述フレームワークでは、A社のビジネスとB社のビジネスは全く同じように記述されてしまいます。しかし、現実にはA社とB社では全く競争力が違うのです。例えば、LINEとKakaoは、ビジネスモデルキャンバスなどのフレームワークでは、対象市場や内部モジュールとしては全く同じに描かれてしまうのに、その競争力は各社が抱える顧客数に依存し、全く異なるのです。LINEとKakaoの優位が内部のケイパビリティに

依存していないことは、LINE が日本市場で圧倒的に強く、Kakao が韓国市場で圧倒的に強いということからもわかります。両者は2つの市場で同じエンジンを使っているはずであり、その意味で各市場における強さは、内部のケイパビリティではなく、各市場における既存の顧客数に依存しているということができるのです。

　ネットワーク効果は、極めて強い競争優位とその持続可能性の源泉となります。その理由は、顧客増加による他の顧客の利便性増加が自動的かつ直接的に生じ、後述する内部好循環と異なり事業内部のケイパビリティ改善を因果として経由しないため即効性があり、好循環が雪だるま式の顧客増加をもたらすからです。

　ネットワーク効果は、強い好循環ですが、市場における好循環ですので、複数の市場の間で共通に生じることはほぼありません。この点が内部好循環と大きく異なっています。プラットフォーム企業が成功したプラットフォームの顧客を他の市場におけるプラットフォームやサービスに流用しようと躍起になっていますが、その試みの多くは失敗しています。

　ネットワーク効果では、先に多くの顧客を抱えた企業が競争力を持てることになります。例に挙げたチャットサービスでは、日本では LINE、韓国では Kakao、欧州の多くの国々では WhatsApp が支配的です。これらの市場支配は、これらのサービスのサービス開始時期と関係があり、それぞれの市場において最も早く立ち上げられたサービスが支配的になっているのです。

　以下、様々な外部好循環を見ていきます。

ビジネスモデルの例示（外部好循環）

　市場側で起こる好循環を利用したビジネスモデルとしては、以下のものがあります。

・プラットフォーム
　プラットフォームとは、自社の仕組みの上で顧客間で何らかのインタラクションを起こすように作られた仕組みのことです。

そのインタラクション自体がサービスとなります。上に述べた電話やチャットサービスはプラットフォームの典型です。

　現代におけるプラットフォームの重要性は、いくら強調しても強調し過ぎることはありません。プラットフォームでは、顧客の増加が他の顧客にとって魅力的となるため、顧客が雪だるま式に増大し、他の追随を許さない強大な競争優位を持続できます。プラットフォームには様々な種類のものがありますが、主要なものとしては、以下のようなものがあります（『ビジネスモデルの教科書』参照）。

　市場：市場とは、その仕組みの上で取引を成立させるタイプのプラットフォームであり、証券取引所や、工業品取引所、電力取引所、金融商品の取引所などが市場の代表格ですが、ネットオークションなども市場と呼ぶことができるでしょう。インターネットは、地域の壁を越えて売り手と買い手を集めることができるので、インターネット上には従来よりも取引頻度が少なく、また売り手や買い手が少ない市場も成立させることができます。また、今まで多くの中間業者を通じて取引されていたものが、最終的な売り手と買い手を結びつける形での市場を成立させることができ、eMarketplaceなどと呼ばれています。

　価格発見機能を持たず、取引相手の発見のみであっても市場と見ることができます。リクルートのAB-ROAD、ゼクシィ、じゃらんなどや、楽天などのECプラットフォーム、更に不動産、保険、レストラン、各種住宅関連サービスなどの取引業者が相乗りするいわゆる「業界ナビ」も市場の一種と見ることができ、多くの事業者が点在する業界、アドバンテージマトリクスで言う「分散型」の業界には、このような市場型のプラットフォームを成立させる可能性があります。

　市場は、販売側だけではなく、仕入側や資本市場にも成立させることが可能です。アリババやディーコープのように購買市場を設定するとか、クラウドソーシングによる資金集め、人材募集など様々な市場が成立しています。

　従来市場取引が行われていない商品に市場を成立させることはできないか、固定価格で販売していたものの価格決定を市場メカニズムに任せ

られないか、従来中間業者が介在していた取引をダイレクトに成立させることはできないか、といった思考が重要だと思います。

　市場のビジネスモデルでは、会員権（出店）や取引自体に手数料を設定できるほか、取引に必要な決済（クリアランス）や輸送などに手数料を設定して課金することが可能です。

コミュニケーション：チャットやSNSに代表されるようなコミュニケーションもプラットフォームの代表的な種類の1つです。コミュニケーションの形態も1対1・1対不特定多数・コミュニティ、形式もテキスト・画像・動画・音声など多種多様なコミュニケーションプラットフォームが成立しています。

　コミュニケーションのプラットフォームには、文字どおりネットワーク効果が働き、参入者が新たなコミュニケーション形態を開発することは至難の技ですが、FacebookにLinkedInが対抗できたように、あるコミュニティや職業集団を狙い撃ちにしその集団独特のコミュニケーションロジックを採用したり、今までにない新しい種類のコミュニケーション形態を開発することにより成功できる可能性があります。

　コミュニケーションは、理論上課金は可能ではあるものの、ほとんどが無料サービスになっています。それは、メールやウェブなど汎用的なコミュニケーション手段が既に無料であるため、課金が難しいからだと思います。**フリー**（103ページ参照）における「第三者市場」の集客手段として活用し、第三者から収益を得ることが一般的であると思います。

顧客サービス：顧客が多数の同じ業界の企業と取引しており、統一的なインタフェースを望むところには、プラットフォームを成立させられる可能性があります。これは、市場と似ていますが、取引相手の発見や価格発見以外の業界独特の機能も提供することになります。

　予約は、取引相手の発見とセットになっていますが、それ以上に資源のアベイラビリティを確認し、それを予約者と紐つけするプロセスが必要であり、業界で共通することにより独自で行うプロセスを開発しなくてもよいだけでなく、顧客に統一したインタフェースを提供することに

より大きな利便性を生みます。航空業界のSabreはその代表的なものの1つですが、レストラン予約に関するグローバルなプラットフォームであるOpen Table、ぴあによる劇場やコンサート会場の座席予約、ゴルフダイジェストオンラインによるゴルフ場予約、eParkによるレストラン予約などがその例です。

予約と似ていますが、発注も業界で統一的な発注手順を設定し、プラットフォームを創設する可能性がある領域です。ライオンとユニ・チャーム等によって創設された、トイレタリー製品の発注プラットフォームであるプラネットは、業界最大手の花王も巻き込み、業界標準のプラットフォームとして小売業者に提供されています。同様に加工食品業界共通のプラットフォームとしてファイネットがあります。多数のタクシー業者が乗るUberは、タクシー独特の位置情報を使った発注プロセスの標準化として、一種の発注プラットフォームと見ることができます。CIWEBは、建設業界で使われる見積・発注のためのプラットフォームであり、大林、鹿島、清水、竹中のゼネコン大手4社の共同開発が行われています。発注があるところには、かならず決済も付随しますので、決済手数料からも収入を得ることができます。多くの業界ではまだ発注手続が標準化されていないので、ここに標準をセットしてプラットフォームを作り上げる可能性があると思われます。

その他のものとして、医薬品業界における医薬情報提供プラットフォームであるM3、銀行によるコンビニATMを提供するEネットなど、業界独特のプロセスもプラットフォームとして有望なことが多くあります。

リソース共有ハブ：経営資源（設備、設備能力、要員、原材料など）を他社と相互に融通し合うことにより資源の稼働率を高め、あるいは機会のロス（売り逃し）を最小化するためのプラットフォームを成立させる可能性があります。この種のプラットフォームは、今までのところ多く出現していませんが、ドイツ発の動きであるインダストリー 4.0といった社会全体における資源最適化、流通最適化の動きの中で、IoTやビッグデータ解析などを伴って多数出現してくるものと思われ、今後注目される分野

だと思います。

・デファクトスタンダード

　デファクトスタンダードは、プラットフォームと並び外部好循環が表れる
パターンの1つです。デファクトとは「事実上の」という意味であり、製品
が世の中に事実上の標準として受け入れられている状態を言います。事実上
の標準として受け入れられている結果として、他者もそれを購入せざるを得
なくなり、更に事実上の標準としての状態が強化されるという好循環が発生
します。

　デファクトスタンダードに外部好循環が発生するメカニズムは、いくつか
の経路をたどります。

　まず、デファクトスタンダードとして社会に受け入れられると、その製品
と接する周りの製品がデファクトスタンダードの製品の使用を前提として作
られるようになります。マイクロソフトのオフィスツール（ワード、エクセル、
パワーポイントなど）はデファクトスタンダードとなっているので、他の様々な
ソフトウエアもマイクロソフトのファイル形式を扱えるようになっています。
工作機器においては、ファナックの数値制御方式がデファクトスタンダード
になっているので、他社製の機器もファナックの数値制御に服することがで
きるように作られています。ニッタ・ハースの半導体研磨パッドはデファク
トスタンダードですので、全ての半導体研磨装置はニッタ・ハースのパッド
が使えるように作られています。ロッキードマーチンのイージスシステムは
西側の海洋防衛装備では標準となっていますので、艦載用の探知システムや
武器システムはロッキードマーチンのシステムにインタフェースできるよう
に作られています。これらの結果として、デファクトスタンダードを採用す
れば、その周辺機器との互換性において問題がなくなり、そのスタンダード
の採用が進むのです。

　更に、デファクトスタンダードの製品は、それを使用することができる人
が多く存在し、反対にデファクトスタンダードではない製品では使用できる
人が限られます。その結果として、デファクトスタンダードではない製品を
採用すると、オペレータやエンジニアを採用できない可能性があり、採用で
きたとしても要員単価が上昇するなどの問題を抱える可能性があります。マ

イクロソフトのオフィスツールは、ほとんどの人が操作可能なので、企業としてもマイクロソフトのオフィスツールを使用していれば、オペレータの確保はほぼ問題ないと言えますが、それ以外のオフィス製品を採用すると、問題を生じる可能性が大であり、その結果マイクロソフトオフィスを選択することになります。

このように、デファクトスタンダードでは、プラットフォームと異なり、ユーザーが増えることにより製品自体の利便性が高まることはありません。しかし、周辺機器やオペレータなど製品周辺の製品とのインタフェースを経由してデファクトを使用することのメリットが高まり、デファクトスタンダード製品の採用が促されるのです。

デファクトスタンダードを形成する上では、あたりまえですがシェアがものを言います。そこではアライアンス戦略が重要です。ソニーは、記憶媒体のメモリースティックやビデオ再生装置のベータマックスなどで単独のデファクト化を試みましたが、技術的に優秀であったものの、失敗に終わっています。このため、最近では、アライアンスパートナーに関連技術を無償解放し、デファクト化を推進することが多く行われています。

内部好循環

内部好循環は、外部好循環とは対照的に、自社側に生じる好循環であり、顧客の増加が自社のケイパビリティの強化を生み、それが更に顧客の増加を生む好循環です。外部好循環と比較すると、好循環の因果の過程に自社能力の向上が介在するため緩やかに効果を生じますが、一度生じた後は安定して効果が生じる傾向があります。

内部好循環には、一般に規模の経済と呼ぶ規模とコストとの好循環のほか、自社の持つ知見（データ量）に基づく好循環、製品力に基づく好循環などの種類があります。

内部好循環は、多くの場合、先述の外部好循環と同時に起こります。ですので、外部好循環と内部好循環は一見、区別しにくいかもしれませんし、自然発生的に生じる場合にはそれほど意識しなくてもよいかもしれません。し

かし、その発生のメカニズムと効果はそれぞれ別物です。先に述べたとおり、ネットワーク効果は顧客同士のインタラクションや周辺のもののインタフェースといった自社の外側のメカニズムで発生し、自社の提供物自体の機能や価格とは関係ありません。しかし、内部好循環は、低コストでの生産能力や専門能力、製品力など、自社のケイパビリティが再強化されていくダイナミズムであり、結局、ポジショニングで言う低コストあるいは差別性、専門性に帰着するという形で伝統的な戦略論とつながっています。内部好循環は、"**⑬ 専門家**"（179ページ参照）で見たとおり、必ずしも規模を背景としません。

このような発生メカニズムの違いから、外部好循環と内部好循環では意図的にそれを強化する場合の働きかけの対象が異なります。外部好循環では顧客間のスムーズなインタラクションやオペレータトレーニングなどが施策となりますが、内部好循環の強化施策としては、それが強く働く機能での受託や提携などが考えられます。

内部好循環は、競争優位の持続可能性の源泉となります。競合にいかに勝つかを考えるとき、内部ケイパビリティに裏打ちされた低コストや差別性、専門性が必要になりますが、その内部ケイパビリティを模倣不可能にするという形で持続可能性を提供するのです。多くの企業は、他社にない製品の新規性を打ち出すことに躍起になっていますが、それは市場で成功したとき必ず模倣の対象となります。そのときに、何を拠り所として戦っていくのかということの1つの解が、この内部好循環です。内部好循環は、循環を他社よりも大きな規模で、高速で廻すことによって勝ち続けられる根拠になるのです。

内部好循環は、外部好循環と比較してその効果は緩やかですが、外部好循環とは異なり、その全部ないし一部を市場の異なる複数の事業の間に共通して生じさせることが可能です。ですので、新規事業に進出したり、M&Aにより複数の事業を所有する場合に、各事業に共通してこの内部好循環を働かせられるかを考える必要があります。この内部好循環を複数の企業の間で共通に成立することが、いわゆるシナジーと呼ばれるものの1つなのです。

ビジネスモデルの例示 （内部好循環）

・規模とコスト、規模と業界支配力の好循環

　売上の増大は生産コストや輸送コストの低減をもたらし、その低い生産コストを武器として更に販売を拡大する、という好循環を生みます。これが、いわゆる規模の経済と言われるものです。

　売上の増大によって、低コストが生み出されるダイナミズムは複数の道筋が考えられます。まず、売上の増大は生産量の増大に帰結し、生産量の増大によって1製品あたりの管理部門コストの配賦は小さくなるばかりではなく、生産コスト自体も減少します。生産コストの減少は、原材料を大量仕入れすることによる価格交渉力の上昇、同じ金型などから部品を多く生産できることによる固定費の減少、製造方法などに関する経験値の増大による最適な生産方法の達成、需要変動が吸収され需要予測可能性が増すことによる設備や要員稼働率の上昇など、様々な理由によって生じます。いわゆる経験曲線という現象が、多くの製品について生じるということが報告されており、今ではこの現象が一般的に信じられています。経験曲線とは、製品の製造コストが製品の累積生産量に反比例する現象です。

　低コストがどのように売上を増大させるかについても、複数の道筋が考えられます。まず、低コストを価格に反映して他社よりも低価格で販売して売上を増大させるという筋です。しかしながら、高シェアの会社が安く販売しているということは一般的にはあまり見られないようです。次に、低コストによる大きな利益を研究開発に投じたり、他社よりもよい材料を使うことによって製品力を向上させて、それを販売増につなげるという筋です。大手のほうがモノがいい、というのは一般的な認識としてもうなずけるところだと思います。更に、大きな利益を広告宣伝やプロモーション、チャネルの販売インセンティブなどに投じて販売力を増強します。実際には、これらのどれかが選択的に起こるというのではなく、複合的に生じることが多いと思います。

　低コストと共に、規模は業界支配力を向上させます。ブランドが浸透し、チャネルからも尊重される結果、優先的に棚の配分を受けられるようになり、

また有力な特約店をリクルーティングできるようになり、ブランドや利益を背景として優秀な人材を営業に投入できるようになります。

　このダイナミズムが働くことの証左は、前述のように上位集中という現象に見ることができます。上位集中とは、業界シェアが上位の企業が更にシェアを伸ばし寡占化が進む現象のことで、日本経済新聞による2014年の「主要商品・サービスシェア調査」では、2013年に主要100品目中58品目において上位3社のシェアが拡大しました。

　以下に規模を達成するための方策を列挙します。

　　特定の業界での高いシェアの達成：規模の経済の達成によるローコストの実現は、好循環の最も基本的な形です。シェアを奪うことにより、競合を持続的に劣位に置き続けることができます（『ビジネスモデルの教科書』参照）。

　　グローバル化：グローバルに地域的に拡大することにより、顧客を拡大し、生産規模を拡大する結果として低コスト生産が可能となり、その結果、更に地域的な攻略を進められるという好循環があります。ローコストな国や地域に生産を集中したり、流行の先端の国や地域にデザインセンターを設けるなど、事業の機能配置の地域的最適化を達成することができるので、コストや機能面でも優位を実現することができます（『ビジネスモデルの教科書』参照）。

　　同業との統合：M&Aにより規模の拡大を図ります（『ビジネスモデルの教科書』参照）。第10章「コーポレート」での説明を参照してください。

　　機能外販、資源の動的アロケーション：「同業との統合」と同じく、これらはいずれも、規模の経済を疑似的に達成するための工夫です。機能外販では、自社の得意とする機能を受託することにより規模を増大し、更にその機能の強化を図ります。**機能外販**については77ページを、"**❾資源の動的アロケーション**"については135ページを参照してください。
　　製品ピラミッド：上位市場、中位市場、下位市場のそれぞれの市場に、

階層的、連続的に製品やサービスを配置して全ての市場をカバーすることを、製品ピラミッドと呼びます。各階層の製品のグレードは異なりますが、サプライチェーンなど共通できるものを全階層で共通し、全体として規模の経済とそれを基礎とする好循環を達成します。第1章「対象市場定義」を参照してください。

・知見・ノウハウの集積による好循環

知識や経験の他社に先駆けた獲得が好循環を生み出します。知識や経験を持っている企業や人に、その知識を使った仕事が依頼され、それによって更に知識や経験が獲得されていくという現象です。

知識・経験の獲得による好循環は、製品やサービスに関する知識とともに、顧客に対する知識についても働きます。ソリューションのように顧客をよく知ることが前提となっているサービスにおいては、顧客知識が大きいがゆえに顧客が企業を選択し、その選択のゆえに顧客を更に知ることになるという好循環が働いています。この好循環も規模に基づくものではないので、小さな企業においては特に得意先を絞り込み、深く知ることによってその顧客からのビジネスを安定させていくことが可能です。

・専門家

本章を参照してください。

・製品力の向上

主に製造業のモデルであり、顧客への納品実績を積むに従って、顧客の意見を製品設計やスペックに反映でき、製品力が増すことによって更に受注できるものです。チャネルが介在すると、製品力にフィードバックしにくいため、ダイレクトと相性が良いモデルだと言うことができます。

ワークスアプリケーションズやオービックは、業務用パッケージソフトであるERPのメーカーですが顧客導入を自社で行いますので、顧客のために行った追加開発を自社製品に取り込むことができ、納品経験を積むに従って製品力が向上します。

• 高密度展開による好循環

　店舗や営業所を持つ企業では、シェアが高いほど店舗や営業所の展開密度が上がり、その展開密度のゆえに更にシェアが向上するという好循環が見られます。大塚商会は、自社の営業店の展開密度が競合よりも高く、障害の際に迅速に対応できることを、システム保守契約獲得の際の強みとして利用しています。その結果として顧客が増加し、更に展開密度を高められます。

　店舗や営業所ではないですが、無線通信の基地局なども同様に考えてよいと思います。NTTドコモは、地方でもつながりやすいということが1つの"売り"ですが、それはシェアを背景とした基地局の多さに由来するものです。もちろん、シェアが高ければショップの展開密度も上がりますので、これだけでシェアの高さを説明するわけではありませんが、基地局展開密度がシェアの固定化の1つの要素となっているのは間違いないと思います。

• 地域ドミナント

　小売など店舗展開する事業者が採用するモデルであり、ある地域に限定して高密度に展開することによって、その地域のシェアを上げ、競争力を向上させることにより、地域内部で好循環を成立させます（『ビジネスモデルの教科書』参照）。

• データハブ

　複数の顧客からデータを集め、集合的に解析や比較を行った結果を顧客にフィードバックします。顧客数が多いほど正確な解析、比較結果が得られるため、更に顧客が増加すると言う好循環が働きます。ビッグデータを用いた典型的モデルの1つです。

　ソロモンアソシエーツは、石油の製油所の各種業務データを顧客から集積し、業務効率などをのベンチマーク結果を顧客にフィードバックします。

第 7 章

ライフサイクル

自社製品からの情報フィードバック

◉コマツ、ロールス・ロイス、GE、ジョンディア、他

モデルの概要と例

　自社製品からの情報フィードバックとは、自社の製品に通信機能を組み込み、運転状況、製品の状態、製品の物理的位置などの情報を自社にフィードバックさせることにより、これを補充品の確実な販売、予防的保全などの進んだアフターサービスの提供、制御ロジックの更新による販売後の製品進化、製品の強制制御による盗難防止や製品代金回収の牽制などに利用していくビジネスモデルです。

　コマツは、その製品である建設機械や鉱山用機械に通信機能を搭載し、コマツに情報をフィードバックするKOMTRAXという仕組みを構築しています。KOMTRAXは、もともと機械の盗難を防止するための仕組みでGPSを使って製品の位置を常に把握し、盗難が起こっても製品の位置を追跡でき、そのため盗難が起こらなくなることをこの仕組みの価値としていました。しかし今ではKOMTRAXは位置だけではなく、機械の運転状況や設備の状況などに関する情報をも送信してきますので、例えばエンジン排気温度の異常からエンジントラブルの予兆を検知し、それを顧客と自社サービス網に連絡して予防的な修理を行う、などのサービスにつなげています。コマツは、これを更に自社製品の鉱山における自動運転などのサービスに拡張しようとしています。

　農業機械を製造・販売する米国のジョンディアは、iGuide Systemという

図表25 ● 自社製品からの情報フィードバック（イメージ）

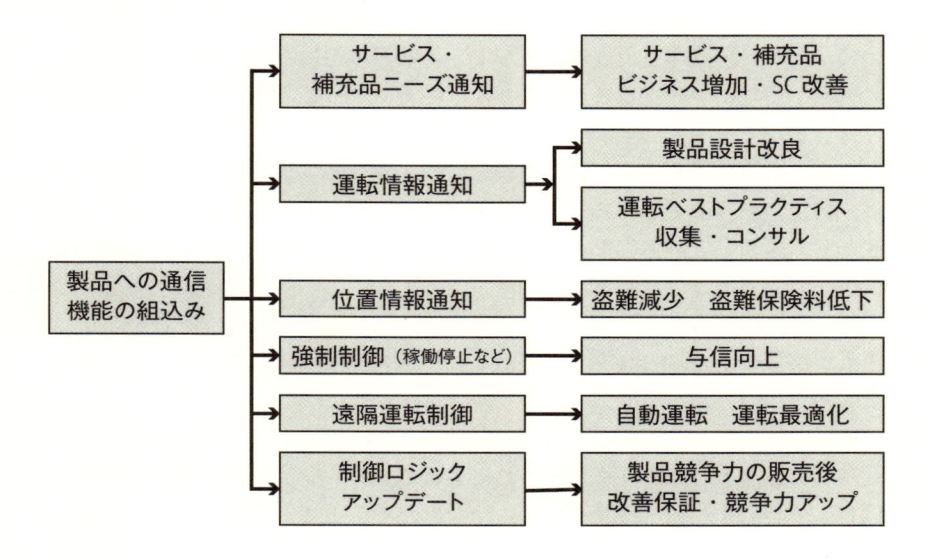

仕組みを通じて、トラクターなどの農業機械の自動運転サービスを提供しています。

　航空機用エンジンのメーカーであるロールス・ロイスやGEは、航空機エンジンにセンサーを多数組み込み、稼働管理や運行管理を行うとともに、制御情報を解析して製品設計に反映しています。特にGEは、自社製品からのフィードバックデータを解析して様々なサービスに結びつけることをIndustrial Internetと称し、同社の大きな戦略の1つとしています。

価値創造過程

　自社の製品に通信機能を搭載すると、その通信機能を使って製品から様々な情報を自社にフィードバックさせることが可能となります。

　製品の設備状況や補充品のニーズを探知できますので、KOMTRAXのように予防保全サービスにつなげたり、補充品の販売につなげたりすることが

でき、その製品のライフサイクル全体での購買ニーズを確実にカバーできるようになります。顧客としては、製品が計画外停止することがなくなりますので、製品の稼働率を上げることができ、顧客の更にその顧客に対するサービスを予定外に中断することがなくなり顧客にとってのサービスレベルを上げることができます。

また、通信機能を使って運転情報を取得することにより、よい運転成績を示す特定の顧客によるベストプラクティスを解析して広く他の顧客に普及させたり、運転と設備劣化などとの関連を解析して自社製品の設計に反映することができるようになります。

製品の位置情報を取得することにより、盗難の場合に製品位置を感知し、それが盗難の予防につながり、更にそれが顧客の保険料の低減にもつながります。

通信機能により、情報の取得だけではなく、販売後も自社側から製品を強制制御できるようになります。これによって、ジョンディアのように顧客に代わって製品を運転するサービスにつなげたり、更に、盗難が起こった場合に製品を使えなくしてしまうようにし、それを宣伝することにより、盗難自体を防止できます。また、顧客が自社製品の対価を支払わない場合は、自社製品の稼働を止めてしまうこともでき、あたかも担保物権を設定したのと同じ効力を生じさせることができます。

通信機能により、製品に搭載する制御ロジックをアップデートできますので、自社の手を離れた後も製品機能を更新し続けることが可能となり、これが顧客満足を引き上げるとともに、顧客にとって通信機能を維持する理由となります。

最後に、通信機能を通じて製品寿命が尽きることも探知できるため、更新提案を行うことにより顧客に購入先をスイッチされることなく、競合を排除することができます。

なぜ優位性を維持できるのか？

このビジネスモデルの鍵は、製品が顧客のもとに物理的に存在し続けることであり、顧客がこれを使い続けることです。自社が生み出した製品が顧客

との懸け橋として機能し、製品に関連した顧客の情報をもたらしてくれるので、様々な形で顧客を囲い込み、競合が入る隙をなくすことができるのです。

モデルが有効に機能する条件

このモデルが適用できる自社製品は、それ自体として電子制御機能を持つ製品であること、少なくとも通信設備を搭載できるだけ電源を備えた製品であることが必要です。しかし、電源を持たない製品であってもRFIDやコンタクトレスICなどを使って、類似のビジネスモデルを構築する可能性はもちろんあります。

落とし穴

このモデルには、特に弱点は見当たりませんが、顧客が製品からの顧客情報取得を快く思わないことも考えられます。今のところは問題になっている例はないようですが、顧客のメリットを強調することにより、製品からの情報収集について顧客の了解を得るとともに、自社側で情報活用ができる旨の約款を作成し、販売契約に織り込むことが望ましいでしょう。

ビジネスモデルの学習に向けて

このモデルは、個々の製品のライフサイクルを利用したモデルの一種で、製品自体がライフサイクルを通じて自社とのコミュニケーションを保ち続けることにより、顧客に製品に関連したモノやサービスの提供を含めた価値をもたらし、自社にそれらのビジネスの流入を確実にするものです。製品の所有権は顧客に移りますが、通信機能を通じて自社との関連を構築してしまえば、その製品は自社と顧客との懸け橋として機能し、ずっと自社に味方してくれることになるわけです。

また、このモデルは、顧客のもとに物理的な存在を打ち込んでいくことが競合排除に極めて有利であることを見せてくれます。オフィスグリコのようにリフレッシュボックスを置くことや、ネスカフェアンバサダーにおいてコ

ーヒーメーカーを置くことなどは、これらは通信機能は持ちませんが、物理的なプレゼンスによって顧客緊密性を作り出す好例です。自社のプレゼンスを顧客のもとに構築してしまうことは重要で、そのプレゼンスを有効に発揮するために、できれば顧客のもとに物理的に2つは置けないものであることが望ましいと言えます。

このモデルは、いわゆる"モノのインターネット（IoT）"の中で1つの大きなパターンとなっています。インターネットやワイヤレス技術の発達によって、ビジネスモデルが変容を遂げる一つの重要な例だと言うことができます。繰り返しになりますが、ビジネスモデルはポジショニングなどと異なり"仕組み"ですので、ICT技術によって再強化、再構築する機会が大きいのです。

本文は、製品からの情報を自社内でのみ活用するモデルとして説明しましたが、自社が取得する情報を他社が取得した情報と相互参照することにより価値を高められる場合があり、そこにアライアンス構築の機会があります。このように考えると、法人顧客の輸送機器、建機などはもちろん、顧客の電力設備や水道設備などのインフラ、家庭で考えると自動車テレビや冷蔵庫などの家電、個人で考えると電話、カメラ、腕時計など、およそ電源を搭載している全ての機器の製造業者は、製品の通信機能を通じてビジネスモデルを見直してみるべきだと思います。

SUMARRY

自社製品からの情報フィードバック　まとめ

モデル概要

- 自社の製品に通信機能を組み込み、製品の稼働状況、製品の状態、位置などの情報を自社にフィードバック。
- フィードバックされた情報を、故障の未然防止、保守時期の

見極め、盗難防止、製品設計の見直しなどに使用する。
- 通信機能を通じて製品制御ロジックやサービスロジックのアップデートが行われることも多い。

効果

- 顧客は故障による稼働停止リスクを避けられるとともに、盗難を防止できるため保険料が減少するメリットもある。
- 自社は情報を顧客の補充品ニーズや保守などのサービスニーズを把握して丸取りでき、リプレースをタイミングよく提案することによりスイッチを防止できる。
- 自動車などでは、道路の交通状況や天候などの把握にも使える。

その他

- Industrial Internet は、GE が顧客に納品した製品をネットにつなげ、そこから得られる膨大なデータを分析して顧客へのサービスに活かす仕組みであり、このモデルそのもの。

◉学習のポイント
- 製品は物理的に顧客のもとで稼働し続けるため、顧客との関係を保証する手段として極めて優れている。
- 製品ライフサイクルを利用し、IoT を用いたモデルと見ることができるが、製品関連の様々なサービスの高度化につなげることができる優れたモデル。

マルチウインドウ

◉バンダイナムコ、ダイキン工業、GE、他

モデルの概要と例

　マルチウインドウとは、映像コンテンツ業界において、制作した映画を最初は劇場に配給し、その後順次地上波テレビ、BSテレビ、ケーブルテレビ、ペイパービューに投入していき、最後にネット定額サービスに投入して映像コンテンツからの収入の最大化を図るビジネスモデルです。ウインドウとはスクリーンのことであり、マルチウインドウは映像コンテンツについて使うビジネスモデル用語ですが、経営資源（リソース）のライフサイクルに沿って投入市場を変えていく例です。本章では、マルチウインドウの語を借用しながら、リソースライフサイクルに沿いその希少な経営資源の投入市場を変えていくビジネスモデルを見て行きます。

　映像コンテンツに似ているものとして、キャラクターやタレントがあります。バンダイナムコは、テレビによるキャラクター確立の後に、グッズへのライセンスを行い、更に同社のビジネスであるアーケードゲームへと投入していきます。その意味で、旧バンダイの事業と旧ナムコの事業は、同じリソースライフサイクルの上に存在しているビジネスなのです。音楽コンテンツの業界にとっては、CDの販売やネットでの楽曲の販売を行った後、同じタレントとコンテンツを使ったライブの売上で利益を得るモデルが確立しています。ユニバーサルスタジオは、映画コンテンツをテーマパークオペレーションに投入して利益を上げています。

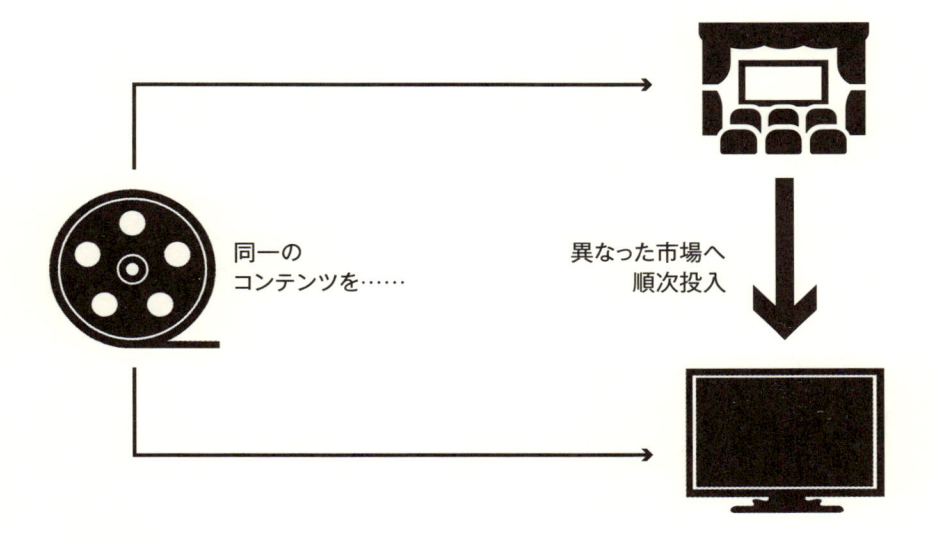

同一の
コンテンツを……

異なった市場へ
順次投入

　技術にもライフサイクルがあります。空調機のビジネスにおいては、市場は大型でビルにカスタマイズして設置するアプライドエアコン、中型の商業用パッケージエアコン、小型のルームエアコンの3つに分かれており、それぞれチャネル構造も異なっていますが、業界リーダーであるダイキン工業はこの3つの市場全てに関与することを堅持しています。その理由は設計や部品の共通化によって全体として規模の経済を得られるだけでなく、技術がそのライフサイクルに沿って各市場を順次移動していくと考えているからです。1つの室外機で多くの室内機を動かすような制御技術はアプライドから商業用パッケージ、そしてルームエアコンへと普及しますし、加湿や除湿（同社では「うるさら」）、除菌（競合ですがシャープの「プラズマクラスター」など）といった人にやさしいハードウエア技術はルームエアコン用に誕生し、順次商業用パッケージ、アプライドへと移行していくと考えているのです。これは、技術という経営資源のライフサイクルに沿ってビジネスを行う例です。
　同様に技術のライフサイクル管理の例として、GEは、航空機エンジン用

に開発した内燃タービンを発電設備に応用して、安価でかつ柔軟に出力調整できる地域電源用火力発電設備を販売しており、これを「エアロデリバティブ」(航空機派生という意味) と呼んでいます。自動車会社が高級自動車に関与するのは、そこで新しい技術が生まれ、それを富裕層に供給することにより初期的にコスト回収を行うとともに、下位機種にその技術を順次適用して上位機種で確立した技術的名声を利用して下位機種を販売していくためで、これも技術ライフサイクルのマネジメントだと言えます。航空宇宙産業では、防衛装備事業に関与しておくことが先進的な航空宇宙技術の獲得を確実なものとし、そこで獲得した技術を民生用に転用していくことを可能とします。

価値創造過程

経営資源 (リソース) をライフサイクルに沿って管理する利点は主に2つあると言うことができます。

第1に、経営資源の獲得を確実にするためです。顧客の要求が高く、高額で売れるために技術開発をしやすい市場に関与することにより、確実に技術を手に入れることができますし、テレビ番組の制作に関与することで、そこで生まれるキャラクターの使用権を確保していくことが可能になるのです。反対に、このような市場に関与しないと、下流側の市場において常にリソース獲得が遅れるか、他社からの導入に頼らざるを得ない状況になるのです。

第2に、経営資源を効率的に使い、その資源からの収入を最大化できることです。1つの市場でコストを回収できなくても、ライフサイクルに沿った複数の市場でコストを回収できるような仕組みを作り上げられれば、それを達成できていない競合と比較して独特の優位を築くことが可能になります。

なぜ優位性を維持できるのか?

このモデルが競合に対して優位性を持つのは、まず技術などの経営資源が誕生する市場に関与することによってその経営資源をそのライフ全体で独占できるからです。このような経営資源は、特に先進国においては著作権や特許のような知的所有権などで守られていることが多く、それを生み出した企

業が長期にわたって独占的に使用ないしコントロールすることが可能です。

　更に、GEの航空機エンジンと発電機の例にもみられるように、同じリソースをライフサイクルとして適用できる2つ以上の市場を持つことにより、模倣が困難な独特の優位性を持つことが可能になります。これは事業構造の違いが、簡単には真似ができない非対称性を生み出すからであり、その間に確実なつながりを持たせる（つまりシナジーを持つ）ことが可能だからです。事業間シナジーというのは、多くの場合幻想的なものですが、リソースライフサイクルが確立しているところでは、事業間のつながりが明確かつ現実的なものであると確認できます。

モデルが有効に機能する条件

　このビジネスモデルは、希少性のある経営資源が関与するビジネスにおいて、その経営資源を最大限に活用する方法として有効です。経営資源の中でも映像やキャラクター、タレント、技術などの経営資源が、どこかで誕生し、成熟し、衰退し、無価値になっていくというライフサイクルが存在するもので効果を発揮します。

　ライフサイクルとは言えないまでも、希少なロケーションにある不動産を昼夜で別目的で使用するとか、同じ人的資源を複数の市場の間で効率的に使用するというような、同一資源の多重目的使用のビジネスモデルも考えられます。このような資源の効率的な使用が、独特の優位を生み出す可能性を持っています。

落とし穴

　マルチウインドウ、つまり映像コンテンツを例に挙げると、日本においてはかつて作られたテレビ番組では俳優との出演契約が放送ごとにギャラを払うような契約のもとに作られているため、再利用が難しいことが難点だと言われています。このようにリソースライフサイクルを活用したビジネスを行う場合、そのライフサイクル全てにおいて使いやすいように権利関係や内容をリソースライフサイクルの初頭から調整しておく必要があります。

近年、新興国の圧力によって、医薬品の特許などの知的所有権の期間が短縮されてきています。特許期間中の薬品のライフサイクルを管理してそこからの収入を最大化することは当然のことながら、今後はオーソライズドジェネリック（先発薬メーカーによって同一性が保証されたジェネリック）として医療用医薬品の市場で構築したブランドや製薬技術をジェネリック市場で活用したり、あるいはスイッチOTC（医療用医薬品から一般医薬品への転用薬）などの方法を使って、複数の市場間を渡り歩く形でのライフサイクルマネジメントを行っていくことがますます重要になっていくと考えられます。

ビジネスモデルの学習に向けて

　マルチウインドウは、経営資源（リソース）ライフサイクルの活用であり、顧客や製品以外にも活用すべきライフサイクルが存在することの例として紹介しました。ライフサイクルを適切にマネージすること、特に複数の市場を絡めてこれを行うことで独特の優位を生み出すことを考えてみていただきたいと思います。

SUMARRY

マルチウインドウ　まとめ

モデル概要

- リソースを開発、あるいは取得した後、リソースのライフサイクルに沿って市場を移動させることによりそれぞれの市場で収益を得ていく。

効果

- リソースからの収入がライフサイクル全体で最大化。
- 1つだけの市場で競争している競合に対して、リソース（技術など）獲得面で有利に事業展開が可能。
- 先行する市場での評判を後続市場で利用可能。

その他留意点等

- リソースとしては、技術、タレント（人）、キャラクター、原材料など、時間とともに価値が変化するものが考えられる。
- 通常リソースの劣化に従って順次安価な市場に投入するが、リソースの選択とともにより高価な市場に投入していくモデルもありうる。" ❿ プロフェッショナルサービスファーム "（150ページ）参照。

◉学習のポイント
- 顧客や製品とともに、経営資源（リソース）にもライフサイクルがあり、それを利用する仕組みの好例。

ライフサイクル

できるだけライフサイクルの前側に関与する

　ライフサイクルとは、何らかのモノやヒト、アイディア、案件などが誕生し、成長し、成熟し、衰退し、消滅していく流れのことです。事業周辺には、様々な要素にライフサイクルが存在しています。ライフサイクルは、好循環と異なり意図的に作り出せるものではなく、事業の周辺に流れとして既に存在しているものであり、それを利用しても利用しなくても時間の経過とともに進行します。ライフサイクルは軍事で言えば戦場に吹いている風や戦闘海域に存在する潮流のようなもので、これを利用すれば戦いを有利に進めることができるのです。

　その一方で、ライフサイクルは時間とともに必ず進行する確実な流れでもあります。好循環のように、多くの種類の要素を経由しコントロールが難しい因果ではなく、これをビジネスに利用することにより、ビジネスを確実に効果的・効率的にすることができます。ライフサイクル自体は自社の仕組みではなく、自社に関連する形で流れているものなのですが、自社の仕組みをそれにフックするように作り上げ、流れを有利に利用すべきであり、それによって強いビジネスモデルを作り出すことができるのです。

　ライフサイクルをビジネスに活用する場合、ライフサイクルのできるだけ前側に関与することにより、ライフサイクルの主体への自社の関与を確実なものにします。そして、ライフサイクルが進行するに従って、自社のビジネスを順次更新していくのであり、多くの場合関与する市場を順次移動してい

きます。ライフサイクルの前半ではライフサイクルに関与する（種をまく）ために収益性が低くても、後半で関与する市場において効果性・効率性を向上させて利益を上げる（刈り取る）ことができれば、ライフサイクル全体としての収益性が上がります。その意味で、ライフサイクルを利用するという思考は、作物や家畜という生き物のライフサイクルを扱う農業に似ているということができると思います。

ライフサイクルの利用の仕方は様々なものが考えられますが、本章で紹介した"⑯ **マルチウインドウ**"や"⑮ **自社製品からの情報フィードバック**"に基づくサービスの提供のように、何らかのライフサイクルに沿って異なった市場を移動していくという利用方法が最も多いと思います。ライフサイクルの前側の市場に関与すれば、後続市場において顧客アクセスが容易になったり、資源へのアクセスが容易になったりするのです。これとは異なる利用の仕方として、ライフサイクルに沿ったそのライフサイクルの主体である資源の選定が考えられます。例として、タレントの選定に関する"⑩ **プロフェッショナルサービスファーム**"（150ページ参照）におけるアップ・オア・アウトや、"⑪ **コーポレートベンチャーキャピタル**"（158ページ参照）における技術やビジネスアイディアの選考はこれです。更に、後に述べる事業ライフサイクルの利用は、ライフサイクルに沿った資金需要の変化を利用するものであり、コーポレートレベルにおいて事業間の資金需要をマッチングすることを内容としています。

ビジネスモデルの例示

• 顧客とチャネルのライフサイクル

顧客の加齢や製品への習熟に従って生じるライフサイクルです。顧客のライフサイクルに沿って、顧客に異なる提供価値を提示することにより、顧客との取引関係を維持し続けることができます。トヨタディーラーがコンパクトカーで捕まえた顧客を、顧客の収入の増加に従って高級車販売へと結びつける（"いつかはクラウン"）、あるいはベネッセが"こどもちゃれんじ"でつかまえた顧客を進研ゼミへと誘導して、顧客からの収入を最大化する、などがそ

の例です。カメラやオーディオなどのメーカーが、入門機を低価格で用意して顧客を捕まえ、次第にプロ仕様の高級機に導くのも同様です。顧客ライフサイクルに沿ってビジネスを展開すると、マーケティングコストが下がるとともに、顧客の生涯価値（LTV）を最大化することが可能になります。

　個人客にしても、法人客にしても、そのライフサイクルの初期において資金が欠乏し資金ニーズを大きく抱えるとともに、後半において資金に余裕が出てきます。そのようなニーズや支払可能性の変化をうまく捉え、顧客を獲得し、取引を継続します。資金ニーズ以外にも、タレントの露出機会などについてライフサイクル前半にこれを支援することにより、ライフサイクル後半での収益に結びつけるなどの工夫があります（『ビジネスモデルの教科書』参照）。

　顧客と同様に、チャネルにもライフサイクルが存在する場合があります。ビール会社から飲食店をチャネルとして見た場合、その創業を支援するとか、高度医療機関から診療所医師をチャネルと見た場合にその就業を斡旋するなどです。

・案件ライフサイクル

　案件ライフサイクルとは、何らかの案件が企画され、実行され、フォローアップされるライフサイクルです。このライフサイクルに従って、事業の提供物を変えていくことで、どちらかというとサービス業に存在するライフサイクルです。例えば、ICTのシステム構築であれば、構想策定⇒要件定義⇒システム構築⇒テスト⇒運用というように案件が進行し、プラント構築では、フィジビリティスタディ⇒設計⇒機器購買⇒建設⇒運転⇒保守というように案件が進行します。これらの案件において、前側のサービスを受注することにより案件に関与し、その案件の経緯や現状を知り尽くしている優位性を活かして後続のサービスを受注していきます。

・製品ライフサイクル

　製品ライフサイクルとは、販売された個々の製品が顧客のもとで稼働し続けることによって生じるライフサイクルです。本章で紹介した"⓯ 自社製品からの情報フィードバック"（206ページ参照）は、製品ライフサイクルの利用をICTを使って強化するモデルということができますが、製品からの情

報フィードバックが行われない場合でも、製品ライフサイクルに沿ったビジネスが考えられます。製品に使用される消耗品やサービスは、その内容が製品によって拘束されるため、製品を比較的安価に販売し、製品が生み出す拘束力を利用しながら、製品に使用される消耗品やサービスを比較的高額で販売することにより利益を上げる**レーザーブレード**（『ビジネスモデルの教科書』参照）が製品のライフサイクルを利用したビジネスモデルです。レーザーブレードの例は枚挙にいとまがありませんが、エプソンやキヤノンのプリンタとインクなどがその典型です。ネスカフェアンバサダーにおけるコーヒーマシンとコーヒーカートリッジ、タミヤなどの自動車模型とその増強用パーツなどもその例と見ることができます。

　価格的な工夫を別にしても、製品が顧客に販売された後の保守や運転サービスの提供は、メーカーとしては、製品の販売に加えて常に検討すべきです。製品の製造者は、製品の設計を熟知し、純正部品を原価で持つことができるため有利に保守・運転サービスを遂行することが可能ですし、自ら保守・運転に当たれば、保守・運転段階での保守性や安全性、ユーザビリティなどを横断的に把握することができ、保守や運転のベストプラクティスの収集や、それらの情報の設計への反映を行うことが可能になるからです。保守・運転といった製品ライフサイクルの下流へのサービスでの進出は、メーカーの成長機会確保の1つの大きなパターンだと言うことができます。第1章「対象市場定義」の**サービス化**（71ページ参照）の解説を参照してください。

・資源ライフサイクル

　経営資源、すなわちヒトや技術、情報、設備、原材料などの経営資源には、それぞれに異なったライフサイクルが存在します。経営資源のライフの前半を支援することにより、後半でのそれらの資源への独占的、優先的なアクセスを可能にします。

　本章で紹介した"**❶ マルチウインドウ**"は、資源である映像資産のライフサイクルであり、第5章「資源の獲得」で紹介した"**⓫ コーポレートベンチャーキャピタル**"（158ページ参照）は、技術や事業アイディアのライフサイクルの最初期に関与することにより、それらをコントロールしようとするものです。また、"**❿ プロフェッショナルサービスファーム**"（150ページ参照）で

紹介したアップ・オア・アウトというタレント選択の仕組みは、タレントのライフサイクルに沿ったタレントの選定を進めるモデルです。

● 事業ライフサイクル

　種類としての製品 (事業) の市場性にもライフサイクルが存在します。事業は、一般にライフサイクル前半で投資資金が不足する一方で、そのライフサイクルの後半では売上が増大し、利益率は低下しますが、拡大投資を抑制することにより後半で大きなキャッシュが生み出されます。製品や事業を複数持ち、ライフサイクル後半の事業で得られる資金をライフサイクル前半に流し込んでいくことにより、節税とともに企業全体での永続的な成長の両方を同時に確保することができます。このような投資のマネジメントをしていくことにより、全体としての価値を生み出すことができるのです。このことを、一般に PPM (Product Portfolio Management) と言います。ここで言う Product とは個々の物理的な製品やサービスのことではなく、種類としての製品の市場性としてのライフサイクルのことであることに注意していただきたいと思います。ベンチャーキャピタルを使って若い事業を囲い込んでおくことは、事業アイディアや技術の流入元として重要であるとともに、事業ライフサイクルの前半に関与しておくという意味でも重要なことです。

● 環境側に生じるライフサイクル

　環境側に生じるライフサイクルも、事業に影響を及ぼすものについては、利用することが望ましいと言えます。

　医療、医薬などの規制を強く受ける産業や、検査、監査、監視機器、安全機器の製造販売など規制を基礎として成立する産業では、政策立案や規制方法の立案など、規制のライフサイクルの前半に政府に協力する形で関与し、いち早く規制に関する情報を取得したり、自社に有利な内容を規制に織り込むよう努力することで、事業を有利に進めることができる場合があります。この場合、規制のライフサイクルの前側に確実に関与する仕組みの構築が望まれます。

　社会トレンドなども、そのライフサイクルに関与できるのであれば、これを行うべきです。例えば、シマノは、マウンテンバイク (MTB) 流行という

トレンドの興隆に積極的に関わり、その結果としてトレンド初期にMTB向け製品を市場に投入し、同社はMTB向け製品市場において圧倒的な強さを示しています。

第 8 章

財務モデル

定額制

●アップル、Netflix、メニコン、ラウンドワン、他

モデルの概要と例

　定額制は、実際に顧客に提供された価値の量に関係なく、1回あたり、あるいはある期間あたりの価格を固定することにより、取引に対する顧客の受容性を増し、売上増加を狙うビジネスモデルです。月あたり固定金額による取引は、新聞や雑誌などの定期購読と似ているのでサブスクリプションモデルとも呼ばれています。

　定額制の典型は、インターネット接続サービスでしょう。インターネット接続は、通常定額で提供されており、利用時間や送受信したデータ量とは関係なく料金は月額固定です。アメリカの市内電話料金は、日本におけるインターネット接続と同様に、伝統的に月額固定料金で提供されてきました。

　アメリカでは音楽配信サービスのApple Musicが人気であり、徐々に売上を伸ばしています。Apple Musicは、月額固定料金で3000万曲を超える楽曲を聴き放題で提供しています。Apple Musicの会員になれば、楽曲を媒体で所有する必要はないので、顧客は音楽を管理する必要がなくなります。Netflixも月額固定料金で様々な映画をオンデマンド見放題で提供しており、全世界で会員数は6000万を超える契約数を持っています（2016年4月時点）。様々なレンタルビジネスも多く定額制を採用しています。もともとNetflixは、日本のDMM.comのようにDVDの月定額レンタルで成功しました。現在のサービスはこれをネット上に移行したものですが、もとはCDを返却す

図表27 ● 定額制（イメージ）

定額レンタル

価格：
月額定額

価格が
決まっている
から安心
できる

いろいろ
買いたいけど
きりがないし
なぁ

全部ここで
借りるなら
安いもの
かも？

資源
- 設備コストは固定的
- 設備量は会員数に合わせて増減すればよい

（稼働率管理は考えなくてよい）

れば何度でも異なったCDを借りられる定額レンタルサービスでした。Netflixの成功により、これを他のモノのレンタルに応用したモデルが次々と出現しています。airClosetは日本における定額制のファッションレンタルサービスであり服を何度でもレンタルし返却して新しい服を借りることができます、同様にLicieはファッションに加えて雑貨のレンタルも行っています。FreshNeckはニューヨークで行われているネクタイレンタルサービスで、月額固定料金でネクタイを何度でも交換してレンタルすることができます。

定額制はレンタル以外のビジネスにも広がっており、Lespasは日本の2000か所以上で使える定額制レッスン付のジムであり、CUPSはニューヨークの多くのカフェが月額定額で利用できるサービスです。更には、OneGoという出張者向けのアメリカ国内線の飛行機乗り放題のサービスもあります。航空業界は**イールドマネジメント**（238ページ参照）を行っており、利用者も購入タイミングと価格を常に気にしていて、チケット購入はさながら駆け引きのようになっていますが、OneGoの会員はそのわずらわしさから解放されるのです。メニコンが行っているメルスプランというサービスでは、月額定額でコンタクトレンズをいつでも交換でき、度数の変更も自由です。メニコンメルスプランは、"**❶ アズ・ア・サービス**"（52ページ参照）でも紹介しました

が、定額制はアズ・ア・サービスと親和性が高いモデルでもあります。

1回あたり、あるいは時間あたり定額というものも多くあります。ラウンドワンのスポッチャというサービスは固定料金で様々なスポーツ施設が使い放題ですし、多くのレストランで時間あたり食べ放題のサービスが人気を博しています。クラブメッドは旅行1回あたり全て込みの料金を提示し、旅行中の食事やアクティビティなどを顧客の求めに応じて提供し、人気を博していますし、それを模した"オールインクルーシブ"というアクティビティや食事など全て込みの価格プランが海外では広く用いられており、我が国でも徐々に広がってきています。

定額制は、法人向けサービスにも広がっており、研修会社であるトーマツイノベーションは月人数あたり固定料金で受け放題の研修サービスを提供しています。

価値創造過程

定額制では、ある期間あたり、あるいは1回あたりの価格を固定価格とします。

顧客は一度購買判断をすれば個々の使用において価格を気にすることがなくなるという開放感を得られ、提供されるサービスの利用を制限されることなく好きなだけ使うことができるため、それが顧客にとって自由感を生み、満足につながります。顧客は、その支払う金額が固定価格を超えることがないため、安心して価値を消費することができるのです。

価値の提供者である自社側から見ても、定額制はいくつかの利点を持っています。まず、定額制にすることにより価格計算の労力や仕組みをなくすことができます。これは、例えば通信業では大きなメリットです。通信において、料金計算を行い利用者個々に異なる請求を行うITシステムには大きな投資を必要としますが、定額制とすることにより料金計算システムは必要なくなります。また、定額制とすることにより、顧客の利用の最後まで提供する価値の顧客による使用量を見極める必要がなくなるため、課金のタイミングが自由になります。スーパーホテルは、電話や客室に常備する飲料などの従量課金するものを一切なくしていますので、チェックアウト時ではなくチ

ェックインの時に課金することができ、その結果としてただでさえ忙しい朝に料金計算をすることがなくなり、スムーズなチェックアウトができるようになっています。定額制サービスの多くが利用前に課金しますが、それによって運転資本を抑制する効果もあります。毎月自動課金するタイプの定額制は、自動更新との相性がよいため、顧客の離脱が起こりにくいというメリットもあると言われています。

通信や、コンテンツ配信などでは、設備が固定費的な性質を持つこととともに、コンテンツ所有者に対しても顧客からの収入のある割合を視聴時間に応じて分配するような契約としていることが多く、全体として固定費的な性格を持つため、事業リスクも小さいと言えます。

定額制にすることにより、顧客に提供する価値の1顧客あたりの使用量は増加しますが、顧客が従量制のもとで抑制的に価値を使用した場合の顧客単価と比較して高額な料金を設定できるのが普通ですので、顧客1人あたりの利益という意味では従量制に比べて自社に不利だというわけではありません。個々の顧客を見ると使用量に多寡はありますが、顧客を集団でみれば、提供価値の量は顧客数に比例した予定値に近づくと考えられます。一方、定額制にすることにより顧客数が増加すれば、売上と利益の増加を期待できるのです。

なぜ優位性を維持できるのか?

顧客が自社から定額での購買を開始すると、顧客は全ての需要を自社からの購入にまとめてしまおうという行動をとります。価格の総額が固定されているのであれば、定額であることを活用してできるだけ需要をそこにまとめてしまったほうが顧客として経済的だからです。その結果として、顧客の同種の需要を自社で独占することができます。

複数の製品や事業にまたがって定額制を提供する場合、独特の優位性を生み出す可能性があります。例えば、ラウンドワンのように複数の種類のスポーツ施設を定額で提供すると、1つの種類しか持たないスポーツ施設運営者は太刀打ちできなくなります。

定額制は、同額であれば、提供価値の品揃えが多い事業者が有利ですので、

アップルやNetflixのように規模が大きな企業に有利な価格モデルだと言うことができます。規模の大きな事業者、多くの品揃えを持つ大きな事業者は、定額制にすることにより集客が進み、それが品揃えにつながるという、ある種の好循環を生み出すことが可能なのです。

モデルが有効に機能する条件

　定額制は、多量に消費されても赤字に陥りにくい、変動費としての原価の低い事業、つまり粗利の深い事業に向いています。その意味で、通信やスポーツジムなどの設備産業には向いていると言うことができます。メニコンは、製造業ではありますが、コンタクトレンズは多大な開発費を要する一方で製品原価は低く（粗利は大きく）、その意味で定額制に適した業界であると言うことができるでしょう。飲食業も、原価は3割程度であることが多く、粗利が深い業種と言うことができます。

落とし穴

　定額制は、費用構造とのつながりを持たないため、顧客が自由に価値を消費する結果として、顧客に対する提供価値の費用が予想以上になる可能性を持っています。価格設定にあたっては、従量制から定額制にすると、1顧客あたりの使用量がどのように変化するのかを見極めてから価格を設定しないと危険であると言うことができます。

　また、自社で生産しない価値を中間業者として定額制として提供する場合、顧客が多量に消費するリスクを確実に価値の提供者にヘッジする仕入価格設定をしておく必要があります。定額制コンテンツサービスの場合、総収入からサービス事業者のマージンを差し引き、それをコンテンツ視聴時間の割合でコンテンツ所有者に分配するような仕入価格設定となっていることが多いようです。

ビジネスモデルの学習に向けて

　定額制は、価格の決定方式だけで、競合との優位性を大きく変える可能性を持つことを示しているモデルです。

　定額制は、レベニューモデルが他の要素から比較的自由に構築し得ることを示す端的な例ですが、その一方で定額制であっても料金計算プロセスやそのための資源へのインパクト（この場合それが不要だというインパクト）を持つなど、レベニューモデルと言えども他のモデル要素から全く自由ではないことを示す例でもあります。

　本章の解説で述べるとおり、レベニューモデルは価格の徴収プロセスと価格の決定方式の2つに分けて考えることが可能ですが、定額制を採ると価格の事前徴収が可能になるように、両社は分かちがたい問題であることを示す例でもあると言えます。

SUMARRY

定額制　まとめ

モデル概要

- モノやサービスの価格を提供する量にかかわらず一定額とする。サブスクリプションとも呼ばれる。

効果

- 顧客は、個々の価格判断の圧力から解放され、固定額の安心感から、取引増加。
- 顧客は、固定額範囲内に全てをまとめようとするため、競合か

ら自社に取引が移動。

- 自動更新との相性が良く、長期間継続して収入を得られる。
- 自社側の個別計算のための資源消費がなくなり、課金タイミングが自由に。
- 電話や設備レンタルなど変動費の小さい事業では、費用と収入がマッチ。
- 顧客間の消費量の多寡は多数の顧客によって平準化。
- 複数の店舗やサービス、複数の事業を持つ企業が横断的に定額制を導入すると他社にはできない独特の優位を作り出すことが可能。

その他

- 高粗利の商品やサービスに向く。
- 顧客は定額でできるだけ多くの種類のモノやサービスが提供されることを望むため、品揃えが多いほど有利であり、品揃え、多くのロケーションなどを活かせる価格設定。

◉**学習のポイント**

- レベニューモデルの中の価格決定方法の一種であり、価格決定方法だけで優位が作り出せるという好例。
- 価格は、他のモデル要素と関係なく設定できるが、このモデルにおける価格計算の資源や機能からの解放のように、経営資源やダイナミズムに影響を与えることもありうる。
- 複数のモノやサービスの提供を定額化することは、バンドリングの一種と見ることも可能。

ビジネスモデルキャンバス

ビジネスモデルを記述するフレームワークの中でも特に有名なものが、「ビジネスモデルキャンバス」で、アレクサンダー・オスターワルダーらによって提唱されました。

ビジネスモデルキャンバスは、図のようにビジネスモデルを9つの要素で記述します。

V4や4ボックスに見られる価値のデリバリーの

●ビジネスモデルキャンバス

KP パートナー	KA 主要活動	VP 価値提案	CR 顧客関係	CS 顧客セグメント
	KR リソース		CH チャネル	
CS コスト構造			RS 収益の流れ	

仕組みに加えて、ターゲットとする顧客セグメントや顧客の獲得、維持の仕組みが加わっています。ビジネスモデルキャンバスは、対象市場の要素である顧客と提供価値から出発し、それを獲得するための仕組みを網羅的に記載するとともに、財務や会社間の仕組みであるアライアンスにも目配りをしたもので、網羅性のあるフレームワークとして高く評価すべきだと思います。

もし、このフレームワークの弱点を挙げるとすれば、このフレームワークを見ても、ビジネスの要素には見えても、仕組みには見えないということです。これは、ボックスのネーミングの仕方が、その原因と考えます。このフレームワークの表現では貸借対照表のようにビジネスの要素を分解し、カテゴライズした分析という印象を受けます。例えば、顧客関係であれば、それを顧客維持の仕組みとして捉えるのではなく、顧客と構築する関係の種類を記載するに留まってしまう、あるいは資源であればモデルで使用する資源の種類だけを記載して資源獲得の仕組みを考えないことになってしまう、という具合に、静的な記述をしてしまい、それを可能にするメカニズムをイメージできない可能性があることがこのモデルを使うリスクだと考えます。

財務モデル

「財務モデル」は収入面と費用面で分けて考える

　財務モデルは、金銭面におけるビジネスモデルです。

　財務モデルは、更に収入面のモデルであるレベニューモデル、費用面のモデルであるコストモデル、そしてそれらを統合した全体財務モデルに分けて考えるとよいと思います。

　まず、レベニューモデルから見ていきましょう。

レベニューモデル（収入面のモデル）

　レベニューモデルは、顧客からの価格徴収プロセスと価格決定方法である価格モデルとの両方を含んでいます。これらは、概念上区別できるものではありますが、通常両者は密接に結びついています。

　顧客は、取引において必ず価格を考慮しますから、レベニューモデルが競争において持つ力は大きなものがあります。レベニューモデルは、後述するコストモデルと異なり、ビジネスモデルの他の要素から比較的自由に設計可能ですから、工夫の余地が大きく、その意味でも競合との差異を作り出しやすいと言うことができます。ただその反面、レベニューモデルは、他の要素から自由であるという同じ理由で模倣が容易であるということにも注意してください。究極的には、後述のコストモデルに基礎を置く価格レベルのみが

模倣不可能なものと言うことができます。

　まず、価格徴収のプロセスですが、価格徴収は受注、価値提供とともに顧客との第3のインタラクションを構成しています。価格徴収プロセスを考えるにあたっては、以下の要素を考えてみるとよいと思います。

　いつ対価をもらうのか (When)：一連の取引の流れの中で、いつ対価を徴収するのかということです。前払いもあれば後払いもありますが、定額制の説明でも述べたとおり、価格決定方法が対価徴収のタイミングに影響を与えます。

　誰からもらうのか (from Whom)：対価を支払う人とモノやサービスを受けとる人は同一とは限りません。要介護者と家族、カップルでの利用者、プラットフォームの2つのサイドなど、設計によって対価の徴収先を変え得る場合があります。既に述べたように、同じように見える"ぐるなび"と"食べログ"ですが、ぐるなびは飲食店から掲載料収入を得るモデルですが、食べログは広告から収入を得ています。女性用下着メーカーのピーチ・ジョンは、ネット上で女性が選択した下着を男性におねだりできる機能を持っており、男性から代金を徴収します。

　何に対して対価をもらうのか (to What)：外見的に全く同じように見える取引も、何に対して対価をもらうかの定義を変化させることにより集客や独特の競争優位につながることがあります。例えば、顧客の購買代理を引き受けるにあたって、購買したモノにマージンを乗せてモノの対価として課金する方法と、購買代金は別途決済して代理サービスに対するフィーとして課金する方法があります。筆者の個人的な意見ですが、少なくとも日本においてはモノの対価として課金するほうがサービスの対価として課金するよりも顧客が気持ちよく支払うことができるように思います。

　どのように徴収するのか (How)：カード決済や、ネットエスクロー、コ

ンビニ決済など、金融技術やサービスのアベイラビリティが変化し、支払方法のオプションが広がっています。このため、代金徴収方法が障害となって実行できなかった価値提供方法を採用できる可能性が広がり、モデル設計の自由度が高まっています。

価格の決定方法についてのモデル

• 定額制

本章を参照してください。

• 従量制

大多数の取引は従量制ですが、通常従量制を採らない取引を従量制とすることにより、"払い負けている"感覚を回避できます。走行距離に比例した保険料の自動車保険などがこれにあたります。同じサービスでも従量制の計算にあたり、異なった指標を使うことができることがあります。例えば、通信料金が従量制であると言っても、使用回数課金なのか、使用時間課金なのか、ビット課金なのかの違いがあるという具合です。

• 成功報酬

人材紹介業者が転職が成立したときに課金する、弁護士が勝訴したときのみ報酬をもらう、などがこれにあたります。成功は、課金するための条件であり、額の決まり方は別途成約する必要があります。顧客は、成功しないにもかかわらず対価を支払うことを回避でき、リスクが下がりますので、成約しやすくなります。また、成約後も依頼先が成功のために働くことを確実に動機づけることができます。

• 関連するモノの価格の一部化

買収にあたりファイナンシャルアドバイザーが報酬を買収価格の歩合とする、不動産仲介業者が報酬を不動産成約額の歩合とする、税理士が相続税の申告にあたり報酬を相続財産の歩合とする、人材紹介会社が報酬を転職者の

年収の歩合とするなどがこれにあたります。この価格決定方法は、あたかもモノに対するマージンのような課金方法であり、顧客が価格を抵抗なく受け入れる方法の1つであるとともに、後述する**コストプラス**（238ページ参照）ではないため高額の利益を得る機会があります。

• 各種割引き

　様々な形での割引がありますが、パターンとして、①学生や退職者など収入がなく、反面、時間があるため価格感応度の高い顧客セグメントに対し学割や敬老割引などの名目で割引を提供する、②長期的取引の入り口となる取引に対し「お試し価格」などの名目で割引を提供する、③長期間の継続的取引に報い離脱を防止するため長期加入割引を提供する、④女性や子供など他の顧客を誘因する顧客に対して割引を提供する、⑤ネットやETCのようにコストのかからない自動化された取引に誘導するために割引を提供する、⑥繁忙期から閑散期に取引時期をずらすことを誘因するために割引を提供する、⑦まとめ買いを促すため購入量に対して逓減的な価格を設定する、⑧自社を他者へ紹介することの対価として割引する、などがあります。

• 保証プレミアム

　実質的な保険であり、購買者のリスク減少の対価なのですが、故障リスクから逃れる対価として保証期間延長を受け入れる傾向にあります。売主であるメーカーや小売は補修能力、代替品供給能力を有し、膨大な数の取引の中で故障リスクを大数として消化できますから、売主側の負担は最小限であることが多くあります。

価格を動的に決定するビジネスモデル例

　価格を固定せず、タイミングや他の顧客との競合関係により動的に決定して、売主の収入の最大化を図る仕組みがあります。
　以下のようなものがあります。

- **イールドマネジメント**（レベニューマネジメント）

　有限な設備能力を前提として、その能力からの収入を最大化するように価格を動的にコントロールするもので、航空会社やホテル業界で典型的に用いられているほか、欧州では鉄道でも用いられています。座席が埋まるにつれて予め定められた計算式によって価格を動かし、需要が少ない時は価格を切り下げて空席を売り切り、需要が多いときは価格を切り上げて限られた座席から生み出される金額の最大化を図ります。価格決定の主導権は売主にあります。

- **オークション**

　顧客の競争によって価格を決める方式で、厳密には価格を切り上げていくオークションと、次第に切り下げて行くリバースオークションがあります。リバースオークションでは、価格を順次切り下げて行き、最初にビッドした顧客が購入権を得ます。価格を切り上げるオークションをイングリッシュ・オークション、リバースオークションをダッチ・オークションとも言います。コメ兵は、一定期間売れない古着をグラムあたりで販売し、しかもグラムあたり単価を毎日売れるまで切り下げて行きますが、これは一種のリバースオークションと考えられます。価格決定の主導権は買主にあります。

価格の決まり方におけるトレードオフ

　以上は価格の決まり方ですが、大きなトレードオフの方針としてどちらを取るかという選択肢について考えてみるとよいと思います。

　回転率（売上）**重視対利益率**（利幅）**重視**：薄利であっても販売量を多くすれば額として相応の利益が得られますし、反対に個々の取引の利益を重視すれば販売量が減少します。

　コストプラス対バリューベース：価格を個別に見積もる取引の場合、価格を正当化する方法として、コストをベースとして価格を見積もる方

法と、顧客が手に入れる価値と比較して価格が十分に低いことを示す方法とがあります。前者をコストプラス、後者をバリューベーストプライシングと呼びます。価格は、コストと顧客の知覚価値の間で決まります。コスト以下では売り手は売らないし、知覚価値以上では顧客が買わないからです。一般に上限値である顧客の知覚価値から出発する値付け方式であるバリューベーストプライシングのほうが高額になると考えられています。

プロセス前半での低収益と後半での収益性増加：ライフサイクルなどのプロセス前半では、ライフサイクルへの関与を確立するために低収益とし、後半で収益性を増加させることが通常です。例えば、顧客ライフサイクルへの関与では、その関与開始時において低収益とする一方、後半において価格を上げ、収益性を向上させます。製品ライフサイクルを利用した**レーザーブレード**（221ページ参照）では、製品自体は安価で販売しますが、製品への消耗品やサービスは高額で販売します。

コストモデル（費用面のモデル）

レベニューモデルに対し、コストの構造や決定の仕組みをコストモデルと言います。

コストについてまず考えるべきことは、競合との間のコスト優位の源泉、つまりコスト優位が生み出されるメカニズムが何かということです。コスト優位は価格レベルに反映して価格優位に持ち込んだり、あるいは利益を投資に回して更なる優位を達成するための基礎ですので、極めて重要です。コスト優位の源泉は、以下のようなものがあります。

規模の経済：規模を背景としたローコストを規模の経済と呼びます。コスト優位の最も基本的なパターンといえます。規模を背景としたローコストには多くの場合規模を背景とした好循環が成立しているため、競合が追いつけなくなります。

範囲の経済：複数の事業や収入源で設備などの資源を共有するためにローコストを達成できることを、範囲の経済と呼んでいます。例えば、すかいらーくは、ガスト、バーミヤン、藍屋など多様なブランドを所有していますが、これらのブランド間でセントラルキッチンや配送を共用することでローコストを達成します。

高稼働の達成：何らかの理由で、設備などの資産の稼働率を競合よりも上げることによってローコストを達成します。次のようなものが典型的に考えられます。

> **高密度需要への集中**：高密度の需要がある地域や市場セグメントに限定して事業を行うことにより、設備稼働率が上がり、提供価値あたりの配賦コストを抑えて、低価格で操業することができます。例えば、LCCが需要の高い路線のみを運行して座席の充足率を上げるというのがその例です。**クリームスキミング**（70ページ参照）と呼ばれます（『ビジネスモデルの教科書』参照）。

> **休眠資産の利用**：本来活用されない資産を利用することにより、その資産のコストの配賦を抑えます。Airbnbなどによる未使用住居の宿泊設備としての提供などがその例です。

> **多重目的利用**：設備などの資産を異なった目的や顧客に多重的に利用することにより、設備費用を節約します。例えば、サントリーとUCC上島珈琲の合弁会社であるプロントがその設備を昼や喫茶店として使用し、夜はバーとして使用することにより、提供価値あたりの設備コストを削減するのがその例です。

複数収益源間のコスト配賦の偏在：規模の経済や範囲の経済、高稼働は本質的なコスト低減のメカニズムですが、複数の収益源間でコスト配賦が異なることにより、疑似的に低価格が達成できることがあります。以下について考えてみるとよいと思います。

副産物/廃棄物/過剰在庫品：豆腐屋のおから、石油精製業から出る硫黄、鉄鋼生産から出るスラグ、燃料としての下水処理汚泥、家畜飼料としてのコンビニの廃棄弁当など副産物や廃棄物は、既に主産物への全額のコスト配賦が行われてしまっていますので、その原価をゼロと考えることが可能です。

集客と刈り取り：複数の収益源を持つ場合、一部事業を意図的に収益性を落として集客し、その集客力を他の事業での高収益につなげることが可能です。

余剰能力・過剰能力による生産：通常の方法で受注した生産品を生産した後に生じた余剰生産能力は、既に通常生産品で設備の全能力の償却などのコストを回収済みであるので、設備や生産人員コストを無視してもビジネスとして成り立ちます。プライベートブランドは、このようなコスト配賦の偏在を利用したビジネスモデルです。但し、通常品の価格と比較して極端に低い価格での販売は、異なる国の市場間の取引においてはダンピングと見られることがあることに注意が必要です。

産業バリューチェーンの位置による原価構造の違い：産業バリューチェーンの上流側の企業ほど、また上流側へ垂直統合しているほど、提供価値の原価が低くなり、製品在庫を積み増しやすくなります。これにより、下流側に製品を在庫しても、実際に運転資金として寝てしまう資金を競合に対して相対的に減らすことができます。富士薬品が自社生産薬を置き薬として顧客先に在庫する、ダイキンが海外代理店を買収して空調を末端に豊富に在庫させる、などがその例です。

コストドライバーを見つけ、回避する

次にコストドライバーについて観察すべきです。何がコストを生み出すか

がわかれば、それを回避するような戦い方のパターンが判明し、より多くの利益を生み出すことができるからです。例えば、オフィスグリコのような自社配達のサプライチェーンを持つ場合、自社配送センターから配送しているので、配送センターを増設するごとに大きなコストがかかり、反対に配送センターを増設しない限り配送先を増加させても費用は固定費的であるということができます。この場合、配送センターを増加させないで配送先を増加させる、つまりセンターの周りでの拡販という戦い方が望ましいと言えます。

サプライチェーンからコストを考える

最後に、コストモデルは、サプライチェーンと密接な関係にありますので、サプライチェーンの方針を決めるにあたってサプライチェーンに関するトレードオフをコスト面からも考慮してみることをお勧めします。第4章「サプライチェーン」の解説を参照してください。

全体財務モデル

全体財務モデルは、レベニューモデルとコストモデルを統合したもので、それらの差により利益を生み出すモデルです。レベニューモデルとコストモデルを統合的にシミュレーションし、以下のことを確認すべきです。

・収益性レベル

レベニューとコストの差が十分な利益を生み出すかどうかを、シミュレーションを行って確認します。

・ストレスに対するリスク

レベニューモデルとコストモデルが別々に存在し得るため、様々なイベントに対して異なった挙動をとる結果、赤字に陥ってしまう可能性があります。収益シミュレーションの結果に対して売上減少、原材料の価格上昇などの極

端なストレスをかけ、利益の挙動を観察することにより、どのような場合に赤字に陥るか、その程度などを予め理解します。

　リスクの低い事業は、資金調達側で財務レバレッジを上げ、自己資本あたりの収益性を向上できますので、事業自体が低収益であっても、株主は高いリターンを達成することが可能です。

• レベニューとコストの発生タイミング

　キャッシュフローとの関係で確認すべきなのは、まず設備などの先行投資規模です。投資規模を見極めるためには、後述するビジネスモデルが成立する最小単位を見極める必要があります。

　更に、取引におけるコストとレベニューの発生タイミングです。通常、受注に従って価値提供を行い、その後で代金回収を行いますので、コストの発生が先行し、その後にレベニューが流入し、その間のタイムラグが運転資金として滞留することになります。見込み生産を行うと、仕入が先行するためこのタイミングの差異は更に大きくなります。但し、本文で解説した定額制では価値提供の内容に価格が依存しませんので、代金回収を先行させることが可能になります。また、プリペイドなどによって先行的に支払を受けられるのであれば、資金ニーズはマイナス（顧客を集めるほど資金がたまる）になります。支払、回収のタイミングは、買掛金や売掛金サイトにも依存します。これによって、モデルが構造的に持つ運転資金の必要規模を判断できます。

全体財務モデルに関するトレードオフ

　レベニューモデルとコストモデルの両方を巻き込むトレードオフがいくつか存在しています。以下のようなトレードオフがあり、考えてみる必要があります。

• 高価格＋ブランディング対低価格＋ノーブランド

　ブランディング投資を行い高額で販売する方法と低額を武器に広告宣伝費をかけない方法があります。化粧品や衣服、雑貨、時計、オーディオ機器な

どの販売においては、ブランディングに多額を投資し価格を引き上げる売り方と、機能や価格を前面に出しブランドに頼らないで販売する方法とがあります。

・外部対内部

最終顧客に直販するか、チャネルを起用するかにより、財務モデルは大きく異なります。直販すると新たな顧客開拓の速度は落ちますが粗利益率は大きく、チャネルを起用すると低粗利ですが売上を伸ばすことが容易になります。プロジェクト型のサービス業の場合、最も大きな事業リスクはプロジェクト・オーバーランですが、顧客に直販するとオーバーランリスクを取る反面、2次請けになると低粗利ではあるもののそのリスクから逃れることができることが多くあります。

チャネルだけではなく、リソース面でも外部調達と内部調達に大きなコスト構造の違いを生みます。技術やタレントなどを外部調達すると研究開発費や育成費用は節約できますが、ライセンスや委託費などで変動費化ができる代わりに、原価は大きくなります。内部調達はこの反対と考えればいいでしょう。

なお、サプライチェーンに関する内製と外製のトレードオフも参照してください。

・損をするところと得するところ

損して得取れというのは、ビジネスモデルのためにある言葉のように思います。何かの要素でコスト高、あるいは低価格を甘受し、他の要素で利益を上げるようにするというパターンが多くのモデルで見られます。デュポン分解などにより、全ての指標を競合よりもよくしようとすると、つまらない、全ての面で競合と大差ないビジネスモデルができあがります。

既に述べたようにプロセスやライフサイクルの前半で損をし、後半で刈り取るということが多くのモデルで共通に見られます。

また、様々な意味で、価格が低いところやコストをかけすぎるところを作り、提供価値に濃淡を生み出すことにより、独特のモデルを作り出すことができます。わざと低収益を作り出すのはビジネスマンの通常の行動に反して

いますから、模倣されるリスクが低いと言えます。孫子が言うとおり戦略は詭道であり、常道に反した財務モデルが成功につながります。

モデルの最小単位

　最後に、全体財務モデルで特に気をつけたいのは、ビジネスモデルが成立する最小単位が何かということです。例えば、チェーン店であれば、1店舗が財務的に成り立つのであれば、事業はその店舗数との掛け算として考えることができます。後に述べるビジネスモデルの構築の要点の1つにプロトタイピングがありますが、このプロトタイピングにおいては、ビジネスモデルの失敗リスクを最小限とするために、最小単位のビジネスモデルを作ってまず試験的に実行し、成功したらそれをコピーして事業規模をあげて行く、という構築方法が望まれます。

　一般的に言って、市場リーダー企業はモデルが成立する単位を引き上げる戦い方が有利であると言えますし、参入者は小さな単位で成立するモデルを探していくことになります。例えば、航空会社のビジネスモデルとしてハブ＆スポークとLCCとがありますが、ハブ＆スポークはハブ＋スポーク全体として収支が初めて計算できる大きな単位のビジネスモデルですが、LCCでは短路線ごとに切り離して収支を計算でき、その意味で事業は小さなビジネスモデルの集合体と見ることができます。既存の市場リーダーたちは、参入者が採り得ないハブ＆スポークのモデルを採りがちであり、反対に参入者はLCCのモデルで短路線ごとに**クリームスキミング**（70ページ参照）で参入していくという戦い方になります。

第 IV 部

ビジネスモデル各論③
事業間の仕組み編

　複数の事業を連動させて競争することにより、仕組みの規模やスコープを広げ、単独の事業で競争するよりも戦いを有利に進めることができます。個人技よりも仕組みが勝るように、個々の事業の仕組みよりも、それを連動させたほうが強い仕組みを作ることができるのです。そして、事業間の仕組みにも、やはりパターンが認識できます。

　事業間に生じる仕組みとして、アライアンスとコーポレートの2つを取り上げました。この2つの違いは、アライアンスが事業が自発的に連動するものであるのに対して、コーポレートは所有を背景とした複数の事業の強制的な連結ないし連動であり、合併や取引の禁止、経営資源のコーポレートレベルでの共有など、個々の事業に対し、アライアンスよりも強い連動手段を強制する可能性を持っていることです。

　コーポレートは、従来、ビジネスモデルとしての観察対象となっていませんが、M&Aが盛んに行われるようになった現代では、戦い方の手段として、更なる研究がなされる必要があり、ここで章立てして取り上げました。

第 9 章

アライアンス

フランチャイズ

◉セブン−イレブン、公文、シェラトン、センチュリー 21、各種ホテルチェーン、他

モデルの概要と例

　フランチャイズは、フランチャイザーと呼ばれる企業が自社で事業を展開する代わりに、フランチャイジーと呼ばれる契約先に資金を供出させ、自社が商標や運営プロセス、ノウハウ、IT システム、商品、原材料などを提供し、ロイヤルティや委託料などの形で収入を得るビジネスモデルです。フランチャイズではフランチャイザーとフランチャイジーという 2 つのモデルが存在しますが、ここでは主にフランチャイザーの側から見て行きます。

　フランチャイズは、様々なチェーンストアで利用されているビジネスモデルです。すかいらーくなどのレストランやセブン−イレブンなどのコンビニエンスストアはフランチャイズの典型ですが、他にも公文や河合塾などの学習塾・予備校、ウェスティンやシェラトンなどのホテル、コバックなどの車検、うさぎ薬局などの調剤薬局、白洋舎などの衣料クリーニング、センチュリー 21 などの不動産業、その他デイサービスや介護施設、接骨院、探偵業、ゴルフショップ、ビューティーサロンなど、およそ店舗展開するあらゆる業種でフランチャイズが行われています。フランチャイズとは称していませんが自動車ディーラーもその多くはフランチャイズに分類してよい形態で運営されています。自動車ディーラーは、地方の有力企業や地方財閥をフランチャイジーとすることにより、優良な店舗ロケーションの確保とともに、各地方におけるフランチャイジーの関係先への販売のメリットを得ています。

図表28 ● フランチャイズの仕組み

事業要素		フランチャイザー	フランチャイジー
資源	資本		○
	人・設備		○
	ブランド	○	対価支払
	運営モデル	○	
	什器・商品	決定	
収支	売上		○
	事業コスト		○
	利益	ロイヤルティ	事業利益－ロイヤルティ

※これ以外のアレンジメントもあり得ます。

　運送業界においてもフランチャイズが行われています。軽自動車による貨物運送の赤帽は、フランチャイズで運営されています。日本交通は、中小のタクシー事業者に対するフランチャイズ化を推進し、フランチャイジー企業のタクシーを日本交通ブランドで運行させ、グループ全体の運行台数をほぼ倍増させて自社のプレゼンスの向上につなげるとともに、配車用無線の共用や運行密度の上昇による短時間配車、グループ専用乗り場の設置などにつなげています。更に意外な業界として、エアラインでもフランチャイズが行われています。エアラインのフランチャイズは、1980年代にブリティッシュ・カレドニアン航空が始めたとされていますが、我々にも身近な例ではエアアジアが各国にフランチャイズのエアラインを設立しており、エアアジア・ジャパンもその1社です。

　フランチャイズは農業にも広がり、新規就農者を育成した上で、フランチャイズ農場の運営を任せる企業も現れています。

価値創造過程

　フランチャイズでは、フランチャイザーが事業を行うためのブランドやノ

ウハウ、フランチャイジーが資金を拠出し、フランチャイジーが自己の勘定において事業を運営して利益を得ます。要員は通常フランチャイジーが雇用ないし委託しますが、スーパーホテルのようにフランチャイザー側が要員を確保する例もあります。フランチャイザーは、フランチャイジーからロイヤルティという形で売上などに応じた見返りを得るのとともに、要員のトレーニング料、事業で使用する設備の販売費や維持費、商品や原材料の販売代金などを得ます。これらの対価は事業自体の利益と比べると確実に得られるものが多く、フランチャイザーはリスクを回避することができます。

フランチャイザーは、自己の資金を負担することなく事業を急速に拡大することが可能になります。企業が成長するときは、設備投資や運転資金の急激な増加が必要となりますが、フランチャイズにおいてはその大部分をフランチャイジーが負担することになります。フランチャイザーは、フランチャイジーの関係性を利用できる場合があります。自動車ディーラーが地方財閥や地方有力企業をフランチャイジーとしているのは、このような理由も大きいと思われます。

一方フランチャイジーは、フランチャイザーに様々な対価を支払わなければなりませんが、確立した事業ノウハウやブランドを手に入れることができ、事業を直ちに成立させることが可能であり、売上や高い売価を当初から実現し、利益を上げることが可能になります。

上記のエアアジアのケースを見ると、国境を越えたフランチャイズには、これらの他に様々なメリットがあることがわかります。まず、外資による出資規制がある国・業界においても、フランチャイズという形態であれば事業支配をある程度行いながらビジネスを行うことが可能だということです。エアラインのように強い外資規制を受ける業種であっても、フランチャイズは可能なのです。国境を越えてビジネスを行うことにより、規模の経済を追及できますから、規制業種で国際展開をする企業にとって、これは魅力的なオプションとなるでしょう。更にロイヤルティや設備販売、原材料販売、研修費などの形でフランチャイジーに対価を請求する場合、利益移転ではありませんから、利益の持ち出し規制が存在する新興国などでも規制を問題とすることなく回収することが可能です。しかもフランチャイジーの利益認識と課税の前側でこれを行うことが可能なのです。

なぜ優位性を維持できるのか?

　フランチャイズを用いると急速な店舗展開を行うことができるため、模倣が生じる前に事業を拡大することが可能となります。そのことが、競合の出現を防ぎ、将来の生存確率を上げることにつながります。

モデルが有効に機能する条件

　フランチャイズは、従来、サービスや小売、小規模運送業のような分散的な産業に適用されてきました。

　しかし、エアアジアの例は、電力、鉄道といった重厚長大産業、規制産業にもフランチャイズが適用可能であることを示しています。例えば、シンガポールテレコム（シングテル）は、インド、フィリピン、バングラデシュ、インドネシアなどの通信会社に少額出資し、業務ノウハウの共有とともに、料金計算などのITシステムを共有してその使用料を徴収してきました。シングテルの場合はブランドを共有しませんが、エアアジア同様にフランチャイズに近い形態と考えてもよいでしょう。

　今まではあまり例がありませんが、製造業への適用も検討されてよいと思います。製造業では、生産を委託して委託側の収支勘定でビジネスを行うOEM（Original Equipment Manufacturer）というビジネスモデルが定着していますが、ブランドや技術やカギとなる部品、製造ノウハウなどを供与した上で供与先の勘定でビジネスを行う、つまりフランチャイズを行うことも可能です。シンガーミシンは、ほぼこのようなフランチャイズの形態であり、各国の事業パートナーが製造したミシンをシンガーのブランドで販売しており、日本ではハッピージャパンにシンガーブランドがライセンスされています。最近では、植物工場の事業をフランチャイズする企業が出現しています。

落とし穴

　フランチャイズでは、フランチャイジーにマニュアルのような形式知化した形で運営ノウハウの全てを明かすことになりますので、そのノウハウを獲

得されてしまい、独立されてしまう危険があります。そのため、フランチャイズ契約終了後の競業避止をフランチャイズ契約に盛り込むことが多く行われています。更に、フランチャイジーの従業員にもノウハウが流出する可能性があり、そのため従業員によるマニュアルへのアクセスを部分的にしか認めないなどの防止策が行われています。

フランチャイジーは、自社の一部ではありませんので、フランチャイザーがコントロールしきれず、それがブランドを毀損してしまうことがあることを否定できません。スターバックスは、ほぼ全ての店舗を直営店で運営していますが、それは店舗設備や店舗の運営方法に関するコントロールを確保するためであると言われています。同社は、顧客に寛げる空間を提供し、顧客回転率を意図的に落とすような店舗運営を行っていますが、フランチャイジーに任せると、スターバックスのブランドだけを利用して集客を図り、顧客回転率を上げるような店舗運営が行われて、ブランド価値を毀損しかねないと考えているのです。

最後に、フランチャイジーはそれぞれが独立の商人なので、フランチャイジー同士が競合する可能性があります。それを防止するためにテリトリー保証を与えると、将来の更なる出店やフランチャイジーの起用に支障をきたすこともあります。

ビジネスモデルの学習に向けて

フランチャイズは、事業パートナー間の出資、リスク、収益分担の仕組みであり、提携した企業間で資本に関係なくリスクリターンや事業に対するガバナンスを自由に設計し得ることを示していると思います。パートナリングは、このような財務的な分担関係としても成立し得るのです。

日本企業は、海外企業に技術やノウハウを供与した結果として競合を作り出してしまっていることが多くあります。技術やノウハウの提供とともに、フランチャイズのようなパートナリングの仕組みをあらかじめ導入することが重要だと言えます。

フランチャイズ　まとめ

モデル概要

- フランチャイザーがブランド、運営プロセス、ノウハウ、ITシステムなどを提供してロイヤルティを回収、フランチャイジーが自前の資本、労働力を供出して事業を行う。
- フランチャイズは、事業体としてのプロセスや資源の使い方とは関係がない。

効果

- フランチャイザー側は、直営で運営するのと比較して資本を節約でき（成長企業にとっては大きなメリット）、収支と連動しないロイヤルティが得られリスクが少ない。フランチャイジーのコネや集客力を利用できる場合もある。
- フランチャイジー側は、信用力、運営ノウハウなどが簡単に入手できる。
- フランチャイザーは、資本によらずに事業支配と利益確保、また利益の課税前での抜出が可能で、国境を越えた利益持ち出し制限も乗り越えることが可能。

その他

- "マクドナルド化"（148ページ参照）とは親和性が高い。
- 小売、塾、レストラン、介護施設、自動車販売、ホテル、不動産などチェーン展開する企業が多く利用するが、エアライン

や通信など資本規制を受ける業種でも行われている。

> ◉学習のポイント
> - 投資、リスク、リターンの切り分けの問題であり、プロセスやリソースの使い方とは別問題。その意味で、ダイナミズムというよりも構造。
> - 実際には、無限のバリエーションがある。投資、リスク、リターンの切り分けは、オペレーションモデルとは別個に設計対象となり、自由に設計が可能。
> - オペレーションコピーの可能性という意味で"マクドナルド化"と相性が良く、"プロフェッショナルサービスファーム"とは相性が悪いと考えられるが、AKB48の各フランチャイズのようにプロフェッショナルサービスファームのリソース選定モデルをフランチャイズすることも可能。
> - フランチャイズの適用は、チェーン店舗だけではない。インフラ事業など資本規制があるところでの事業支配、利益確保の形態として活用できる。特に財閥がある新興国では有効と思われる。

エコシステム

◉Kindle、Kobo、三井不動産、VISAカード、他

....

モデルの概要と例

　エコシステムとは、生態系を意味する言葉であり、複数の企業の提供価値が合成され、一体として外部に対して競争力を発揮する企業集団です。

　エコシステムにおいては、小売事業者にとってその仕入先の商品が小売事業の競争力にとって重要であるように、エコシステムを構成する企業同士が取引関係にあることもありますが、マイクロソフト・ウインドウズに関するエコシステムについて、マイクロソフトが互換アプリケーションメーカーやプリンタなどの周辺機器メーカーと必ずしも取引関係がないにもかかわらず、それらの互換ソフトウエアや互換ハードウエア全体としてMacOSやLinuxなど他のOSに対して競争力を維持しているように、全く取引関係にない企業同士がエコシステムを構成することもあります。その意味で、エコシステムは、様々な種類のアライアンスの中でも最もルーズなものの1つと言うことができます。

　エコシステムの例としては、上に挙げたウインドウズと周辺ソフト・機器がエコシステムを形成して他のOSと対峙している他、スマートフォンのiPhoneのメーカーであるアップルがアプリ開発者、アクセサリーメーカー、コンテンツ提供者などと一体となってAndroidのエコシステムと対峙し、一方のAndroid陣営は、これらにハードウエアメーカーを加えたエコシステムを形成しています。iPhoneやAndroidの優位性は、それら単独の機能で判断

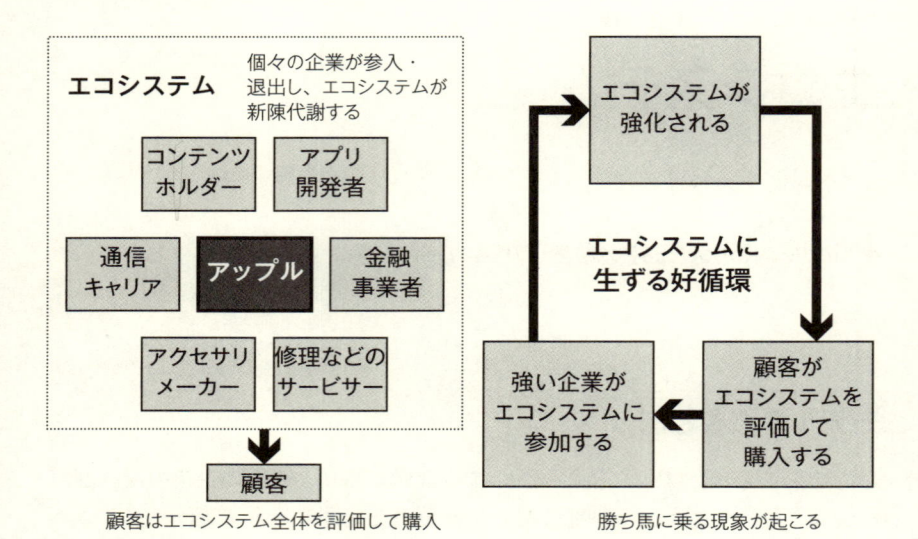

エコシステム　個々の企業が参入・退出し、エコシステムが新陳代謝する

コンテンツホルダー　アプリ開発者

通信キャリア　アップル　金融事業者

アクセサリメーカー　修理などのサービサー

顧客

顧客はエコシステム全体を評価して購入

エコシステムが強化される

エコシステムに生ずる好循環

強い企業がエコシステムに参加する　顧客がエコシステムを評価して購入する

勝ち馬に乗る現象が起こる

することができず、いかに優良なアプリ開発者やアクセサリーメーカー、コンテンツ提供者などを抱えているかということによって決まります。このような関係は、KindleやKoboなどの電子書籍デバイスとコンテンツ提供者、PlaystationやXboxなどのゲーム機メーカーとゲームソフトメーカーなどの間にも成立しています。同様に、会計やサプライチェーンなどの業務用ソフトウエアであるSAPは、SAPを駆動するハードウエアやOS、そのアプリケーションに互換して動くデータベースなどの周辺ソフトウエアとともに、SAPを企業に導入するサービスを行うシステムインテグレーターとエコシステムを形成しており、エコシステム全体として他の競合のエコシステムと対峙しています。

ICT以外の例として、三井不動産や三菱地所などショッピングモール運営者の競争力は、どのような出展者が出店するかに依存しています。VISAカードは、三井住友VISAカードなどのカード発行者、加盟店やその管理会社とともにエコシステムを形成していて、全体としてマスターカードなどの競

合のエコシステムと対峙しています。

価値創造過程

　エコシステムが成立しているところでは、顧客は個々の企業の製品やサービス単体とともに、エコシステムに属する他の製品やサービスと組み合わせた価値を評価して購買判断を行います。つまり、エコシステム全体の合成された提供価値を概念することができ、顧客はそれを評価するのです。このため、個々の企業は、自身の製品・サービスの提供価値を高めるだけではなく、エコシステム全体としての競争力を高める必要があります。反対に、高い競争力を持つエコシステムに所属すれば、エコシステムに所属する他の製品やサービスとの関係から、顧客は自社を選択してくれることになります。

　顧客は、エコシステムのどの部分からでも流入する可能性があります。例えば、業務用ソフトウェアであるSAPの事例では、顧客はSAPそのものを評価して選択することもありますし、評価するシステムインテグレーターの推奨によりSAPを選択することもあります。また、もともと使用していたハードウエアやOSとの整合性が高いことから、SAPを選択することも考えられます。そのため、エコシステムに所属する各社は顧客を紹介し合い、共有することになります。この場合、エコシステム内部で、各社が相互に案件流入に寄与していると言うことができます。

　エコシステムのリーダー企業はエコシステム全体をどうマネージしていくか、エコシステムに所属する企業にとってはどのエコシステムに所属するかが重要な判断になります。このため、エコシステムのリーダー企業には、自社の利益の一部をパートナー育成のために支出しているところもあります。

なぜ優位性を維持できるのか？

　エコシステムが他のエコシステムに対して優位性を持つのは、有力な企業がエコシステムに参加するからです。そのため、エコシステムの有力パートナーとなりうる企業は先取りすべきです。ただし、エコシステムはルーズなアライアンスであるため、この囲い込みによる優位の持続可能性には限界が

あり、ある企業が自社のエコシステムと競合のエコシステムの両方に所属することは避けられないことが多いでしょう。

エコシステムでは、それに参加する企業が他の企業の製品・サービスの競争力や顧客基盤を利用し合います。優良なパートナーがエコシステムに参画すると、それゆえに顧客が選択し、顧客が増えることによって更に優良なパートナーも参画するという好循環が生じます。この循環は、エコシステム全体から見れば、顧客とエコシステムへの参加者の強化、エコシステムとして提供できる品揃えの強化という内部好循環のようにも見えますが、個々の企業単独で見れば全く自社製品の価値は強化されていないわけで、自社以外の外部で生じる好循環、即ち外部好循環ともなる独特の好循環です（外部好循環と内部好循環については、第6章「好循環」を参照してください）。

落とし穴

エコシステムを構成する企業間には、必ずしも契約関係や合意関係があるわけではありません。そのため、先に見た"⓮ フランチャイズ"（250ページ参照）などのようにガッチリとした契約や仕組みで縛られているアライアンスと比較すると、パートナーへのグリップは弱いものとなります。エコシステム全体の力が競合のエコシステムの力を下回り始めると潮が引くようにパートナーがエコシステムから離れていく可能性があります。パートナーとは、MOUなどの合意文書を作成したり、定期的にミーティングを持つなど、信頼関係の構築維持に努めることが望ましいと言えます。

エコシステムのコントロールに失敗した有名な例は、ソニーのビデオデッキとテープの方式であるベータマックスにおけるコンテンツの確保です。ビデオデッキはテレビの録画機であるとともにテープによって供給されるコンテンツの再生機として機能し、コンテンツ提供者とともにエコシステムを構成します。ベータマックスはVHS方式と比較して、ビデオテープシステム自体の機能は優れていたと言われていますが、ソニーはこの方式を他社に公開せず、自社でのみ生産していました。しかし、ソニー以外の各社がVHS方式で共通化すると、ビデオデッキの設置数でVHSが上回ってしまい、コンテンツ提供者は次第にVHS方式でのみコンテンツを発売するようになっ

て、ベータマックス方式の敗北を決定づけました。これをきっかけとしてソニーはコンテンツを自社グループとして所有する（コーポレートとしてコンテンツ会社を持つ）方向に舵を切ったといわれています。ただ、ソニーの敗北は他のハードメーカーをエコシステムに加えなかったために起こったとも言え、エコシステムの各パートナーの役割をいたずらに社内に取り込むことは危険でもあることは、理解しておく必要があります。

更に、エコシステム内部にも競争があることには、注意が必要です。エコシステムの内部において自社だけが同種のうち唯一の企業である場合はよいですが、同一機能を提供する複数の企業がある場合には、エコシステムの内部での競争が発生します。強力なエコシステムには多くの競争力ある企業が参加してきますので、強力なエコシステムで多くの競合とエコシステム内部の市場を分け合うよりは、小さなエコシステムの中で独占的な地位を得たほうが事業が安定し、利益につながることも起こり得ることには注意すべきです。

モデルが有効に機能する条件

仕入先やチャネルなど産業バリューチェーン全体を示す意味でのエコシステムは多くの業界で成立し得ますが、顧客が製品を同時に使用することによるエコシステムは、製品の互換性（interoperability）が問題になるICT機器やビデオゲーム、電子出版、などの業界に最もよくあてはまります。

ビジネスモデルの学習に向けて

エコシステムは、現代における競争は、企業単独で行うとともに、集団として行う性格が強く、その意味で企業単体の仕組みとしてビジネスモデルを考えるだけではなく、複数の企業がどのような集団を形成するのか、というアライアンスやコーポレートの視点が重要であることを示す好例だと思います。

産業が成熟し、プレーヤーの数が減ってくると一方で事業内部の仕組みを模倣し合い、新たに打てる手が少なくなる一方で、パートナーとしての候補

企業も減ってきますので、アライアンスの重要性が更に増します。

　従来の戦略論は市場や自社のケイパビリティのみを考慮していたきらいがありますが、このモデルは、アライアンスにも同様の注意を払うべきことを示しています。

SUMARRY
エコシステム　まとめ

モデル概要

- 自社の製品やサービスと同時に提供される製品やサービスの提供者と連携し、全体として顧客の課題が解決されるようにする。その結果、系全体として、顧客の高次元の課題を解決できる。
- 連係にあたっては、相互運用性を改善することが多い。
- このため、初期的にエコシステム全体を適切に設計し、多くの有能なエコシステム参加者を得ることが鍵となる。場合によりライセンスや補助金などによりエコシステム内部の利益の再配分も行う。

効果

- 顧客としては系全体を評価して購買判断を行う。
- 個々の企業の競争力は、個々の企業の製品力と同様に、あるいはそれ以上に系全体の競争力に依存する。
- 強いエコシステムには、参加企業が増加し、好循環が発生する。

その他留意点等

- エコシステムとは生態系のこと。
- エコシステムに所属する企業群の間には、必ずしも契約関係があるわけではないので、系の競争力が衰えると離脱しかねない。
- 参加者によっては、複数の系に属するものもある。

◉**学習のポイント**
- 競争は、個々の企業の競争から、企業集団の競争へと移行していることを示す好例。
- エコシステムの中核会社は、系全体の競争力を保つため、参加企業のリクルーティングなどを適切に行うべき。特に系をスタートするときにどれだけ有力な企業を集められるかが鍵。
- エコシステムへの参加企業としては、勝ち馬を見抜き、系の中で力を発揮できるよう自社の戦略や仕組みを調整することが必要。

筆者が推奨する
ビジネスモデルのフレームワーク

　私が推奨する仕組みのビジネスモデルの記載方法は、下の図のようなものです。これは、基本的に本書の第Ⅱ部〜第Ⅴ部と同じ構造をしています。

　各ボックスを"仕組み"としているのは、ビジネスを使われている経営資源やプロセスなどの静的な要素に分解するよりも、仕組み（モジュール）として記載したほうがビジネスモデルを構築する上で理解しやすく、特にビジネスモデルの構築を考えるときに有利だと考えるからです。

　同様の記述は、ビジネスモデルキャンバスを用いた上で、各ボックスを静的な要素ではなく、仕組み（モジュール）として記載していただくことでも達成できます。その意味で、本書における分類方法は、ビジネスモデルキャンバスと互換性を持っています（右図参照）。ただし、ビジネスモデルキャンバスにはない要素であるライフサイクルの利用や好循環は、競争優位を達成するための重要な仕組みや流れですので、ビジネスモデルキャンバスを使ってビジネスモデルを分析・構築する場合は、ぜひ、これらを追加的に考えてみていただきたいと思います。

●推奨する記述方法

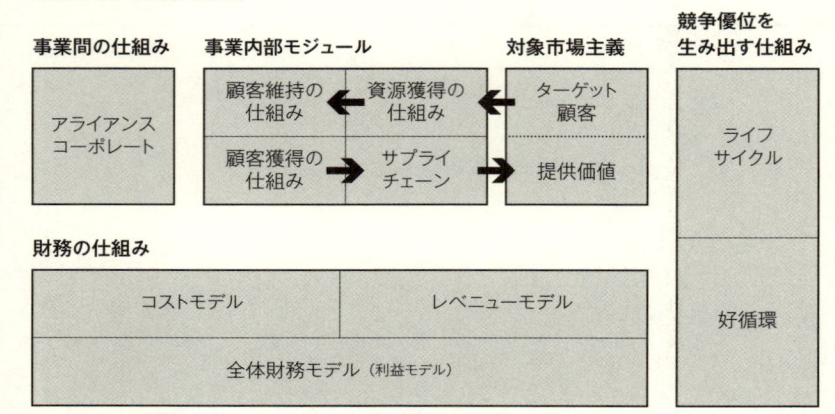

●ビジネスモデルキャンバスとの互換性

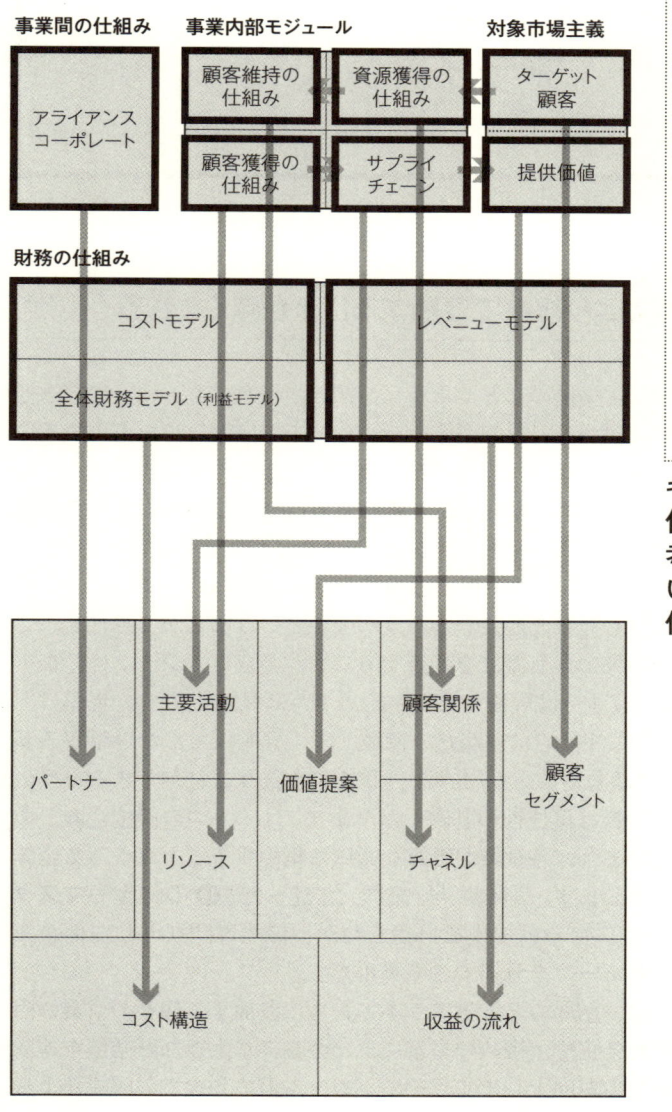

アライアンス

単独行動より複数で連動するほうが強くなれる

　アライアンスとは、提携のことであり、他社との合意のもとで、自社と他社の事業を連動して運用し、単独企業では達成できない優位性を実現する仕組みです。同じ所有者のもとにある複数の事業が強制的な連動関係にある（本書ではコーポレートと表現）のとは異なり、各事業の自発的な判断によって連動します。

　人が単独行動するよりも、2人組で行動したほうが強いのと同様に、企業も単独行動するよりも複数で連動したほうが強いということができます。アライアンスが単独事業よりも優位を発揮することができるロジックは、根本的には2つあります。1つは規模であり、もう1つは専門化です。規模は、好循環の基礎となり、1社では得がたい特徴です。好循環ではない単なるリスク分担も、1社では負うことができないリスクを負うことができるようにするという意味で規模は優位性の基礎となります。もう1つの優位性向上のロジックは専門化であり、各企業が得意な領域に集中することによって全体として優位性が向上します。第6章「好循環」で述べた“**⓮ レイヤーマスター**”（185ページ参照）は、自身は規模を目指しつつ、機能専門家として他企業とともにバリューチェーンを分担するモデルです。

　アライアンスでは、結局のところアライアンスに参加する個々の事業の内部モジュールの機能強化や、複数の事業にまたがるより大きな好循環を達成することにより競争力が向上します。そのため、本書の今までの解説による

価値の作り方と基本的に変わることはなく、本書で今まで述べてきた単独事業でのビジネスモデルを複数社で成し、それによって更に競争優位を得る応用編だと思えばよいでしょう。

　現代において、アライアンスの持つ意味は従来にも増して大きくなっています。その理由は、まず産業の成熟に従って提供価値や仕組みの模倣が横行し、自社だけで打てる手が少なくなっているからです。更に、国境や産業などの様々な境界が取り払われ、アライアンスによる規模や専門性への集中がより必要となってきているからでもあります。最後に、ICTによって、複数の企業が連動することが従来よりも容易になっており、従来にも増して有効なアライアンスを築く可能性が大きくなっているからです。これは、ポイント制などを使った共同マーケティングなどのアライアンスや、サプライチェーン強化のためのアライアンスに顕著に見ることができます。

　アライアンスによる競争優位が持続可能なのは、アライアンスパートナーが有限であり、先取りが可能だからです。産業内にアライアンスが出現し、その威力を発揮し始めると、他の事業者も必然的にアライアンスしなければ生き残れなくなります。その状態に追い込まれると、競合が既にアライアンスを形成し、自社のアライアンス先候補は既に限られた状態になっていることが多いため、業界においてどのようなアライアンスが可能なのか、その場合どのようなパートナーと提携可能なのかをあらかじめ想定して、どのように業界内でのパートナリングのゲームを泳ぎ切るかを見極めておく必要があります。

ビジネスモデルの例示（提供価値強化のためのアライアンス）

・エコシステム

　エコシステムは、それに参加する企業間で相互にチャネルとなっている場合もありますが、その本質は提供価値強化のためのものです。本章を参照してください。

ビジネスモデルの例示 （顧客・案件の獲得と顧客維持のためのアライアンス）

・特約店

　特定のメーカーのみのチャネルとなることと引き換えに製品構成や価格において有利な仕入れ条件を約束されたチャネルを、多くの事例で特約店と称しています。いわゆる系列店であり、自社にとってはチャネルですが、戦後日本の製造業の多くは強力な卸・小売を特約店として囲い込むことにより、競合がそのチャネルを使用することをブロックすることによってシェアを維持するというビジネスモデルを採ってきました。特約店は、顧客・案件流入の仕組みの一部でもあり、通常サプライチェーンにも関与します。松下電器産業はかつて強力な特約店網を持つことで有名でしたし、コクヨも特約店網を維持することにより、がっちりと業界を支配してきました。富士フイルムもフイルム卸との強力な関係を維持してシェアを維持してきました。

　しかし、インターネットの出現や、いくつものメーカーを同時に扱う大規模小売業の出現によって、このビジネスモデルの優位性が揺らいでいます。電気業界では、特約店は一般的なチャネルとしての地位を外れ、地域におけるコミュニティを活用し、サービスを付加して販売する事業者へと変化しています。

・共同マーケティング

　ポイントプログラムの共同運用などにより、各アライアンスパートナーの顧客を相互に流入させるなどの、マーケティング上の共同プログラムを行います。最近は、購買データ共有とその解析によるマーケティングへのフィードバックも内容としたものが多くなっていますので、内部好循環を働かせるものが多くなっています。

ビジネスモデルの例示 （サプライチェーン機能強化のためのアライアンス）

・バリューチェーン内部における役割分担

第6章「好循環」の"⓮ レイヤーマスター"（185ページ参照）でも述べていますが、バリューチェーン全体を統制するバリューチェーンオペレーターが、あるバリューチェーン機能に特化して規模を目指すレイヤーマスターと共同して複数企業の協働としてバリューチェーンを構成します。

・OEM

メーカーが他のメーカーに製造委託を行い、委託元が自社ブランドで販売するビジネスモデルが広く行われており、この製造委託関係において委託先のことをOEM（Original Equipment Manufacturer）と呼んでいます。OEMは、"⓮ レイヤーマスター"における最も基本的なアレンジメントでもあります。製造委託元にとっては、生産設備などの資本投資を行うことなく、柔軟に製造できる利点があり、製造委託先にとっては自社の製造能力を他社のために活用して利益を得、生産コストを下げることができます。OEMは、アライアンスの1種であるとともに、独特のサプライチェーンの構築方法の1つと見ることも可能です。

なお、OEMの用語は、業界により使用方法が異なり、多くの産業で生産委託先企業で実際に生産を担当する企業をOEMと呼んでいますが、自動車業界では完成車メーカーをOEMと呼んでいることに注意してください。これは、自動車産業における国際品質マネジメント基準ISO／TS16949が完成車メーカーをOEMと定義していることによるものであり、本書がここに挙げたOEMとは別物と見るべきです。また、卸などが単純な仕入れ品と自社企画＋委託製造品とを区別し、自社企画＋委託製造することをOEMと呼ぶこともあり、OEMの用語が用いられる際には、その内容が何を指すかを個々に確認すべきです。

・リソース共有のためのアライアンス

第4章「サプライチェーン」の"❾ 資源の動的アロケーション"（135ページ参照）を参照してください。

・ボランタリーチェーン

小規模な小売業やサービス業が自主的にブランドや仕入れ、ICTシステム

を統一し、規模の経済によるコストダウンを図るとともに、市場におけるプレゼンスを増加させるビジネスモデルです。これは、フランチャイズや特約店などに対する小規模事業者側からの対抗策と見ることもできます。フランチャイズでは、本部へのロイヤルティ負担が大きかったり、フランチャイザーによる事業上の統制事項が多いのと比較し、ボランタリーチェーンは独立の事業者の自主的な集まりであることから、これらが少ないのが特徴です。反対に、統制が緩いために、フランチャイズや直営チェーンと比べてブランドイメージを統一できなかったり、コストダウンが効きにくいというマイナス面も持っています。

　所謂ビッグ4と言われる監査法人間の国際提携関係、自動車業界におけるルノー・日産アライアンスも、これに近い性格を持っていると思います。

・プライベートブランド

　小売などの流通企業が、メーカーに製品の製造を委託して製品を製造し、自社の会計とリスクのもと、自社の販売力を利用して販売します。小売企業としては、生産者の空き能力を利用するため、設備コストの製品への配賦を小さくするよう生産者と交渉できるとともに、製品の原価構造を把握し、プライベートブランド以外の仕入れ交渉を有利に進めることができる利点があります。販売力を背景とするモデルであることから、販売力が大きい、シェアの高い企業ほどプライベートブランドを利用する傾向があります。メーカー側には、自社のブランド力の弱さを補い、余剰能力を用いて売上を増加させられるとともに、有力小売企業における販売をある程度独占できるメリットがあります。

ビジネスモデルの例示（好循環強化のためのアライアンス）

・デファクトスタンダード形成のためのアライアンス

　製品を**デファクトスタンダード**（198ページ参照）とするためには、競合と比較して圧倒的なシェアを持つことが必要で、そのためのアライアンスが考えられます。デファクト化すれば、その規格と互換性を持つ製品が増えるとと

もに、部品供給量が増えるため、他の製品や方式に対して有利に競争を進めることができます。デファクトスタンダードのメリットについては、第6章「好循環」の**デファクトスタンダード**（198ページ参照）解説を参照してください。

・強者連合

大きな事業者同士が結びつき、好循環が効く機能を共有することにより、下位の事業者に対して競争を有利に進めるものです。全面的な提携は、公の介入を生むことから、海外の同業や周辺産業の強者と組んだり、同業の場合は機能的な統合に留まるのが普通です。

強者連合は、好循環を強く働かせることと、その持続可能性のための組み方の上の工夫であり、アライアンスの機能的な分類に依存せず、全てのアライアンスについて考えられるものです。働かせる好循環の種類は、ネットワーク外部性であることも、規模の経済などのケイパビリティに関するものであることもあります。

例えば、東京のタクシー業者は大和自動車交通、日本交通、帝都自動車交通、国際自動車の大手4社が共通チケットを発行し、ボディカラーを統一していますが、これにより下位の事業者はこの4社に対し苦戦を強いられることになります。カゴメは、ミツカンや日清オイリオと食品配送についてアライアンスを持っていますが、これら他のカテゴリーリーダーが組むことにより、各カテゴリーで2位以下のメーカーはどのように組んでもこれを上回ることができなくなります。

ビジネスモデルの例示 （財務のためのアライアンス）

・フランチャイズ

フランチャイズは、フランチャイジーが実質的にフランチャイザーの事業の一部と化し、資本や労働力などを提供する代わりに、財務的なリターンを得るという、財務的なアライアンスとしての性格が強いと言えます。詳しくは本章を参照してください。

• 各種共同事業体、コンソーシアム

規模やリスクが1企業で引き受けるには大きすぎる案件を行う場合、複数の企業で投資・リスク・リターンの分担を合意して共同で引き受けることがあります。投資・リスク・リターンについては、個別に設計されます。

建設業における超大規模案件の引き受け、映画やミュージカルのような興行、製薬業における化合物の探索と試験、航空宇宙産業におけるエンジンや機体開発、鉱業における鉱山や油田の開発などの例があります。集客上、価値提供上の分担があることも、その全てを1社が負担し、他のパートナーは単純に財務的な投資・リスク・リターンの分担をするだけのこともあります。

第 10 章

コーポレート

生産と販売を切り離した買収統合

◉ ABB、JT、パナソニック、アサヒGHD、他

モデルの概要と例

　生産と販売を切り離した買収統合とは、ある企業がまだ進出していない国や地域の企業を買収し、買収対象会社の生産機能と販売機能を切り離した上で、対象会社の販売機能には親会社グループが全世界で生産する製品やサービスを販売させる一方、対象会社の生産機能が生産するユニークな製品を親会社の全世界の販売機能に販売させることによって、二重に価値を作り出すコーポレートのビジネスモデルです。

　この方法で確実に価値を作り出したのは、初期のABBであり、ABBはアセアとブラウンボベリが合併した後に、主に欧州の各国に存在していた重電メーカーを買収し、各国の販売機能と製造機能を切り離した上で、買収先の販売機能には同社の全世界の子会社が生産した製品を売らせる一方、買収先の製造機能には最も得意な製品に特化して全世界での需要に見合う製造をさせることにより、製品力を上げ、品揃えを拡充していき、ついには国際的な総合重電メーカーを作り上げました。

　この方法は、酒やたばこなどのブランド品企業の買収に特に適しており、例えばJTは、買収したRJレイノルズの各国の営業機能にセブンスターなどの自社ブランドを売らせる一方、キャメルなどのRJレイノルズのタバコブランドを自社の日本の販売網に流し込み、販売しています。アサヒGHDは、2016年に「ペローニ」とオランダの「グロールシュ」など欧州のビール会

図表30 ● 生産と販売を切り離した買収統合 (イメージ)

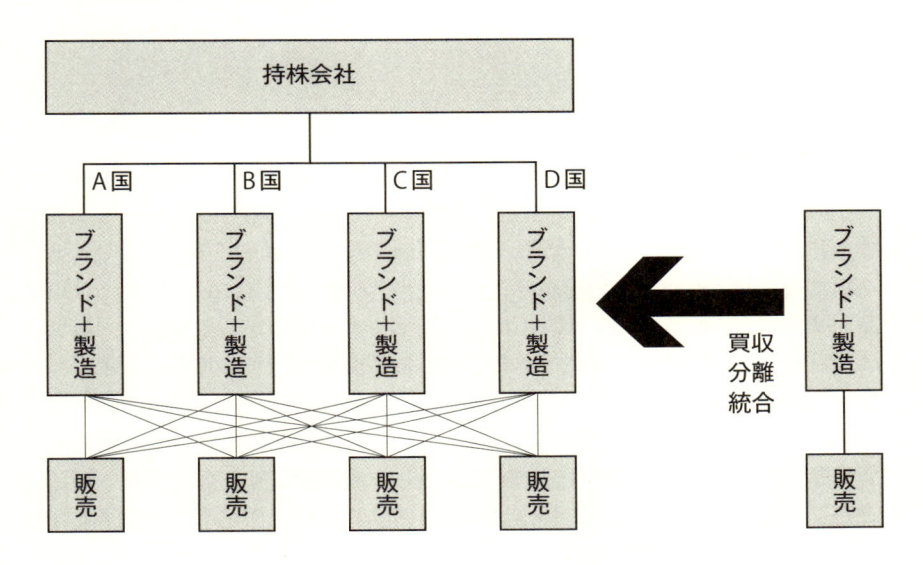

社4社を買収しましたが、これらのブランドを世界中で販売するとともに、自社の欧州での販路を確保しています。このように国際的な買収を行うことにより、販売部隊は売り物が増え、製造部門 (ブランド部門) は市場アクセスが増えるので、確実に価値が増加するわけです。サントリーなど、国際的なブランド買収に臨む企業は、このようにして価値を高めていくことができるはずです。

　新たな製品やサービスラインを追加する場合にも、この方法は有効です。例えばパナソニックは、アメリカのショーケース冷蔵設備メーカーのハスマンを買収しましたが、これにより同社の持つ製品群をパナソニックの事業に加えるとともに、アメリカなどでの同社の販路に自社製品を流し込むことができます。日立製作所は、イタリアの重工メーカーであるフィンメカニカから、アンサルドSTSという鉄道信号システム製品・サービス事業を買収しましたが、これらの製品・サービスは日立が今まで弱いとされていた製品とサービスであり、今後は同社の信号システムを日立の世界のネットワークで売

る一方、車両などもともと日立が強い製品を同社の欧州のネットワークで販売すれば、今までと比較して売り物が増加し、価値が作り出せることになります。

価値創造過程

このビジネスモデルでは、生産部門（ブランド）と販売部門の異なった領域で2重の価値創造過程を生じます。1度の買収で2度おいしいのです。

新たに買収された会社の生産部門は、全世界の販売部門に対して新たな製品やサービスをもたらします。重複する製品やサービスがある場合は、最も高品質あるいは低価格で製造できるところに製造を移管してしまえばよく、買収した会社のほうが上手に生産できるのであれば買収した会社に、その反対であれば自社の従来の生産部門に統合移管します。それによって規模の経済や専門性が得られ、効率性、効果性が増します。買収した会社が酒やたばこのようなブランド会社であれば、新たなブランドが増加するだけで、重複はありませんが、単純に売れるブランドが増えることになります。

一方買収対象会社の販売部門は、買収元の会社の全世界の製造部門にとって新たなエリアカバレッジをもたらします。従来の製造部門が製造する製品はもちろん継続的に販売しますが、買収した会社の全世界の製造部門が製造する製品を追加的に販売することになります。上の例に挙げた重工や重電、鉄道、タバコなどの産業は成熟した産業であり、新たにチャネル起用により販売網を構築することは容易ではありませんから、顧客関係資産を持った新たな販売ネットワークが加わることには、大きな価値があるのです。

なぜ優位性を維持できるのか?

このモデルでは、買収を繰り返せば繰り返すほど製品・サービスの種類が拡充し、エリアカバレッジが増加します。製品に重複がある場合は、より規模の経済や専門性が増しますから、製品も強くなります。買収を繰り返すことによって、専門性あるいは品揃え、規模の経済とエリア拡大の両方が追求できるのです。

このような条件を備えた買収対象会社は、それほど多くはありません。そのため、買収は先取りとなります。対象会社から見ると既に大きな品揃えとエリアカバレッジを持つ企業に参画するほうが魅力的であり、また買収元としても新たな買収先に高い評価額を提示することができます。その意味で、このモデルでは、先に統合を開始した企業が勝つことができるのです。

モデルが有効に機能する条件

　このモデルは、製造（ブランド）と販売との2重の価値創造が起こることが特徴ですが、製品・サービス構成が比較的シンプルであったり（石油や製紙などの場合）、製品・サービスに重複が大きい業界、地域性が強い製品やサービスや、製品劣化が早く国際輸送に堪えない製品である場合には、この2重の価値創造が起きにくいということになります。重電や航空・宇宙などの重工業、酒やたばこなどのブランド品などは、このモデルが最も向いている産業であると言えます。

　このモデルでは、製品・サービスの種類やブランドが増えることが1つのメリットですので、ブランド品では問題ないですが、そうでなければ製品・サービスが全く同じ企業を買収するよりも少しずれた企業を買収するほうが、このビジネスモデルによって価値を作り出せる可能性が大きいとも言えます。但し、同じ製品ラインでも生産規模を拡大することによるメリットはありますので、同じ分野での統合も別の意味で価値を増加できるでしょう。

　一方、チャネルを共用できないような異なった産業を買収しても、既存の各国のチャネルを活用できなかったり、生産の集約や専業化を進めることができないため、意味がありません。結局、同じ産業のブランド品や製品ラインの拡充に使用するのが最も有効だと言えます。

落とし穴

　多くの買収と同じように、このモデルの効果は買収すれば自動的に生じるわけではありません。各国における生産部門間の再調整や、新しく追加された製品ラインの営業部門への再教育など、行わなければいけないことが多く

あります。特に、新たに追加される売り物がシステムインテグレーションや EPC、保守やメンテナンスといったサービスである場合、各国における課題の理解や言語の問題、クライアントフェイシングのある程度の現地化など国境を越えた移動がしにくいという問題があります。

　前述のように、このモデルに適した対象会社の候補は多くなく、大きな企業グループでの奪い合いとなり、更にその状況を見越したプライベートエクイティの買収なども絡み、買収価格は高額になる可能性があります。対象会社候補を早期にリスト化し、合併などの申し入れを行っていくことが望ましいと言えます。

ビジネスモデルの学習に向けて

　コーポレートのビジネスモデルの価値創造ロジックは、結局は買収によって結合あるいは連係される個々の事業のビジネスモデルの強化ロジックの集合となります。このモデルは、2つの異なった価値創造過程を見ることができ、その過程をよく観察できるモデルの例だと言えます。

SUMARRY

生産と販売を切り離した買収統合　まとめ

モデル概要

- 海外企業の買収にあたって、ブランド＋製造機能と販売機能を別々に分離する。
- 買収した会社のブランド＋製造機能は、その提供価値を今までの国以外の販売部隊にも販売させる。
- 買収した会社の販売機能は今までのブランドに加えて自社の他

のブランドも販売させるようにして価値の向上を図る。

効果

- 買収した会社のブランド＋製造の売上が、今まで販売していなかった国で販売するため増加する。
- 買収した会社の販売は、今までの販売に他のブランドや製品が追加されるので、売り物が増え、売上が増加する。
- 買収は、今までの収益性を基礎として価格を算定できることが多いので、結果的に価値を作り出せる。

その他留意点等

- 雑貨、酒、化粧品などのブランデッドグッズが最も適用しやすい。

◉**学習のポイント**
- 生産と販売で、異なった価値創造のメカニズムが別々に生じる例。
- アライアンスでは実現しにくい価値の作り方の例でもある。
- グローバル化する際の価値の作り方の1つの典型。

コーポレート

アライアンスよりもコーポレートが求められる2つの理由

　コーポレートのビジネスモデルは、同じ所有者のもとにある複数の事業間に成立する仕組みです。

　コーポレートのビジネスモデルは、複数の事業間に仕組みを成立させ、事業レベルにおいて各事業が単独で行う以上の優位性を発揮させるという意味では、アライアンスと同様の基礎を持ちます。コーポレートのビジネスモデルは、基本的には各事業を通じて価値を作り出すのであり、コーポレートの視点に立つビジネスモデルの探求者も、その意味で常に事業レベルにおける価値創造を考える必要があります。この点も、アライアンスと同様です。

　しかし、アライアンスで実現できることは、アライアンスで実現すればよいということができます。複数事業間の関係を、資本関係がないアライアンスとしたほうが、仕組みがうまくいかないときにアライアンスを解消したり、組み替えたりすることができるため、リスクが低いということができるからです。そのため、コーポレートの仕組みでは、アライアンスにはない、コーポレートとして存在しなければならない理由を検討する必要があります。それは、究極的には次の2つの理由によると考えます。

　まず、コーポレートは事業の所有者ですので、事業の仕組みのレベルにおいて、アライアンス以上の強制力をもって事業の形を変えてしまうことが可能です。つまり、取引を強制したり、あるいは反対に禁止したり、事業や機能を強制的に融合させたり、事業の役割分担を強制的に割り当て、あるいは

変更したり、収益性を強制的に変更したりすることができます。この点においてアライアンスのビジネスモデルとは一線を画しているということができます。

　次に、これらとは別に、財務や、経営者資源をコーポレートレベルで一体的に運用する可能性があるということです。コーポレートの空間では、個々の事業間でプロセスを共有しませんが、財務的には一体であるため事業間に何らかの財務的な仕組みを成立させることにより、投資家により大きなリターンをもたらすものになっている必要があります。財務同様の経営資源である経営者も、アライアンスと異なりグループという空間で各事業を自由に移動させることが可能で、それによってコーポレートは、アライアンスにはない優位を作り出す可能性があるのです。コーポレートの元では、ある事業の収益性を意図的に落とし、集客に利用したり、資源獲得を強化したりすることが可能です。コーポレートはアライアンスと異なり、各事業がそれぞれ収益性を向上させる必要はなく、関与する全ての事業を通算して収益性が向上すれば足りるのです。

　コーポレート空間は、持株会社形態を採る企業が増加することにより、以前よりも重要性を増しています。コーポレートスタッフは、事業と株主の間に介在し、株主にコストを生み出しているのですから、その存在意義を明確に語ることができなければなりません。シェアードサービスはグループ外にも存在しますし、事業リスクの分散は株主レベルでも複数の事業の株式を同時に所有することにより可能ですから、コーポレートは事業間の価値を上げる事業や財務上の仕組みと効果を明確に株主に語ることができなければなりません。いま、総合商社や総合電機グループなどの総合性とは何か、持ち株会社が多くの子会社を抱える意味は何かが問われています。その答えがコーポレートのビジネスモデルの仕組みにあると言えます。

　コーポレートにおける施策を、事業レベルの価値がいかに強化されるのかという観点から分類して、以下に列挙しました。なお、これらについては、前著『ビジネスモデルの教科書』で詳しく述べていますので、参考にしてください。

ビジネスモデルの例示 （提供価値向上のための仕組み）

・周辺作業との統合

　周辺の産業と統合することによりソリューションやシステム販売のような価値を作り出し、顧客受容性を上げ、利益率の向上を目指します。例えば、LIXILは、サッシ、トイレ・洗面台用陶器、流し台などの建築資材ビジネスを統合し、全てをショールームに展示して、新築需要、リフォーム需要における一括受注を目指します。また、副次的にサプライチェーンを統合することにより、コストダウンも目指します。

　これはエコシステムのコーポレート版とも言えますが、エコシステムとしての効果に加えて、複数の事業が同一の所有者のもとに存在することにより、コーポレートレベルの営業部隊を持つことが可能ですし、製品のデザインなどにつき、事業間でより細かな調整ができるようになります。また、輸送部門を各事業から切り離して統合するなど、組織構造のリストラクチャリングが可能になります。

ビジネスモデルの例示 （顧客や案件の獲得、維持の仕組み）

・事業間顧客流入

　集客力のある事業、顧客維持力の強い事業から他の事業に顧客を流し込むことにより、グループ全体としての顧客売上単価の向上を図ります。アライアンスとしてではなく、コーポレートのもとで事業間顧客流入を行うと、集客する事業の収益性を極端に低下させ集客力の増強を図り、後続ビジネスからの利益を最大化するなど、思い切った仕組みを構築することができるようになり、模倣の困難さを更に引き上げることができるようになります。"❸事業間顧客流入"(80ページ参照) を参照してください。

・独立性・中立性を保った上での取引強制

　顧客の購買代理と製造業など、立場が矛盾する2つ以上の事業をコーポレ

ートで所有し、顧客意思を尊重しながら、顧客意思の及ばない範囲で自社グループ内における取引を最大化します。広告業におけるメガエージェンシー、金融グループにおけるクライアントフェイシング企業とアセットマネジメント企業の同時所有などがその例です。

ビジネスモデルの例示（資源獲得・サプライチェーン上の仕組み）

・下流への進出と支配

　自社よりも下流側にある企業を買収し、その企業が持つ仕入需要を独占します。その企業の価値に加え、自社の販売増による粗利増加を見込めるため、買収価格に比べて高い価値創造を期待できます。リコーは、複写機を扱うソリューション企業を買収しており、それらの企業による複写機の需要を自社製品で置き換えています。

・上流の支配

　自社よりも上流側にある事業を支配し、上流側から自社の競合に対する納入を禁止します。それにより競合は、重要な原材料を得られなくなり、自社が競争を有利に進めることができるようになります。市場シェアが高い企業が行うことにより業界支配を盤石なものとすることができます。YKKのファスナー事業による製造装置内製、ミネベアのベアリング事業やマブチモーターによる部品内製などはその例です。シェアが低いのにこれを行うと、シャープのテレビ事業と液晶事業のように、上流側での優位が保てず、他の下流企業に上流側の製品を下流側での競合関係によって販売できないという好ましくない結果を招くことになります。

ビジネスモデルの例示（好循環のための仕組み）

・同業との統合

　同業種の事業を買収し、事業を統合することにより、シェアや事業規模を

上げ、市場支配力を上げると同時にコスト優位を実現します。事業収益性は、市場シェア、事業規模、市場順位の全てに正の相関を持つことが知られていますので、統合により事業規模を上げれば、統合前の利益の合計を上回る利益が得られます。企業買収の大多数がこの同業との統合を目的とするものです。

・生産と販売を切り離した買収統合

本章で言及したとおりです。

ビジネスモデルの例示 （財務的・経営的な仕組み）

・複数事業にまたがったプライシング

レベニューモデルは、それ以外の事業の仕組みから比較的自由に設定できますので、複数事業にまたがった形でのプライシングを行うと、複数事業を同時に持つ優位性を発揮することができます。複数事業にまたがる "⓱ 定額制"（226ページ参照）や、複数事業にまたがるボリュームディスカウントなどの形をとります。

グループ内でのレベニューシェアのルールを整備する必要があります。

・事業ポートフォリオ間の資源再配分

事業ライフサイクル後半にある事業に対して能力拡張投資を禁止し、その資金を事業ライフサイクル前半にある事業に投資して、事業ライフサイクル前半にある事業の市場における順位を上げ、事業ライフサイクル前半の事業の積極的な拡大策による赤字により事業ライフサイクル後半にある事業の黒字を消し込みます。これにより、節税を行いながら、コーポレート全体として成長を続けることができます。サムスン電子は、半導体⇒テレビ⇒スマートフォンと投資先を移動しながらコーポレート全体として成長してきました。

・敵の収益源の破壊

事業構造や収益構造の違いを利用したビジネスモデルであり、敵の主たる

収益源とする事業において収益性を意図的に破壊し、敵を弱らせるとともに、集客に利用して他の事業への事業間顧客流入の先兵として利用します。

・レバレッジドバイアウト

　コーポレートが持つ事業の信用力や買収先の信用力を利用し、特別目的会社で借入を行い、借入金で対象事業を買収後、買収対象事業と特別目的会社を合併させ、その後買収対象事業の利益でこれを返済させることにより、借入利子を対象会社の費用として認識して節税を行いながら少ない手元資金で買収を行います。JTによるRJレイノルズの国際部門やギャラハー買収、ソフトバンクによるボーダフォンジャパン買収などがその例です。

・ブランド買収、統合

　個々のブランドのライフサイクルが尽きたところで買収を行い、コーポレートから経営陣やデザイナーなどの経営資源を送り込むことによりブランドの再生を図るとともに、サプライチェーンやその委託先、営業、店舗などをコーポレートが所有する他のブランドと共用することによりコストダウンを図ります。LVMH、ケリング、リシュモン、ディアジオ、ペルノリカールなどがその例です。

第 V 部

有効なビジネスモデルの構築方法

　第Ⅰ部〜第Ⅳ部ではビジネスモデルについて解説しましたが、最後のパートである第Ⅴ部ではビジネスモデルそのものの内容ではなく、有効なビジネスモデルを生み出す上での留意点や方法について解説します。ビジネスモデルの知識は、実践してこそ有用なものです。読者におかれては、ビジネスモデルを自在に操り、業界内の競争に勝利するため、ビジネスモデルの構築にも熟達していただきたいと思います。

彼を知り、己を知る

競合のビジネスモデルを分析する

　ビジネスモデルは競争のための仕組みです。競争は、自社だけでできるものではなく、常に競合との関係においてこれを論ずべきものです。

　「彼を知り己を知れば、百戦して殆うからず」

　この孫子の言葉は、市場の選択を内容とする従来の戦略よりも、同じ市場内部での競争を対象とするビジネスモデルにこそよくあてはまる言葉だと言うことができます。ビジネスモデルで論ずべき競合は、集合体としての競合圧力として存在するのではなく、競合がより明確にどのような相手なのか、特にどのように自社と異なっているのかを知る必要があります。

　ビジネスモデルは、一見同じに見えても、子細に見ると大きく異なっていることが多くあります。例えば、文具通販である"アスクル"と"たのめーる"と"カウネット"は、一見同じようなビジネスモデルに見えますが、カウネットが卸、小売という2重のチャネル構造を持つのに対し、アスクルは文具店のみをチャネルとする構造、たのめーるは外部チャネルがないダイレクトモデルになっています。これらは、顧客の流入構造の違いを生じるだけではなく、コスト構造の上でも大きく異なっています。"ぐるなび"と"食べログ"も、同じようなサービスではありますが、レベニューモデルが大きく異なっていることは、既に述べました（234ページの**レベニューモデル**を参照）。

ビジネスモデルに関する考察を始めるにあたり、まずこれらの違いが、どのように競争力に反映しているのかを分析すべきです。例えば、アスクルとたのめーるの例であれば、アスクルは事業所単位を顧客と見る一方、たのめーるは法人を顧客と見ており、顧客定義が異なっています。これが両者の営業方法や営業効率の違いを生み出していると考えられます。アスクルにはチャネルマージンが発生しますので、その意味でコスト、特に変動費が大きな財務モデルとなっている一方、たのめーるはテレビCMに頼るダイレクトであるため、固定費的になっています。最後に、アスクルが文具専業である一方で、たのめーるは大塚商会というコーポレートの仕組みの中にあり、後続事業としてシステム構築など大きな売上を生む事業への顧客流入の前側事業となっているので、後続事業のために収益性を落としても問題ないことがわかります。これらのことから、たのめーるはアスクルと比較して有利なビジネスモデルを備えていることがわかるのです。アスクルがチャネルとしているのは、株主であるプラスの系列店であり、ダイレクトに持ち込めない一方、たのめーるは大塚商会という全く異なるコーポレート事業構造空間を持っており、それが克服しがたい非対称性として、たのめーるの優位を支えていることがわかります。

　ビジネスモデルの分析においては、このように競合と自社で何が違っているかという分析だけではなく、それがどのような優位性を生み出すのか、なぜそれが持続可能なのかという、競争優位やその持続可能性を生み出すメカニズムを考えてみてください。現在のシェアの違いは何から生まれるものなので、なぜそれが変化している、あるいは変化しないのでしょうか？　ビジネスモデルが優位性やその持続可能性を生み出す過程が分かれば、それを打ち消したり、対抗したりする方策の立案につながります。事業のモジュールとしての仕組みは、ほとんど同じに見えても、好循環などによりシェアの固定化が生じている可能性があることにも注意してください。例えば、既に第6章「好循環」において見たように、LINEとKakaoは、事業の仕組みとしてはほとんど同じですが、既存顧客数の違いによるネットワーク効果 (好循環) により、顧客数の多いLINEに持続可能な競争力を生み出しています。

分析のオススメフレームワーク

　敵と自社のビジネスモデルの分析には、264ページのフレームーワーク（静的要素への分解ではなく、モジュールへの分解）による分析をお勧めします。業界の主流は、どのような顧客流入や維持の構造であり、どのようなサプライチェーンなどのデリバリーの仕組みなのか、業界における主要競合間では何が異なっているのか、それらがどのように各社の競争力を決定しているかを観察します。

　ビジネスモデルキャンバス（233ページ参照）を用いることが標準化されている企業もありますが、その場合は特にライフサイクルの利用や好循環など、キャンバス上にないダイナミズムも追加的に考えてみてください。

現在のモデルの
変革の必要性を考える

ビジネスモデルを変革する必要があるのか？

　次に、自社の現在のビジネスモデルのままでよいのかどうかを考えます。多くの場合、答えはNoだと思います。その理由は、自社が業界のリーダー企業である場合、つまり現在のビジネスモデルが成功している場合と、業界下位の企業あるいは参入者である場合、つまり現在のモデルでは競争劣位を覆すことが難しく、新たな競争秩序を確立しない限り業界をリードできない場合とに分けて考えてみるとよいでしょう。

業界のリーダー企業の場合

　現在、業界のリーダーの1社であり、現在のビジネスモデルが成功している場合には、今のビジネスモデルを変更することはかえってリスクになりかねません。現在のモデルで適切に優位とその持続可能性を生み出せているからこそ業界リーダーとして君臨できていると言えるからです。しかし、その場合も単純に傍観していればいいのかというと、そうではありません。業界リーダーがなすべきことは、次の3つであると考えます。

　まず、現在のモデルを強化するための追加的なモジュールの導入を検討すべきです。事業モジュールのビジネスモデルは、現在のモデルと矛盾しない限りにおいて追加的に導入していくことができます。業界下位企業は、いくつもの仕組みを同時に運営するだけの余裕がありません。また、モデルの導

入にはそのためには長い時間と労力を要します。そのため、現在のモデルと相互に矛盾しない限り多くの仕組みを導入しておくことは業界でのリーダーシップを盤石なものとするために必要なことです。

第2に、現在の競争優位とその持続可能性を生み出すメカニズムの更なる強化を行うべきです。好循環が働いている場合、その基礎となる規模や知識獲得の促進策を図ります。例えば競争優位が規模による好循環に基づいている場合には、その規模の更なる拡大を図ったり、好循環が廻る因果を更に確実なものとしていくのです。店舗数が多い場合、店舗数が多いことを前提として初めて成り立つモデルへの移行を考えます。

第3に、リスクへの対処です。リスクには、環境から来るものと、競合行動から来るものがあります。

現在のビジネスモデルが何らかの環境変化に対して脆弱である場合、その環境変化が起こることが確実となった時のためのプランを用意すべきです。例えば現在、関税障壁で守られた市場が国ごとに成立している場合、国ごとに規模の経済を考えることができますが、経済連携協定などで関税障壁が撤廃された場合にはどうするのかを考えておくべきです。ここでは、アライアンスやM&Aによる対処などが考えられるでしょう。

競合行動によるリスクとは、下位企業や参入者が新たなビジネスモデルをスタートして競争の仕切り直しを仕掛けてくることです。そのため、リーダー企業は、競合が導入可能なビジネスモデルを競合の立場で分析しておくことが必要です。そして、できれば競合が導入してくるであろうビジネスモデルを別ブランドなどで試行しておくことが望ましいと言えます。新たなビジネスモデルは、既存ビジネスに加えて新たな売上と利益をもたらすことも、既存ビジネスと競合して既存モデルの収益性を落とすこともありますが、後者の場合であっても、新ビジネスモデルの開発は怠らないほうがよいと言えます。競合が新たなビジネスモデルを先に導入してしまい、新たなビジネスモデルにおいて競合の後塵を拝することになりかねないからです。

業界で競争劣位にいる場合

これに対し、現在のビジネスモデルで劣位にある場合は、既存のビジネス

モデルと競合する新たなビジネスモデルを開発して既存の競争秩序を再定義しない限り、業界支配に至ることはできません。次に述べる対象市場定義をずらすような、大胆なモデル変更が望まれます。

　このように、いずれの立場であっても、結局現在のビジネスモデルの変更を模索することになるのです。

対象市場の定義を変更する

定義の変更で業界の競争のあり方を変える

　ビジネスモデルの検討で最も重要なのが、対象市場を定義することです。対象市場の定義の仕方によって、その後の検討は大きく異なると言ってよいと思います。現在のビジネスモデルと同じ対象市場定義を採用し、事業モジュールの追加による補強を図るのであれば、その後の検討はその追加するモジュールに集中することになります。しかし、対象市場定義を変更する場合、全ての仕組みの1からの見直しが必要となります。

　対象市場定義の変更は、業界内部における競争のあり方を変更する大きな力を持っています。対象市場定義の変更は、業界における競争に今までとは異なったダイナミズムをもたらすことを認識すべきだと思います。

セグメント定義の変更パターン

　従来とは異なった顧客ないし価値のセグメント定義を行う場合、そのセグメントの求める価値に従ってサプライチェーンなど変更していくことになります。**ブルーオーシャン**（76ページ参照）のように既存競合が相手にしていない市場を定義できれば、既存の競争から一旦完全に逃れることができますから、最も望ましい対象市場定義変更の形と言えるでしょう。しかし、現実にはそのような市場は、容易には思いつかないものです。

　セグメント定義の変更で、最もよくあるパターンは、既存のモデルがセグ

メントを考えることなく一般的な市場をその対象市場と定義しているのに対して、新たなモデルをどこかのセグメントに特化したモデルとして定義することです。一般市場は従来のモデルに任せ、あるセグメントにだけ最適化されたモデルを追加的に導入することによってそのセグメントを席巻するという試みです。オフィスグリコやネスカフェアンバサダーがオフィスワーカーとしてセグメントを定義し、アスクルが中小事業所というセグメント定義を行って、それぞれに最適な受注とサプライチェーンを構築しているのがその例です。これらを行うことにより、そのセグメント内部において競合との競争をそれまでとは全く異なったものにすることができます。

次に、現在のビジネスモデルの顧客あるいは提供価値のどちらかの定義は動かさず、もう一方の要素について追加的な市場定義を行うことが考えられます。現在の製品販売に加えて、その運転や保守市場に進出するとか、製品販売のための融資を行う、などです。例えば、栗田工業が、その建設した水処理設備の運転や保守のビジネスに進出するという場合がこれです。これら、従来の市場定義と補完関係にあるような定義を行う場合、競合との間で競争圧力をあまり増加させずに売上を増大させることが可能ですが、従来のモデルにおけるシェアを引きずる可能性が大きいと言えます。競合との競争を再定義するためには、なるべく顧客や案件のライフサイクル上流にある市場へと定義を追加する必要があります。

最後に、既存のモデルと代替関係にあるような市場定義の導入が考えられます。製品販売からレンタルへの変更や、製品販売からアズ・ア・サービスへの変更などです。この場合、既存の市場と真っ向から対立し、競合から取引を奪っていくことになります。そのインパクトとスケールは大きい一方で、まさに同じ理由で競合の反撃は早いと見たほうがいいでしょう。また、既存市場を既存のビジネスモデルと奪い合うので事業のライフサイクルの進行も急速に進むと考えたほうがいいでしょう。

いずれにしても、新たな対象市場定義を行うことは、業界での競争に大きなインパクトを与えます。業界の挑戦者が新たな市場定義で競争の再定義を試みるべきことはもちろんですが、前述のようにリーダー企業であっても、競合の動きに先制しておく意味で新たな市場定義の機会を見逃さず、新たな市場定義の機会があるところでは、積極的にこれを試すべきだと考えます。

KFSとの関係から
モジュールを作り込む

事業の成否を決めるモジュールを見極める

　ある対象市場定義を前提として、それを支える事業モジュールの中で、どのモジュールが事業の成否を左右する重要なものかを考えるべきであり、その重要性の順位が事業モジュールの作り込みの優先順位となります。

　例えば、"❿ プロフェッショナルサービスファーム"（150ページ参照）のように人が鍵になっているビジネスであれば、人的資源の獲得の仕組みが最も重要になりますし、ICTや医薬のように技術や特許の獲得が鍵になっているビジネスであればそれらを収集・選択する仕組みが重要になります。LPガス販売など提供価値としての違いが作りにくい事業では顧客の獲得と維持が重要となります。品揃えが重要である小売業においては、他社にない商品の発見や開発の仕組みが重要と言うことになります。それら重要な仕組みを中心に、ビジネスモデルを作り込んでいくことになります。

　ここで、事業の成否を左右する重要な事項は、従来の戦略論でKFSあるいはCSFと呼んでいるものと同じです。従来の戦略論では市場選択の理論とは全く別にKFSの議論が突然現れますが、これは市場内部での勝ち方の問題であり、むしろビジネスモデルと深く関係していると見るべきです。

　KFSが出現する理由は、特定の資源に希少性があったり、顧客の購買行動にパターンがあったりする結果ですから、これらについて考えてみることがKFSの特定につながります。KFSは、政治、経済、社会、技術などの環境により常に変化しています。これらの環境変化により、技術やタレントなどの

経営資源の希少性や、顧客の購買行動が変化するのです。競合よりも早くKFSの変化を仕組みに反映することにより、同じ市場定義の中であっても、事業モジュールのビジネスモデルを使って有効な競争優位を生み出すことが可能となります。

　重要なモジュールを見極めるため、以下の問いに答えてみることが有効です。

• 顧客（セグメント）の購買判断は、何を基準になされるのか？　購買決定の思考プロセスはどのようなものか？

　購買判断基準の上位にあるものを獲得する、あるいは制作する仕組みが重要な仕組みであると言えます。それは、技術などの資源であることも、チャネルであることもあり得ます。

• 業界で最も不足する経営資源は何か？

　特定の経営資源を入手することによって、競争を優位に進められることがあります。製薬業における有効な化合物、コンサルティングやエンターテインメントにおけるタレント、LCCにおけるパイロットなどです。このようなビジネスでは、その経営資源を入手するための仕組みを構築すべきです。

• 業界における最大のコスト要因は何か？

　製品・サービスのコストとして最大のものは何かを考えます。コストは、必ずしも会計上の原価ではなく、販管費であることもあります。通信や電力、ガス、鉄道などのインフラ産業においては設備コストが最大であり、アウトソーシングビジネスにおいては人件費が最大のコスト要因になっています。これらのビジネスにおいては、そのコスト要因のコストを引き下げるための仕組みを考案することにより、競争力ある事業を構築できます。より具体的には、投資額を劇的に抑える仕組みか、あるいは稼働率を劇的に引き上げるための仕組み、原材料を劇的にコストダウンする仕組みなどです。

• 最も規模の経済が効くビジネス機能は何か？

　最も規模の経済が効くビジネス機能において、実際にあるいは疑似的に規

模を引き上げる仕組みづくりをすることにより競争優位を実現することができます。

　モジュール間の優先順位とともに、考慮しなければならないのが、ライフサイクルです。ライフサイクルを使用することにより、集客や資源の調達を効率的、効果的に進めることができます。ここでも、KFSに関する思考は重要で、KFSが関係するライフサイクルを利用する仕組みを組み込むことを、まず考慮してみるべきです。

　重要なモジュール以外のモジュールやライフサイクルは、競争に決定的な影響を与えるわけではないが行ったほうがよいもの、いわゆる "nice to have" な仕組みです。それらは、優先的に取り組む対象ではないものの、事業を行っていく中で構築のための試行を行うことをお勧めします。仕組みを立ち上げ、機能させ、ブラッシュアップしていくのには時間がかかります。そのため、これを継続的に行うのと行わないのでは、競合との間に長い間に大きな差を生じ、それが全体として競争優位となりうるからです。

モジュール間の整合性を考える

　ビジネスモデルの構築にあたって気をつけたいのは、モジュール間の整合性です。あたかも自動車を改造するときにモジュールごとの置き換えのみならず自動車全体としてのチューニングが必要なように、ビジネスモデルも全体として整合させなければなりません。既に第Ⅰ部で述べたように、各モジュールは他のモジュールからの独立性が比較的高いものの、やはり相互に影響を及ぼし合っていることを忘れてはいけません。各モジュールに該当する仕組みをピックアップして、各モジュールを埋めていき、組み合わせれば全体として一丁上がりということにはならないのです。

　典型的なビジネスモデル間に明確な適合や不適合があるケースもあります。対象市場定義でソリューションを選択すると資源獲得の仕組みとしては "❿ プロフェッショナルサービスファーム"（150ページ参照）の仕組みが必要となったり、反対にサプライチェーンとして**マクドナルド化**（148ページ参照）の仕組みを選択すると**プロフェッショナルサービスファーム**の仕組みを選択できません。これは、これらのモデルが前提とする経営資源（ヒト）の使い方が矛

盾しているからです。このように明確なものではなくても、仕組み間に微妙な影響関係がありますし、**プロフェッショナルサービスファーム**や家元制のように資源獲得の仕組みとしても顧客流入の仕組みとしても機能し、それらの間で連携した動きが予定されているものもあります。自動車の設計において、全体のパッケージングの妙が自動車の最終的な性能を決めているように、全体としてどうモジュール間が影響し合い、全体としてどう機能するのかを常に考え、検証すべきです。

BUILDING BUSINESS MODELS

持続可能な競争優位の
メカニズムを埋め込む

競合の模倣に対する防御策を講じる

　KSFとの関係での事業のモジュールの作り込みやライフサイクルの利用とともに、敵の模倣が生じた場合にどのように優位を維持するのかを考えてみてください。競合は、成功したビジネスモデルを必ず模倣してきます。業界内部におけるビジネスモデルの模倣は、業界を超えた参入よりもハードルが低いのです。そのため、競合による模倣が生じても自社が勝てるメカニズムを埋め込んでおく必要があります。事業として機能する仕組みは、事業の内部モジュールを作り込むことで一応完結していると言えます。しかしながら、次に述べるような仕組みで模倣を封じておく、あるいは模倣に対する耐性を上げておくと、これらを利用しない場合と比べて、明らかに強いビジネスモデルを作り出すことができます。競争優位を持続可能にしているのは、以下のようなメカニズムです。

・先取り

　同種の敵に対して競争優位を持続するために、まず考えなければならないのは、「先取り」です。何らかの希少な資源やチャネル、アライアンス先などを敵より先に奪ってしまい、それがゆえに敵が全く同じモデルを築くことを防止できます。希少な資源は仕組みとして囲い込むことを考えますが、物理的に少数、少量しか存在しないものであれば、それを自社で独占するだけで競合に勝つことができます。土地、周波数、桟橋やバース、発着枠、鉱業

権などがその典型ですが、店舗や自動販売機、デリバリーボックス、乗降場、ターミナルなど、2つ以上の設置が認められない物理的な仕掛けを最初に設置してしまうことにより、競合によるアクセスを阻み、優位を継続できます。また、職域における代理店の確保、グループ空間におけるグループ内での代理店の確保など、入り込みにくい関係性内部にチャネルを設けることも先取りにつながります。

・好循環

先取りとともに、模倣を防止する手段となる優位性の大きな源泉は好循環です。好循環の種類については、既に解説しました（第6章「好循環」を参照）。好循環は内部モジュールと異なり、制御しにくいものではありますが、競争優位の源泉として重要なものですので、ぜひとも検討してみてください。

・競合の現在のモデルへの拘束

競合による模倣の防止は、現在競合が採用するビジネスモデルと矛盾するモデルを採用することによっても達成できます。例えば、競合が特約店網によって業界支配をしているのであれば、**ダイレクト**（103ページ参照）は特約店の利益と矛盾するので採用することができません。"❿ **プロフェッショナルサービスファーム**"（150ページ参照）と**マクドナルド化**（148ページ参照）は、あまりにも根本的にその組織原理を異にするため、その事業の開始時期にどちらかを選択してしまうと、他方を採用することができません。"❽ **製造小売**"（128ページ参照）を選択してしまうとサプライチェーン思考が優先するために、**顧客の購買代理**（124ページ参照）を選択することができません。

このような矛盾するモデルを投入して競合の模倣を防ぎます。

・競合が克服できないその他の非対称性の利用

最後に、競合が模倣しにくい、上記以外の既存の非対称性を基礎とすることが考えられます。例えば、所有している事業構成の違いや収益源の違いを利用して、ある事業での収益性をわざと落とし、他の事業へ誘導する"❸ **事業間顧客流入**"（80ページ参照）のモデルを導入したり、垂直統合しており在庫の積み増しによる運転資本の増加が少ないことを利用して、**顧客先在庫**

（VMI、145ページ参照）を行っていく、などが考えられます。

　特にネットサービスにおいては、好循環が働かない限りすぐに模倣が起こります。その場合、専門家などの有限要素と結びつけたり、リアルのサプライチェーンを組み合わせるなど、何らかの明確な競争優位の持続可能性を盛り込まない限り、すぐに模倣されてしまいます。模倣の場合に勝てる理由を必ず考えてみてください。優位の持続可能性の理由を明確に示せない限り、ビジネスモデルは再考に値すると言うことができます。

顧客観察や
プロトタイピングを行う

そのビジネスモデルは本当に有効か？

　ポジショニングとしての戦略立案や事業の内部プロセスの構築と比較して有効なビジネスモデルを生み出すのが難しいのは、ビジネスモデルの設計者がビジネスモデルの有効性を簡単には確認できないからです。つまり、有効だと確信したビジネスモデルが実際に機能するかどうか、実行してみるまでわからないのです。その理由はビジネスモデルを企画し、実現する過程に、ロジックだけでは解決できない不確実性が存在するからです。この不確実性に対する"読み"が、戦略がアートとして存在している原因でもあります。

　この不確実性にはいくつかの理由があります。まず、ビジネスモデルには、見込み顧客や外部資源としてのヒト、チャネルなど、自社のコントロールが効かない要素が多く含まれていて、これらがビジネスモデルの設計者の意図どおりに動くとは限らないからです。従来の戦略論は、環境のトレンドや収益性など、非常に大まかな分析を基礎とするため、思考の因果をロジックとして展開しても、大きく間違うことはありません。一方、変革の対象が社内プロセスであれば、従業員の抵抗などに配慮した変革管理は必要ではあるものの、基本的にマネジメントが命令すればプロセスは達成できます。これに対して、会社の外部の人と関係する仕組みであるビジネスモデルは、サプライチェーンのような内部に閉じたプロセスを別にすれば、自社の指示に従わせることができない人の要素が多く入り込み、それが不確実性を作り出すのです。

行動観察の重要性

このため、ビジネスモデルを作るにあたっては、これら外部の人を観察し、その行動を予測することが必要です。その手法はいくつかあり、マーケティング上の手法ですが、概念上の顧客像、チャネル像、リソース像を設定し、それらがどのように行動するのかを（モデルの企画者の視点ではなく）顧客やチャネル、資源としての人の視点で観察するペルソナという方法や、人を実際に追尾して、どのような購買行動を採るのかを実際に観察するエスノグラフィという方法です。これらは、ビジネスモデルを作成するにあたって、それが機能する確率を引き上げます。

最小単位で試す「プロトタイピング」

自社以外の人の行動とともに、ビジネスモデルの設計を難しくしているのは、既に述べたように、仕組みが意図どおりに機能するかを予測しつくすことができないからです。ビジネスモデルには、実に様々な要素が絡んでいて、そこに蓋然性の積み重ねが存在し、全体としてモデルが成立する確率を引き下げているのです。

そこで、お薦めしたいのは、ビジネスモデルを、それが成立する最小単位で構築してみて、実際の顧客など外部者の関与のもとで試してみるということです。このことを、プロトタイピングと呼んでいます。この最小単位でモデルをブラッシュアップし、モデルをチューニングした上で大規模にロールアウトすることにより、リスクを最小化し、モデルの成功確率を最大化することができます。

以上のような試行的な思考方法をデザインアプローチと呼んでいますが、実は、このデザインアプローチが必要なことがビジネスモデルに関するコンサルティングサービスの欠落を生んでいると私は考えています。戦略コンサルティングが対象とするポジショニングも、機能・業務コンサルティングが対象とする社内プロセス構築も、上記のようにそれぞれ別の事情でロジックアプローチ、つまり論理思考のアプローチが主体となりますが、ビジネスモデルの構築にあたっては、ロジックに加えてデザインアプローチがどうして

も必要なのです。マッキンゼーやアクセンチュアといったグローバルコンサルティングファームは、ロジックアプローチに優れていることを誇りとしてきました。しかし、今ビジネスモデルとその構築にあたってのデザインアプローチの重要性に気がついており、それゆえにデザインファームの買収に乗り出しています。

　なお、プロトタイピングには、財務的観察も含まれます。財務において確認すべき諸々の事項については、第8章「財務モデル」を参照してください。

新モデルの構築プロジェクトを立ち上げる

....

ビジネスモデル変革に伴う施策

　モデルの企画が終わったら、いよいよモデルの実現です。机上のモデルを実際に動く形に転換するのは、ビジネスを行う中でも最もエキサイティングな瞬間だと言えるでしょう。

　ビジネスモデルの構築には、図表31のように多くの会社機能が関わります。そのため、社内各方面の了解を得るほか、立上げチームに各部署の専門家を派遣してもらう必要がありますし、関係する人々のタスクを統合的にマネージするプログラムマネジャーや、それを補佐するプログラムマネジメントオフィスの機能が必要になります。これらの人々はモデルのGo ／ No-Goの判断前の、プロトタイピングから関与しはじめ、ロールアウトにあたって増員を図るのが望ましいと言えるでしょう。つまり、プロジェクトは少なくともプロトタイピングとロールアウトの2つにフェージングされることになります。

　プロジェクト組織を確立し、各チームに目標と期限を与え、それを達成するタスクに分解し、役割と責任を確認したら、構築プロジェクトのキックオフです。

　Good luck !

図表31 ● ビジネスモデル変革に伴う施策群

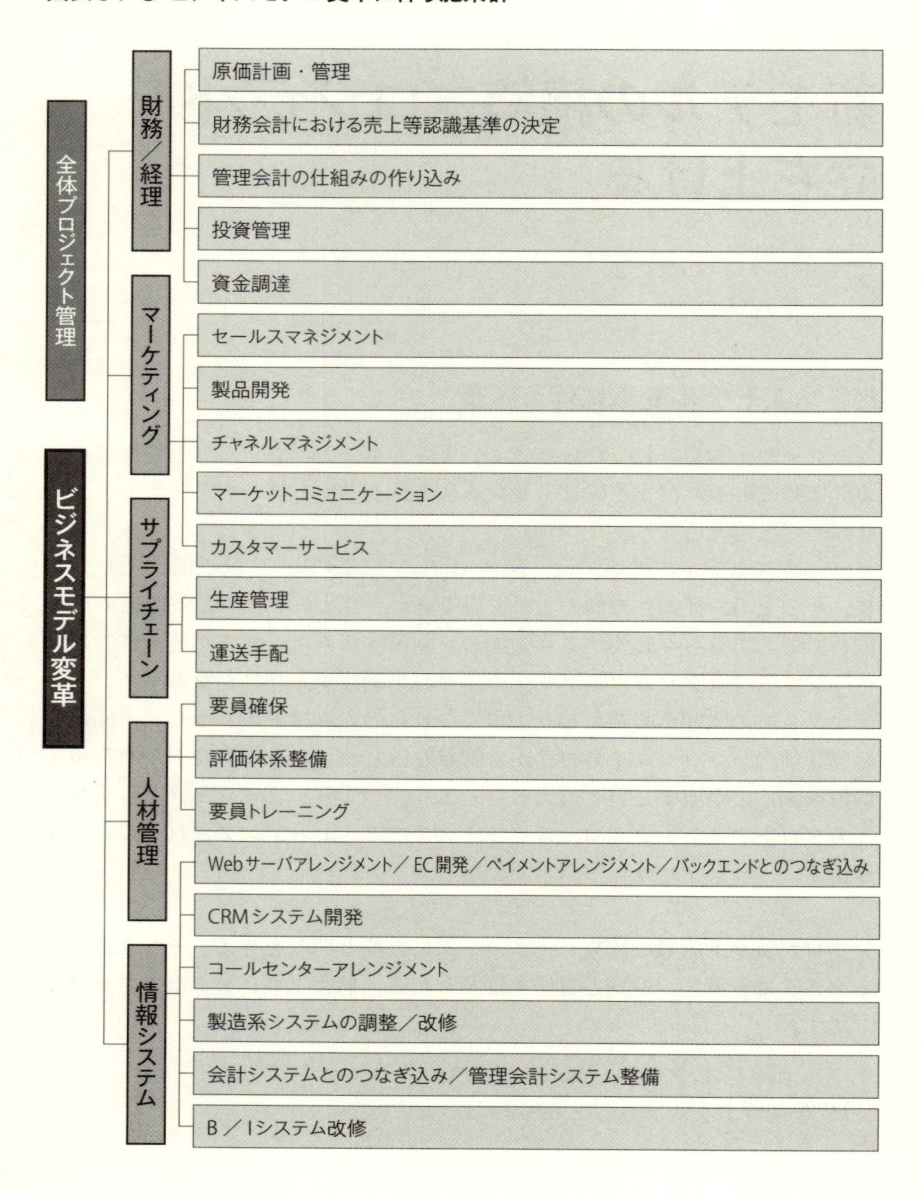

普段から行うこと
——ビジネスモデルを収集・整理する

　本書では、有効なビジネスを生み出す上での思考方法を解説してきました。最後に、有効なビジネスモデルを生み出す能力を高めるために、普段から行ったほうがよいことを少しだけ述べて、本書を終えたいと思います。

　本書や、前著『ビジネスモデルの教科書』に掲載されているビジネスモデルは、私が収集したビジネスモデル群です。私はコンサルタントとして、ビジネスモデルをクライアントを強くするパーツとして収集しています。これは、自動車レースにおいて無限 (現M-TEC) のようなチューニング会社が自動車部品を取り揃えているようなものです。自動車のチューニングと違い、ビジネスモデルをストックしておくのに、コストはかかりません。読者におかれても、本書を参考としながら、普段から有効なビジネスモデルの収集を続けられることをお勧めします。

　その際、有効なのは、他のビジネスモデル研究家の方々が指摘されているとおり、自身の関与する業界とともに他の業界の勝ちパターンを観察することです。冒頭のビジネスモデルの定義で述べましたが、ビジネスモデルは業界の選択とは別個の問題であり、他の業界から移植して使用できるものだからです。もちろん、業界の特性上、適合しやすいビジネスモデルと、反対に適合しにくいビジネスモデルがあります。そのため、自社の属する業界に近い、似た業界のビジネスモデルを観察することが自社に参考になります。例えば、ソフトバンクは、通信におけるビジネスモデルをエネルギーで活用しようと考えているように見えます。これは、通信とエネルギー (特に電気) の

ビジネスが顧客管理や価値のデリバリー方法、規制など様々な点で類似しているからです。

　収集する際に気をつけていただきたいのは、単純に成功例を収集するだけではなく、なぜ成功したのかを読者ご自身なりに理由づけしてみていただきたいということです。ビジネスモデルの成功理由は簡単にはわからないことが多くあります。しかしそれでも成功理由を仮設的にでも解き明かすことを繰り返せば、確実に将来ビジネスモデルの成功確率を上げられると考えます。

　前著でも多くの方々から、ビジネスモデルに関する様々なご意見やご依頼を頂きました。それが、様々な形で本書の内容を深めることにつながりました。本書を読まれた読者の方々から、ビジネスモデルに関して、お気軽にご連絡をしていただけることを、お待ち申し上げます。

エミネンスLLC代表　今枝昌宏

imaeda@eminence.co.jp

【著者紹介】
今枝昌宏（いまえだ　まさひろ）
エミネンスLLC代表
京都大学大学院法学研究科、エモリー大学ビジネススクール MBA 課程修了。
PwC などのコンサルティングファーム、IBM、RHJI（旧リップルウッドホールディングス）
などを経て現職。著書に『ビジネスモデルの教科書』『サービスの経営学』、共
著に『実践シナリオ・プランニング』（いずれも東洋経済新報社）などがある。

競争優位の仕組みを見抜く＆構築する

ビジネスモデルの教科書
【上級編】

2016 年 8 月 11 日発行

著　者——今枝昌宏
発行者——山縣裕一郎
発行所——東洋経済新報社
　　　　　〒 103-8345　東京都中央区日本橋本石町 1-2-1
　　　　　電話＝東洋経済コールセンター　03(5605)7021
　　　　　http://toyokeizai.net/
装　丁………………………小口翔平＋岩永香穂 (tobufune)
本文デザイン・ＤＴＰ……村上顕一
印刷・製本………………丸井工文社
編集担当…………………齋藤宏軌
©2016 Imaeda Masahiro　　　Printed in Japan　　　ISBN 978-4-492-53384-0

経営戦略を見る目と考える力を養う

ビジネスモデル
の教科書

今枝昌宏　著
定価（本体1800円＋税）

- なぜセブン‐イレブンは
  近所に何店舗も出店するのか?

- YKKがファスナーのシェアを
  新興国メーカーに侵蝕されない
  理由とは?

100社以上の実例と図解で学ぶ
厳選31パターンのビジネスモデル